디지털 국어 교과서 탐색

이병규, 김지영, 곽준현, 간효원

이 연구는 2021년도 (주)천재교육의 지원을 받아 수행된 것임.

디지털 국어 교과서 탐색

This Edition was published by Jipmoondang in 2022, Seoul, Korea.

디지털 국어 교과서 탐색

이병규, 김지영, 곽준현, 간효원

집문당

저자 소개

이병규(Lee Byoung-Gyu) 서울교육대학교 국어교육과 교수

김지영(Kim Ji-Yeong) 한국교육과정평가원 부연구위원

곽준현(Gwag Jun-Hyun) 서울거원초등학교 교사

안효원(An Hyo-Won) 서울오봉초등학교 교사

디지털 국어 교과서 탐색

2022년 12월 30일 1판 1쇄

저자 | 이병규, 김지영, 곽준현, 안효원
발행인 | 임동규
발행처 | **(주)집문당**
등록 | 1971. 3. 23. 제2012-000069호
주소 | 03134 서울시 종로구 돈화문로 82, 5층
전화 | +82-1811-7567
이메일 | sale@jipmoon.com
홈페이지 | www.jipmoon.com

ISBN 978-89-303-1941-6 93370

가격 35,000원

(주)집문당 이순신돋움체B (저작권자 아산시, 무료글꼴)

머리말

미래의 디지털 교과서는 어떤 모습이어야 하는가? 왜 국어과에서만 디지털 교과서의 개발이 더딘가? 디지털 국어 교과서에 대한 현장의 요구는 무엇인가? 국어교육의 목표 달성에 효과적인 디지털 국어 교과서는 어떤 기능과 자료를 갖추어야 하는가?

이 책은 코로나19를 겪으며 의도치 않게 당면하게 된 '디지털로의 대전환'이라는 절박한 요청에 부응하기 위하여 '디지털 국어 교과서'의 고형을 탐색해 본 것이다. 사실 코로나19 이전에도 디지털 교과서에 대한 관심과 개발은 꾸준히 이루어져 왔다. 그러나, 코로나19를 겪으면서 디지털 교과서 개발에 직면하게 되었고, 그 결과 다양한 교과목에서 디지털 교과서 개발에 박차를 가하고 있다.

그러나 '국어과'에서는 유독 '디지털'에 대한 논의가 더디게 이루어져 왔다고 할 수 있다. 이는 국어과의 고유한 특성과 그에 맞는 디지털 교과서에 대한 탐색과 구상이 충분히 이루어지지 못한 것에 기인한다. 사회나 과학 등 교과 내용의 지식적 성격이 분명한 교과에서는 디지털 교과서에서의 교과 내용 구현이 비교적 쉽다 할 수 있으나, 듣고 말하고 읽고 쓰는 국어과의 다양한 활동을 디지털 교과서로 구현하기 위해서는 학습 활동에 대한 심층적인 분석과 세분화된 기능의 구현이 필요하다. 그렇기 때문에 디지털 국어 교과서의 개발에는 다소 어려움이 따른다 할 수 있다.

이에 필자들은 디지털 교과서의 개념과 그 발전 과정을 정리하고, 지난 3년간 코로나19를 겪으며 다른 교과의 디지털 교과서를 직접 경험하고 활용한 교사들의 생생한 요구를 반영하여 바람직한 디지털 국어 교과서의 모형을 탐색한 후, 그 구현 사례를 제시하고자 한다.

이 책은 디지털 국어 교과서의 방향에 대해 연구하는 연구자, 디지털 기기를 통한 학습의 구현에 관심이 있는 개발자, 현장에서 디지털 교과서로 수업을 구현하는 데에 관심이 많은 교사에게 도움이 될 것이다.

끝으로, '디지털 교육으로의 전환'이라는 갑작스러운 파도에도 유연하게 올라타 아이들을 가르치며 현장의 생생한 목소리를 들려주신 선생님들과 상업성이 없는 책의 출판을 흔쾌히 수용해 주신 임동규 대표님, 짧은 시간 안에 멋지게 편집해 주신 전정아 선생님께 감사의 말씀을 전한다.

2022. 12.

집필자 일동

차 례

제1부
미래 교육과 국어 교과서

1. 미래 교육과 디지털 교과서

미래 교육에서 교과서는 어떤 위상을 지니며 어떤 모습을 하게 될까? 이 장에서는 미래 사회 교육의 변화 모습에 대해 살펴보기로 한다. 특히, 디지털 기반 스마트교육이 불러올 변화의 양상을 국내, 국외로 나누어 알아보도록 하자.

1.1. 미래 사회 교육 환경의 변화

바야흐로 '새 일상(new normal)'[1] 시대이다. 이전에 굳건하다 믿었던 규칙이나 기준이 무너지고, 새로운 표준이 일상으로 자리 잡는 시대가 되었다. 코로나19의 팬데믹으로 온 세계가 몸살을 앓으며 변화된 세상에 적응해 가는 가운데, 삶의 많은 부분에서 새로운 기준이 생겨나고 있다. 교육 또한 이러한 변화의 흐름에서 홀로 자유롭기는 어렵다. 새

1) '뉴노멀(New Normal)'은 2008년 모하마드가 그의 저서 〈새로운 부의 탄생〉에서 사용하기 시작하였으며, 2008년 미국발 경제 불황 이후 새로운 규칙이 주도하는 글로벌 경제를 지칭하는 용어로 알려져 있다. 이후 이전 사회의 규칙이나 표준이 사라지고, 점차 새로운 표준이 이를 대체하여 자리 잡아가는 것을 의미하는 용어로 사용되고 있다. 한편, 이병규(2021)에서는 말뭉치(corpus) 분석 결과를 바탕으로 'new normal'이 '새 일상'과 '새 기준'이라는 두 가지 의미로 사용되고 있음을 밝히고 있다. 특히 교육 환경과 이론의 변화에 효과적으로 대처하기 위해서는 'new normal'이 무엇을 의미하는지 그 실체를 정확하게 규명해야 함을 강조하고 있다. 이러한 맥락에서 이 책은 'new normal'로서의 '새 일상'과 '새 기준'을 바탕으로, 미래 교육의 관점에서 '새 기준'으로서 디지털 국어 교과서의 모형을 탐색해 보고자 하였다.

일상에서의 교육은 목표, 내용, 방법, 그리고 교사 및 학생의 역할에서 큰 변화가 요구된다. 새로운 시대를 살아갈 학습자들을 위한 교육에서 전통적인 교실 구조나 수동적인 역할을 전제한다면 사회의 적응에 도움을 주어야 하는 교육이 본연의 의무를 다하지 못하는 결과를 낳게 될 것이다. 이에, 다소 급진적인 사회의 변화에 대해서도 교육은 민감하게 대응할 수밖에 없다.

디지털이 삶에 깊숙이 스며든 시대를 대변하기도 하는 새 일상 시대를 살아가는 현재 학령기 아동들은, '디지털 네이티브'로서 디지털을 활용한 학습이 일상화된 세대이다. 이들은 칸 아카데미(Khan Academy), 테드 에드(TED-Ed), 무크(MOOC) 등과 같은 오픈된 교육 프로그램에서 원하는 것을 마음껏 배울 수 있다. 이런 점에서 제도권 내의 학교 교육이 지식의 전달, 혹은 정보의 제공이라는 협소한 목표로 일관한다면 새로이 생겨나는 디지털 교육 매체에 밀려 그 위상이 위태롭게 될 수도 있다. 이에 오늘날의 학교 교육은 새 시대의 변화에 민감하게 반응하면서도 첨단 기술로 무장한 각종 교육 자원과 차별화되는 가치를 지녀야 할 과제를 동시에 지니고 있다고 볼 수 있다.

제4차 산업혁명의 물결 속에서 세계 주요 교육 단체들 또한 미래 교육에 대한 관심이 드높다. 세계경제포럼(World Economy Forum, 이하 WEF)에서는 미래 사회의 기초 소양 및 역량을 10가지 기능으로 제시했다. OECD DeSeCo(The Definition and Selection of Key Competencies)에서도 핵심역량을 '도구의 상호작용적 활용', '자율적 행동', '이질 집단에서의 상호작용' 등의 3가지 범주로 제시한 바 있다. 뿐만 아니라 호주, 핀란드, 노르웨이, 뉴질랜드 등의 나라에서도 국가, 또는 주 차원의 교육과정에서 미래 교육의 핵심역량을 제시하고 있다. 이처럼 급격한 사회 변화에 따른 교육적 변화는 요구되는 '인재상' 및 '역량'의 변화로 가늠해 볼 수 있다.

앞으로 펼쳐질 미래 사회에서 교육은 어떤 모습일까? 박은경(2020)은 'OECD 미래 학교교육 시나리오'에서, 미래 학교는 디지털화로 인해 학생들이 더 자율적으로 학습할 수 있게 된다고 언급한 바 있다. '학습 허브로서의 학교(Schools as Learning Hubs)' 시나리오에 의하면, 디지털 정보 시스템의 발전으로 혼합 학습 활동(blended learning activities)이 가능해지고, 이를 위해 학교 교육의 구조(물리적 인프라, 수업 일정)가 유연해질 것이라고 한다. 이는 공간적 의미에서의 '학교'라는 벽을 넘어 더욱 다양한 환경에서 교육 활동이 기획, 설계됨을 의미한다. 이때 학교의 역할은 '교육 생태계의 중심축'으로서 다양한 자원을 연계, 지원하는 허브로서 기능하게 될 것이라고 하였다. 실제로 이러한 시나리오 중 일부는 코로나19 사태 이후 이미 실행되고 있는 변화이기도 하다.

또한, 'LEONIE(Learning in Europe) 프로젝트'에서는 세계 50여 개국의 전문가를 대상으로 실시한 설문 결과를 토대로 교육 시스템에 영향을 주는 기술적 요인과 내적 경향을 도출하고, 유럽을 중심으로 한 미래 교육의 동향과 비전, 그리고 미래 교육의 핵심 방향을 제시하고 있다. 여기에서는 미래 사회의 주요 변화로 '지식정보화의 고도화', '유비쿼터스 시대'를 제시하고, 이에 따른 교육의 변화는 '학습자 중심 교육', '개별학습 및 적시성 학습', '학습 기술', '학습 과정에서의 학습자 정보', '모바일 학습', '디지털 문해', '평생 학습', '학습자 관리', '정보의 접근'을 들고 있다.(박진용 외 2014)

'지식정보화의 고도화', '유비쿼터스 시대'와 같은 사회 변화는 학교의 수업에 새로운 과제를 제시할 것으로 보인다. 정영근 외(2021)에서 실시한 '미래 과학 부문 변화에 따른 학교교육의 새로운 대응 과제'에 대한 델파이 조사 결과는 당면한 과제가 어떤 것인지 가늠할 수 있는 자료가 된다. 해당 연구의 결과, '교육 방법 측면'에서 '인공지능 인지 튜터 등과 같은 인공지능과 빅데이터를 활용한 맞춤형 교육방법', '인간과 사물의 상호작용(HCI; Human-Computer Interaction), 다양한 기기나 장비, 사람들과의 복잡한 네트워크 속에서 문제를 해결하는 교육방법', '개인화, 개인별로 차별화된 교육내용과 수준으로 교육하는 방법', '여러 테크놀로지, 메타버스(Metaverse) 콘텐츠 등을 통해 물리적 제약을 벗어나는 다양한 교육방법' 등이 높은 반응을 얻었음을 확인할 수 있었다.

이상의 논의를 종합하면, 미래 교육의 흐름은 크게 세 가지로 정리할 수 있다. 첫째, 새로운 사회의 변화에 대응 가능한 역량 중심의 교육이다. 지식에 대한 새로운 패러다임이 요구되는 4차 산업혁명 시대에는 사회의 변화에 따른 능력을 갖추고, 이에 맞추어 살아갈 수 있는 역량이 중시된다. 둘째, '학교'가 기존의 전통적 역할에 머무르지 않고, 다양한 자원을 연계, 지원하는 허브로서 확대된 역할을 할 것이라는 점이다. 셋째, 고도로 발달된 정보 · 과학 · 통신 기술에 힘입어 학교의 물리적 · 공간적 제약을 벗어나 개별학습의 실현과 같은 새로운 교육적 가치를 현실화할 수 있을 것이라는 점이다.

1.2. 스마트교육과 디지털 기반 교육

2011년 교육과학기술부가 발표한 '스마트교육 추진 전략 실행 계획'에서는 "정보통신 기술과 이를 기반으로 한 네트워크 자원을 학교 교육에 효과적으로 활용하여, 교육 내용 · 교육 방법 · 교육평가 · 교육 환경 등 교육 체제를 혁신함으로써 모든 학생이 글로벌 리더가 될 수 있도록 재능을 발굴 · 육성하는 21세기 교육 패러다임"을 내세우는 스마트교육의 개념이 제시되어 있다. 여기에서는 '스마트(SMART)'의 각 철자들이 그 개념을 구체화하고 있는데, 각 철자는 각각 'Self-directed(자기주도적)', 'Motivated(흥미)', 'Adaptive(수준과 적성)', 'Resource Enriched(풍부한 자료)', 'Technology Embedded(정보기술활용)'을 나타낸다. 각 용어의 강조점을 표로 나타내면 다음과 같다.

〈표 1〉 SMART 교육의 강조점 (교과부, 2011)

구분	강조점
Self-directed (자기주도적)	- 학습자: 지식 수용자 → 지식 생산자 - 교사: 지식 전달자 → 학습 조력자, 안내자
Motivated(흥미)	- 정형화된 교과지식(discipline) 중심 → 체험 기반 지식 재구성 역량(competence) 중심 교수 · 학습 방법 강조
Adaptive (수준과 적성)	- 교육 체제의 유연성 강화, 개별화된 학습 지향
Resource Enriched (풍부한 자료)	- 클라우딩 컴퓨팅(Clouding Computing)을 활용하여 공공기관, 민관 개발 교육용 콘텐츠를 오픈마켓 등의 형식으로 자유롭게 활용할 수 있는 환경 구축, 소셜 네트워크 서비스를 활용하여 협력학습 확대
Technology Embedded (정보기술활용)	- 정보기술(IT)을 활용하여 언제, 어디서나 학습할 수 있는 유비쿼터스(Ubiquitous) 환경이 가능해짐으로써 학습 선택권이 최대한 보장

남창우(2012)에서는 스마트교육에서 강조하는 사항들로 말미암아 교육방법, 교육 역량, 교육 내용, 공간, 시간이 확장됨으로써 스마트교육을 실현하는 과정을 설명하고 있다. 특히 '풍부한 자료(Resource Enriched)'의 특성이 교육 내용을 확장시키고, 이때 디지털

교과서의 개발 및 적용이 활성화된다고 보았다. 이와 관련하여 남창우(2012)에서 제시한 개념도는 다음과 같다.

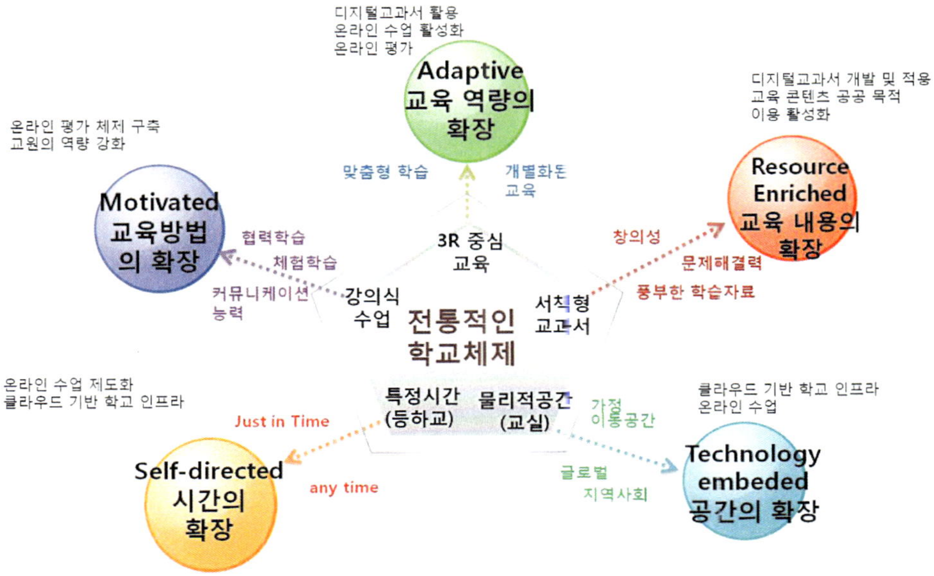

[그림 1] 스마트교육 개념도 (남창우, 2012)

교육 환경의 변화에 대비하기 위한 노력은 비단 우리나라뿐 아니라 세계 각국에서도 활발히 이루어지고 있다. 조규복(2016)에서는 미국, 영국, 독일, 핀란드, 프랑스, 일본, 중국에서 추진하고 있는 교육정보화 정책을 제시하고 있는데, 주요 국가들이 교육 환경의 변화를 위한 환경 구축에 얼마나 많은 예산을 할애하는지 확인할 수 있다. 예를 들어, 미국 샌디애고 주의 경우 1인1대 PC정비(2000~2013) 정책으로 12만 대의 기기를 보급하는 데 7천만 달러를 사용했다. 또한, 486억 원이 소요된 헬싱키 교육청의 학교 디지털화 프로그램(2016~2019)에서는 Phenomenon-Based School(실재하는 현상을 중심으로 통합교과 학습), ePortfolio School(학생들이 자신의 포트폴리오에 정보를 수집, 분석, 재생산하는 과정 중심의 학습), School with no schoolbook(서책 없이 애니메이션, 비디오, 시뮬레이션 등 디지털 자료로 학습) 등 다양한 시범학교를 추진하였다.

한편, 최근 교육부에서 발표한 '국민과 함께하는 미래형 교육과정 추진 계획(2021, 교육부)'에서도 디지털 기반 교육과 관련된 내용을 찾아볼 수 있다. 미래형 교육과정의 네 가지 추진 과제인 '미래 역량 함양을 위한 포용교육 기반 마련', '학생 개별 맞춤형 교육 기반 마련', '교육과정 개정 체제 개선', '교육과정 안착지원 체제 구축'의 실행 목표에서 디지털 교과서의 발행 및 사용 환경과 관련된 항목을 제시하면 다음과 같다.[2)]

〈표 2〉 디지털 기반 교육 관련 미래형 교육과정의 추진 과제

추진 과제	실행 목표	디지털 교과서와 관련성 높은 항목
1. 미래 역량 함양을 위한 포용 교육 기반 마련	4) 학교 · 교사 자율성에 기반을 둔 교육과정 강화	① 맞춤형 교육을 지원하는 교육과정 유연화 - (수업 운영 다양화) 온 · 오프라인 수업이 자유로운 형태로 재설계 ② 창의적 체험활동 재구조화 - (원격수업 활성화) 범교과학습주제(인성, 민주시민 교육 등)를 활용한 다양한 원격수업(콘텐츠 및 화상회의 프로그램 등)을 창의적체험활동에 활용 ③ 범교과학습주제 개선 - (원격수업으로 전환) 범교과 학습주제와 관련한 원격수업 및 학교 안팎의 학습경험을 수업시수(학점)로 인정하는 방안 검토
2. 학생 개별 맞춤형 교육 기반 마련	4) 디지털 기반 교육을 통한 미래교육 여건 마련	◦ 디지털 기반으로 시공간의 경계를 넘어 다양한 학습 상황에 유연하게 적응하는 창의적인 온 · 오프라인 수업 활성화 ◦ (교수 · 학습 영역 확장) 시 · 공간의 경계 없이 교실 밖 세상과 연결된 디지털 환경에서 학습콘텐츠, 교수 · 학습, 수업공간 등 활용자원을 무한 확장, 디지털 교과서 · 학습 동영상 활용, AR · VR을 이용한 현장견학, 과학실험, 안전체험 등 풍부한 디지털 교수 · 학습 콘텐츠 활용 ◦ (맞춤형 개별학습) 빅데이터, AI 등 에듀테크를 활용한 수준 진단, 학습특성 분석을 기반으로 개별학습 제공, 학습경로 설계 등 맞춤형 지원 확대

2) 〈표 7〉은 교육부(2021)에서 인용한 것이다.

4. 교육과정 안착 지원을 위한 체제 구축	1) 교과서 체제 개편을 통한 「미래형 교과서」 도입	② 온라인 연계 '미래형 교과서' 체제 도입 추진 ◦ 급변하는 사회에 따른 교육현장 요구 및 학습상황에 유연하게 활용할 수 있도록 온·오프라인 연계 등 교과서 형식 다양화를 통한 미러형 교과서 도입 - 고정된 지식을 일방적으로 담아주는 서책형 교과서에서 벗어나 실시간 지식·정보를 반영 가능한 「온라인 연계 교과서」 도입 ③ 교과서 다양화·자율화 추진 - (온라인 교과서) '만들어가는 교과서' 체제 시사점 도출을 위한 온라인 교과서 활용 교수·학습 유형 개발 및 학생용 스마트 기기 보급

위 표에서 확인할 수 있듯이, 우리나라에서도 국가 수준의 교육과정 개정 시, 앞서 논의한 미래 교육 관련 주요 이슈들이 주요하게 다루어질 것으로 보인다. 수업 운영이 다양화되면서 비대면 수업이 확대되고, 창의적 체험학습 및 범교과 학습에서도 온라인 수업을 활용할 수 있게 된 점이 주요한 특징이다. 또한, 미래 교육의 주요 변화로 여겨졌던 '학생 개별 맞춤형 교육'을 위한 실행 목표 중 하나가 '디지털 기반 교육을 통한 미래 교육 여건 마련'으로 설정되었으며, 특히, '시·공간의 경계 없이 교실 밖 세상과 연결된 디지털 환경에서 학습콘텐츠, 교수·학습, 수업 공간 등 활용자원을 무한 확장'한다는 부분에서 디지털 교과서의 중요성과 비중이 더욱 커질 것으로 예상된다.

1.3. 미래형 교육의 해외 실행 사례

1.3.1. 영국의 '미래교육 프로젝트'(Building schools for the future: BSF & Next generation learning, Digital Britain)(김선미, 2018에서 재인용)

영국의 미래교육 프로젝트에서는 미래교육의 효과적 실현을 위한 물리적 환경 조성에 초점을 두고 있으며, 크게 '유비쿼터스 학습 환경'과 '미래형 교실'로 구분하여 프로젝트를 제시하고 있다.

〈표 3〉 영국의 미래교육 프로젝트

유비쿼터스 학습 환경	교실 안과 밖의 경계를 허물고, 지역과 세계의 학습자원을 체험적으로 학습할 수 있도록 시도하는 'Media scape project' → GPS기능과 카메라 등이 내장된 휴대폰과 디지털 디바이스를 활용
미래형 교실	증강현실을 체험하는 학습존(zone), 하이-테크 글로벌 교실, 교사와 학생 간의 시공간을 초월한 학습과정의 상호작용과 개별 맞춤형 교육과정으로 내용과 학습속도 조정이 가능하도록 설계

1.3.2. 미국의 전망 및 사례

미국의 호라이즌 보고서(Horizon Report)에서는 신기술 트렌드 분석과 도입 방안에 대한 결과를 매년 발표한다. 2017년 발간된 이 보고서에서는 초 · 중등 교육에서 단기(1년 이내)적으로 적용될 기술로 메이커 스페이스(Maker space)와 로보틱스(Robotics)를, 중기적(2~3년)으로 적용될 기술로 분석 기술(Analysis Technologies)과 가상현실(Virtual Reality)을, 그리고 장기적(4~5년)으로 적용될 기술로 인공지능(Artificial Intelligence, AI)과 사물인터넷(Internet of Things, IoT)을 들고 있다.(윤종혁, 2017)

김선미(2018)에서는 미국의 '내추럴 힐 중학교', '리버티 카운티 스쿨', '협력학습을 지원하는 동료 로봇' 등의 사례를 소개하고 있는데 각 내용을 정리해 보면 다음과 같다.

〈표 4〉 김선미(2018)에서 제시한 미국의 전망 및 사례

미국 위스콘신주 내추럴 힐 중학교 (Natural hill intermediate school)	학생들이 가상공간인 '퀘스트 아틀란티스'를 통해 3차원 가상공간에서 상호작용 활동이 제공되는 학문적 개념을 학습하고 문제해결의 다양한 미션을 수행하면서 외국어와 사회과목 내용을 가상현실로 체험(한국교육학술정보원, 2012, 2호)
조지아주 리버티 카운티 (Liberty county school)	학교에 스페이스랩(space lab)을 마련하고 가상현실 스테이션과 교사, 학생이 시뮬레이션 안경을 쓰고 가상의 환경을 체험하면서 시뮬레이션 속의 물체와 상호작용하고 홀로그램 이미지를 떼어내 펜으로 조작하고, 신체의 가상 심장박동과 운동, 소리 등을 경험하면서 생물수업을 진행(한국교육학술정보원, 2016, 53호)
'협력학습을 지원하는 동료 로봇'에 관한 장기 연구 (한정혜, 2011; Kanda, & Ishiguro, 2004)	• 챗봇: 응답 규칙이 정해진 프로그램에 따라 사용자의 질문을 예상하고 답변할 수 있도록 만들어진 소프트웨어 시스템, 학교 수업과 행정시스템에 도입되어 다양한 활용 가능 • 실제로 미국 대학의 입학신청 프로세스와 학사 안내와 대학생활, 마감 일정, 데이터 제출 등과 같은 알림방송, 학생들의 행정적 질문에 대한 응답 등에 답변할 수 있게 프로그램되어 있으며, 학업 지도교수의 조교 역할도 담당하고 성적, 출결, 지도교수 면담일정 조정 등에 활용 가능(한국교육학술정보원, 2016, 63호) • r-러닝: 학교에 정상적으로 등교가 어려운 학생들을 대상으로도 활용된 사례가 있는데, 병원에 누워있는 학생이 텔레프레젠스(tele-presence) 로봇을 활용하여 출석하고, 교실수업의 특별활동과 현장학습 등을 가상교실에 참여하게 한 사례

미국의 디지털 기반 교육과 관련해 주목할 점은 그 우수사례가 대부분 민간 차원의 지원에서 출발하였다는 점이다. 윤종혁(2017)에서 소개하고 있는 미국의 교육 혁신 사례 중 일부를 제시하면 다음과 같다.

〈표 5〉 윤종혁(2017)에서 제시한 미국의 교육 혁신 사례

알트스쿨 (http://www. altschool.com)	• 2013년 구글 직원이었던 Max Venrilla가 설립 • 학습자의 흥미와 특성에 따른 반 편성 및 '마이크로' 철학의 추구에 따라 작은 집단으로 수업 운영 • 포트폴리오 기반 학습과 ICT의 적극적 활용을 통해 개인 맞춤화 수업을 제공(콘텐츠, 학습 관리, 평가, 학습 분석 등)
P-TECH스쿨	• 뉴욕시와 뉴욕시립대학교, IBM이 협동으로 만든 미래형 학교 • 입학과 동시에 IBM으로부터 프로그램 코딩 등의 교육을 이수하며 고등학교 졸업 시 학생들은 취업(IBM)과 창업(뉴욕시립대 진학 후 창업 병행) 중 한 가지 진로를 선택

1.3.3. 캐나다의 전망 및 사례

캐나다의 디지털 기반 관련 최신 자료는 유지연(2021)에서 확인할 수 있다. 이 중 '앨버타 주'와 '온타리오 주'의 교육 정책을 정리하면 다음과 같다.

〈표 6〉 캐나다의 디지털 기반 교육 현황

앨버타 주	• 2010년 '21세기형 맞춤 교육'과 최신의 기술을 접목한 '혁신 교육' 실현하겠다는 방침을 발표 • 2013년 여름부터는 유치원부터 고등학교에 이르기까지 전학년 전교과에 디지털 교과서가 도입되었으며, 주 단위 성취도평가(Provincial Achievement Test)와 졸업시험(Diploma 12 Exam)에도 디지털 응답 방식을 일부 포함하도록 개편 작업을 실시 • 2017년도부터는 대단위 평가에 있어서는 컴퓨터 기반 시스템을 도입하여 온라인을 통한 평가를 실시하고 있으며, 다양한 디지털 기반 학습 자료가 기하급수적으로 증가
온타리오 주	• 2007-08학년도부터 초등학생들의 낮은 수학 성취도를 해결하기 위한 방안으로 '숙제도우미(Homework Help)' 웹사이트를 운영해 별도의 학습 자료를 온라인으로 공유 • 중고등학교 학생에 한해서는 온라인 학습을 정규 교육과정의 한 형태로 선택할 수 있도록 조치하여 공교육의 범위를 확장

2. 디지털 교과서의 개념과 특성

전자책부터 플랫폼으로서의 디지털 교재에 이르기까지 디지털 교과서는 꾸준히 발전해 오고 있다. 이 장에서는 디지털 교과서의 개념을 파악하고, 서책형 교과서와의 비교를 통해 디지털 교과서의 특성을 밝히며, 디지털 교과서의 기능을 탐색해 볼 것이다.

2.1. 디지털 교과서의 개념

2012년 교과부가 발표한 '디지털 교과서 개발 및 적용 추진계획(교육과학기술부, 2012)'에 따르면, '디지털 교과서'는 "기존 교과 내용(서책형 교과서)에 용어사전, 멀티미디어 자료, 평가문항, 보충 · 심화 학습 내용 등 ① 풍부한 학습 자료와 ② 학습 지원 및 관리 기능이 부가되고 ③ 교육용 콘텐츠 오픈마켓 등 외부 자료와의 연계가 가능한 학생용 교재"이다. 이는 다음과 같은 그림으로 나타낼 수 있다.

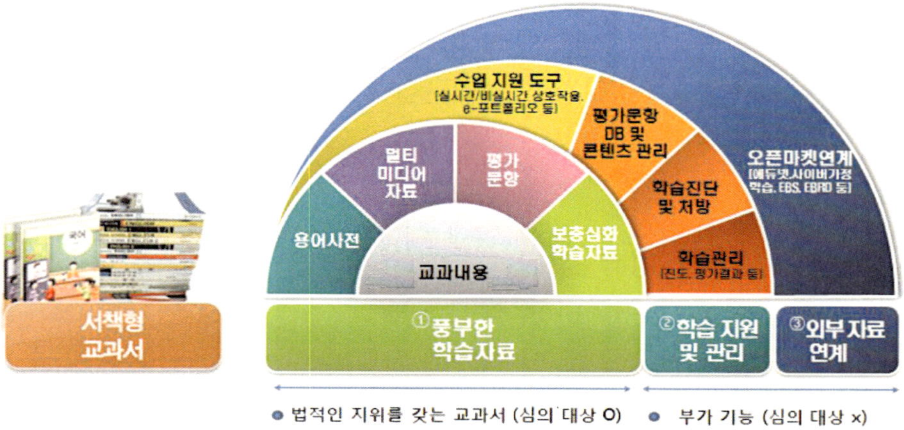

출처: 디지털교과서 개발 및 적용 추진계획(안)(교육과학기술부, 2012a. 2)

[그림 2] 디지털 교과서 개념도 (교육과학기술부, 2012a)

위 개념도에 나타난 디지털 교과서는 기존의 서책형 교과서의 교과 내용뿐 아니라 멀티미디어 자료(사진, 동영상, 애니메이션 등), 평가 문항, 보충 · 심화 학습 자료, 용어 사전 등 다양하고 풍부한 학습 자료를 포함하고 있으며, 평가 문항 DB관리, 학습 진단, 학습 관리 처방 등의 다양한 학습 관리 기능 등이 추가된 맞춤형 교수 · 학습을 제공하는 교과서의 모습을 갖추고 있다. 또한, 기존의 멀티미디어 교재나 e-book과는 달리 디지털 교과서는 교사와 학생이 클라우드 환경 기반의 스마트교육 플랫폼에 접속하여 일반 PC는 물론 다양한 스마트 기기(스마트 폰, 스마트 패드, 스마트 TV 등)를 통해 언제, 어디서나 디지털 교과서를 활용한 학습이 가능한 것으로 볼 수 있다.

1990년대부터 디지털 교과서의 개념이 발전해 가는 동안 관련 분야의 연구 동향에 많은 변화가 있었다. 류지헌(2008)에서는 디지털 교과서와 관련된 연구를 태동기부터 세 시기로 구분하여 다음과 같이 제시하고 있다.

〈표 7〉 디지털 교과서 관련 연구 동향 시기 구분

제1기 (1990년 중반~ 1990년대 후반)	〈태동기〉 • 디지털 교과서에 대한 개념 수립 • 멀티미디어와 웹 기반 교수체제에 대한 연구가 활성화되면서 인쇄 형태의 교과서를 전자화된 매체로 교체할 수 있을 것이라는 가능성 검토 • 특징: 인쇄 도서와 디지털 도서와의 비교 및 운영방식 등에 대한 개념적 준거를 마련하는 데 초점 • 웹기반 수업체제와 디지털 교과서에 대한 구분이 모호 • 디지털 교과서를 활용한 구체적인 설계전략이나 수업전략에 대한 논의는 상대적으로 약하게 다뤄졌으며, 웹 기반 수업 체제에 초점 • 전자책(e-book)이라는 도서의 개념보다는 컴퓨터 보조수업(CAI)이 확장된 개념으로 인식
제2기 (2000년대 초반~중반)	〈개발체제의 형성 단계〉 • 전자책(e-book)과 PDA와 같은 휴대용 장비(handheld device)에 대한 관심 고조 • 디지털 교과서의 개발 절차나 전용 단말기의 사용 여부 등에 대한 연구
제3기 (2000년대 중반~현재)	〈디지털 교과서에 대한 기술적인 표준안의 확정 및 효과성 측정 단계〉 • 디지털 교과서를 개발하기 위한 기술공학적인 표준안 확정 • 디지털 교과서의 적용 효과성을 측정하려는 연구 진행 • 디지털 교과서가 학습자의 흥미를 증진시키며 학습 성취의 향상에도 긍정적인 영향을 미치고 있음

'디지털 교과서'라는 용어는, 2007년 기존의 전자교과서가 디지털 교과서로 이름을 바꾼 후 보다 발전적인 개념으로 제시되었다. 2005년 제시된 '전자교과서 개발 표준안 연구'에서는 전자교과서를 "기존 서책형 교과서를 전자화하여, 서책이 가지는 장점과 아울러 검색 · 내비게이션 등의 부가편의기능, 그리고 애니메이션 · 3D 등 멀티미디어 학습기능을 구비하여 편리성과 학습효과성을 극대화한 디지털 학습교재"라고 정의하고 있다. 이후 2007년에는 디지털 교과서가 "디지털화된 서책형 교과서에 학습사전, 멀티미디어, 하이퍼링크, 참고서/문제집, 자료검색 등이 포함되어야 하고, 평가도구 기능, 학습관리 기능, 저작도구 기능 등이 포함될 뿐만 아니라 국가 지식 DB와 정치/경제/사회/문화 기관 보유

콘텐츠를 연계하는 교과서"라고 보았다.

지금까지 살펴본 디지털 교과서의 개념은 플랫폼을 활용해 외부 자료를 연계하는 것까지 포함하는 관점이다. 반면 디지털 교과서의 개념을 위계적으로 분리하여 구조화할 필요가 있음을 주장하는 입장도 있다. 구덕회 외(2018)에서는 '콘텐츠로서의 디지털 교과서', '뷰어로서의 디지털 교과서', '플랫폼으로서의 디지털 교과서'로 구분하는 것이 디지털 교과서 활용을 일반화하는 데 도움이 된다고 하였다. 디지털 교과서의 각 기능에 따른 구분 개발이 필요하다는 점을 강조하는 입장인데, 디지털 교과서는 콘텐츠로서의 기본 기능만 담고, 로그인 · 평가 도구 등 주변 기능은 뷰어와 플랫폼 등 적합한 곳에 배치함으로써 디지털 교과서의 일반화가 가능할 것이라고 보았기 때문이다.[1)]

디지털 교과서의 개념을 보다 명확하게 짚어보기 위해 디지털 교과서와 유사하게 쓰이고 있는 전자책, 디지털콘텐츠, 전자교과서와 그 개념을 비교해 볼 필요가 있다. 이와 관련하여 정영식(2008)은 이들 네 개념을 다음과 같이 구분하여 분석한 바 있다.

---

1) 구덕회 외(2018)에서 제시하고 있는 디지털 교과서의 계층적 구조에 대한 설명은 다음과 같다.

계층	설명
제1 계층: 콘텐츠로서의 디지털 교과서	▸ 학생들의 다양한 학습 경험을 위한 콘텐츠의 제공이 필요한 교과서의 일부(단원)에 대해 사진이나 음원, 동영상, 플래시 애니메이션 등의 멀티미디어 자료와 같은 콘텐츠를 통합한 디지털 교과서 ▸ '콘텐츠'에 집중하고 있으면서 제2 계층인 뷰어로서의 디지털 교과서에 포함되어 사용
제2 계층: 뷰어로서의 디지털 교과서	▸ 콘텐츠로서의 디지털 교과서를 보기 위해 필요한 응용 소프트웨어(Application)로서의 역할 ▸ 현재 사용되고 있는 하이퍼링크, 학습 사전 기능, 교과서 도구 기능이 이 계층에 포함 ▸ 제1 계층과 제2 계층은 네트워크 기능의 사용 없이도 활용 가능
제3 계층: 플랫폼으로서의 디지털 교과서	▸ 넓은 의미에서 제1, 2 계층을 포함하는 디지털 교과서의 최종적인 형태 ▸ 플랫폼이란, 다양한 종류의 시스템이나 서비스를 제공하기 위해 공통적이고 반복적으로 사용하는 기반 모듈 ▸ 현재 디지털 교과서에서 사용하고 있는 정보자원과의 연계나 상호작용 기능, 평가 도구, 학습관리시스템의 기능은 뷰어로서의 기능보다는 플랫폼 내부에서 각각의 동작 모듈로 작동해야 하는 기능 ▸ 기존의 디지털 교과서 방식에서 벗어나 학습관리시스템, 평가도구, 학습자 간 상호작용을 위한 위두랑 등은 플랫폼에 종속되는 모듈

〈표 8〉 디지털 교과서와 유사 개념 비교 (정영식, 2008)

구분	전자책	디지털콘텐츠	전자교과서	디지털 교과서
자료형태	텍스트, 이미지	멀티미디어	텍스트, 이미지	멀티미디어
교유과정	미반영(무관)	반영(리소스)	반영(디지털화)	반영(재구성)
교수설계	무관	특정 모형	탈 모형	다양한 모형
상호작용	없음	개인적	없음	사회적
법적근거	없음	없음	없음	국정, 검정, 인정

위 표에서 알 수 있는 것처럼, 디지털 교과서와 가장 유사한 개념은 전자교과서이다. 그러나 기존의 서책형 교과서를 그대로 디지털화한 전자교과서와 달리, 디지털 교과서는 교육과정 내용을 근거로 재구성하거나 학습모형을 제시할 수 있다는 점에서 차이를 보인다. 이처럼 네 개념의 비교를 통하여 정영식(2008)에서는 디지털 교과서를 '학교에서 학생들의 교육을 위하여 사용되는 학생용의 전자저작물르서 유용한 멀티미디어를 통합 제공하며, 다양한 상호작용을 통해 수준별 맞춤 학습이 가능한 정선된 교재'로 정의하였다.

이 책에서는 '디지털 교과서'를 "기존 교과 내용(서책형 교과서)에 추가적인 자료가 탑재되고, 학습 지원 및 관리 기능이 부가된 디지털 교수 · 학습 교재"로 개념화하고자 한다. 이는 디지털 교과서가 반드시 학생용이라는 제한을 둘 필요 없이, 교사용 자료까지 모두 포함할 수 있다는 점과, 교수 · 학습을 위한 도구로서의 성격까지 지니는 것임을 의미한다.

2.2. 디지털 교과서의 특성

여기에서는 디지털 교과서의 특성을 서책형 교과서와의 비교를 중심으로 살펴보고자 한다. 또한, 서책형 교과서가 디지털 교과서로 이행하는 과정과 더불어 디지털 교과서의 특징에 대해서도 함께 살펴볼 것이다.

2.2.1. 서책형 교과서와 디지털 교과서의 장단점

서책형 교과서와 디지털 교과서는 모두 교육 내용을 담아낼 수 있는 주요한 교수 · 학습 자료로서 기능하지만, 매체의 차이에 따른 각각의 장단점이 뚜렷하다. 임유나 · 홍후조(2013)에서는 교과서 내적 측면과 교과서 외적 측면으로 나누어 서책형 교과서와 디지털 교과서의 장단점을 상호 비교하였다. 내적 측면에서는 '학생의 발달과 건강', '학생의 학습', '교사의 수업', '교육 자료화', '교과서 활용도'를 중심으로, 외적 측면에서는 '교과서 가격 및 공급', '교과서 유지 · 개선', '교과서 산업'을 중심으로 장 · 단점을 살펴보았는데, 여기에서는 내적 측면을 중심으로 그 내용을 살펴보기로 한다.

'건강과 발달' 면에서 디지털 교과서는 시력, 청력에는 나쁜 영향을 끼치지만 키 성장에는 유리한 면이 있다. '학생의 학습' 면에서는 디지털 교과서가 실시간 검색이 가능하고 다양한 자료 탑재가 가능한 반면, 학습 습관이나 기초 능력을 습득하는 데에는 적절치 않다. '교사 수업'의 측면에서는 동기유발, 일시적 집중에 도움이 된다는 점이 디지털 교과서의 장점이지만 직접적 상호작용을 줄인다는 점과 교사의 스마트 교육 역량에 의해 영향을 받는다는 점은 디지털 교과서의 단점이다. '교육의 자료화' 측면에서는 많은 정보를 담을 수 있고 공유 가능하다는 점에서 디지털 교과서가 편리하지만, 정교하게 구성되지 않았을 경우 초기에 흥미를 잃을 가능성이 높다. 다음 표는 임유나 · 홍후조(2013)에서 제시한 것으로, 서책형 교과서와 디지털 교과서의 장단점을 비교한 자료이다.

〈표 9〉 서책형 교과서와 디지털 교과서의 장단점 상호비교 (임유나 · 홍우조, 2013)

측면	종이교과서		디지털 교과서	
	장점	단점	장점	단점
건강과 발달	▸ 시력 · 청력 발달 ▸ 쓰기와 그리기 등을 통해 소근육 발달 ▸ 정서적 안정을 가져오고 오감 활용	▸ 많은 교과서를 가방에 넣어 소지 · 운반할 경우 어깨 통증 유발 및 척추, 키 발달 저해	▸ 디지털기기만 소지 · 이동하면 되므로 키 성장 등에 유리	▸ 시력과 청력발달에 나쁨 ▸ 소근육 발달에 불리하고 VDT 증후군[2] 유발 ▸ 정서적 불안 유발

				가능하며, 디지털 중독 가능성
학생의 학습	▸ 메모, 풀이 등에 유리 ▸ 집중력 유지와 고등정신 능력 개발에 유리 ▸ 학습 및 독서 습관 형성, 체계적인 지식 습득 유리 ▸ 시계열적 분책으로 일정 분량에서 마무리가 가능	▸ 실시간 검색 어려움 ▸ 정보전달 분량이 제한됨 ▸ 흥미 · 집중 · 동기 유발에 제한적임 ▸ 실기 · 실습 · 실험을 종이 교과서의 읽기 · 쓰기 등으로 대체할 가능성	▸ 실시간 검색 가능 ▸ 시청각, 동영상 자료로 입체적인 학습 가능 ▸ 학습흥미 · 동기 · 단기집중력 유발 ▸ 디지털 리터러시와 미디어 리터러시 습득 가능	▸ 적은 자극의 자료 투입 시 지루해하고 시시해 함 ▸ 학습습관 형성이 어렵고 기초능력 습득에 불리함 ▸ 인지적 과부하 유발 ▸ 직접경험을 간접적 · 가상 경험으로 대체할 가능성
교사의 수업	▸ 지도계획 수립과 진도 관리가 용이 ▸ 전력 상태, 인터넷 접속 등에 구애받지 않음 ▸ 동시에 다수의 학생들이 공부하는데 문제가 없음 ▸ 직접적 상호작용에 의한 즉각적 피드백 가능	▸ 수업 시간에 학생 스스로 교과서 이외의 자료나 모르는 것을 찾기 어려움 ▸ 모두에게 피드백을 주기 위해서 시간이 많이 걸림 ▸ 모든 학생이, 똑같은 진도로, 모든 내용을 다 배워야 끝난 것으로 생각함	▸ 동기유발과 일시적 집중, 즉각적인 반응에 유리 ▸ 수업의 도입, 전개, 정리 등 부분적 활용에 편리 ▸ 교사의 교수 학습 자료 준비 부담을 낮춤 ▸ 학부모가 자녀의 학습 정도를 신속 정확하게 파악 가능	▸ 간접적 가상경험을 많이 시키며, 직접적 대면적 상호작용을 줄임 ▸ 외부로 열린 형태일 경우 학습의 순서(수준), 범위, 분량을 정하기 어려움 ▸ 교사의 스마트 교육 역량에 의해 영향을 받음
교육 자료화	▸ 지식(정보, 기술, 지혜 등)의 엄선 정련 가능 ▸ 교과서 크기, 모양, 문양 등을 다	▸ 시각 자료에만 한정됨 ▸ 다차원의 표현이 어렵고, 다소 단조로울 수 있음	▸ 많은 정보를 담을 수 있고 공유 가능 ▸ 동영상은 흥미를 높임	▸ 지식의 엄선과 정련화가 거의 불가능하고, 자료의 질을 보장할 수 없음

	양하게 표현 가능 ▸ 검인정제, 공모제 등을 통해 교사들이 자료 개발자로 참여할 수 있음.	▸ 다차원의 표현이 어려움 ▸ 동영상 구현이 불가능 ▸ 특수상황(극대 극소, 위험 등)의 구현이 어려움	▸ 위험한 장면, 극소 및 극대 세계 구현에 유리함 ▸ 교사들이 콘텐츠 제작자가 될 수 있음	▸ 정교하게 구성되지 않았을 경우 초기에 흥미를 잃을 가능성 높음 ▸ 가독이 불편할 수 있음
교과서 활용도	▸ 값비싼 단말기, 네트워크, 전력이 필요 없음 ▸ 분실, 훼손 이후에도 복원이 쉬움 ▸ 교과에 따라 재활용이 가능함	▸ 많은 정보를 담기 위해 책이 두껍고 무거워지고, 교과목마다 책이 많아 소지, 활용, 운반이 불편함 ▸ 헌책을 버리게 되어 자원의 낭비를 유발함	▸ 종이 낭비가 없고 휴대성이 좋음 ▸ 업데이트 및 콘텐츠 추가가 쉬우며, 실시간 수정 및 교정이 가능. 인터넷에 탑재 시 누구나 사용가능	▸ 전력이 나쁘거나 정전 시 수업이 중단될 수 있음 ▸ 트래픽 잼, 접속 끊김, 기기 훼손이나 감염 ▸ 항상 충전이 필요하고, 에너지 소모량이 많음

2.2.2. 서책형 교과서에서 디지털 교과서로의 이행

디지털 교과서가 서책형 교과서를 완전히 대체할 수 있을지, 그 가능성과 효용성에 대해서는 학자마다 의견을 달리한다. 다만, 서책형 교과서에서 디지털 교과서로의 이행은 임유나 · 홍우조(2013)에서 제시한 바와 같이 여러 단계를 거쳐 발전할 것으로 예상할 수 있다.

2) Visual Display Terminal syndrome, 스마트폰이나 컴퓨터 모니터와 같은 영상 기기를 오랫동안 사용해 생기는 눈의 피로, 어깨 · 목 통증 등 증상을 통칭하는 용어.(http://dic.hankyung.com)

〈표 10〉 디지털 교과서의 발전 과정

1단계	2단계	3단계	4단계	5단계
디지털 교과서 이전 단계 (종이교과서 전용 단계)	디지털 교과서 보조 단계 (디지털 교과서 태동 단계)	디지털 교과서 병용 단계 (디지털 교과서 성장 단계)	디지털 교과서 주역 단계 (디지털 교과서 성숙 단계)	디지털 교과서 전용 단계 (종이교과서 소멸 단계)

현재는 3단계(병용 단계)에서 4단계(주역 단계)로 이행하는 과정에 있다 할 수 있다. 〈표 10〉은 앞으로 디지털 교과서가 발전함에 따라 먼 미래에 종이 교과서가 소멸되고 디지털 교과서 전용 시대가 도래할 수 있음을 시사한다.[3]

다만, 디지털 교과서가 완전히 성숙되는 단계라 하더라도 서책형 교과서가 반드시 사라질 것이라고 확언하기는 어렵다. 필요에 따라 서책형 교과서와 디지털 교과서가 기능을 분담하며 병행할 것으로 보는 전망도 존재하기 때문이다. 박진용 외(2014)에서 실시한 '미래 교과서의 외형 체제'에 대한 델파이 조사 결과를 살펴보면, '디지털 교과서 중심 체제' 못지않게 '서책을 포함한 다양한 매체 중심 체제'에 대한 전망도 높은 것으로 조사되었다. 이때 외형 체제에 따른 내용 조직 방식을 묻는 질문에서도 '디지털 교과서가 교육 내용을 담거나 선택, 확장하는 체제'보다는 '서책 교과서가 교육과정의 핵심 내용을 중심으로 구성되고, 다양한 유형의 매체를 통해 동기 유발, 내용 전달, 학습 결과 점검 등이 이루어질 것'이라는 반응이 가장 높은 것으로 조사됐다.

---

3) 위 연구에서 제시한 5단계의 모습은 다음과 같다.
- 최종적으로 종이교과서가 사라지고 그 기능을 디지털 교과서가 온전히 대신하는 단계
- 디지털 교과서가 종이의 질감을 가지기도 하고 휘거나 접고 펼 수 있으며 쉽게 메모할 수 있을 정도로 발전하여 종이교과서를 대체해도 무리가 없을 정도의 디지털기술 발전을 전제
- 교육부가 제시하는 디지털 교과서의 모습인 "법적 지위를 갖는 교과서 기능에 학습 지원 및 관리, 교육용 콘텐츠 오픈마켓 등 외부 자료 연계"가 충분히 가능한 모습

2.2.3. 디지털 교과서의 기능

모든 교과서는 기본적으로 교수 · 학습의 매체로서의 기능을 지닌다. 그렇다면, 서책형 교과서와 비교해 볼 때, 디지털 교과서가 지니는 기능에는 어떤 것들이 있을까? 정영식(2008)에서는 디지털 교과서의 기능을 다음의 다섯 가지로 정리하여 제시하고 있다.

〈표 11〉 디지털 교과서의 기능 (정영식, 2008)

디지털 교과서의 기능	설명
교수 · 학습 기능	디지털 교과서의 가장 기본이 되는 기능으로서 동기 유발, 학습 내용 제시, 학습 자료 제시, 교수 · 학습 방법 제시, 평가 및 첨삭 등의 기능을 제공한다.
자원 연계 기능	하이퍼링크 기능과 검색 기능 등을 이용하여 디지털 교과서 내부 자료뿐 아니라 타 교과의 자료, 인터넷에 연결된 외부 자료 등을 쉽게 활용할 수 있게 한다.
상호작용 기능	채팅이나 게시판 등 다양한 멀티미디어 도구를 활용하여 교과서와 학습자, 학습자와 교수자, 학습자와 외부 전문가 등 다양한 대화 방법을 제공한다.
학습 관리 기능	학습자가 학습 현황 및 진도를 누적함으로써 학생 스스로 혹은 교사가 누적된 자료를 분석함으로써 맞춤식 학습 관리가 가능하다. 또한 문제은행 등과 연계하여 평가와 성적 관리 등이 가능하다.
학습 보조 기능	디지털 교과서의 부가 기능으로서 교과별로 달리 제공될 수 있다. 즉, 국어 교과를 위한 사전 기능이나 문서 편집 기능, 음악 교과를 위한 작곡 프로그램, 미술 교과를 위한 그래픽 기능 등 학습에 필요한 다양한 기능을 제공할 수 있다.

위의 다섯 가지 기능은 모두 서책형 교과서에서도 찾아볼 수 있지만, 기능을 실현하는 방식에는 차이가 있다. 예를 들면, '상호작용 기능'의 경우 서책형 교과서는 교과서에 제시된 활동을 통해 면대면 상호작용이 이루어지지만, 디지털 교과서에서는 채팅이나 게시판을 활용한 비대면 상호작용이 이루어진다. 또한, 학습 관리 기능의 경우도 서책형 교과서에서는 책에 진도를 수기로 기록하는 방식 등으로 한정되는 반면, 디지털 교과서에서는

학습 현황 및 결과를 데이터베이스화하여 누가 기록 및 관리한다는 점에서 현저한 차이가 있다.

2.2.3.1. 학생을 위한 디지털 교과서의 기능

김혜정 · 임희석(2013)에서는 디지털 교과서의 기능을 '학생을 위한 기능'과 '교사를 위한 기능'으로 나누어 제시하고 있다. 이 중 학생을 위한 기능은 다시 '기본 기능'과 '확장된 기능'으로 나누어 제시하는데, 기본 기능에는 읽기, 검색 및 참고, 책갈피, 노트, 평가의 다섯 가지가 있다. 김혜정 · 임희석(2013)에 제시된 구체적인 설명을 표로 나타내면 다음과 같다.

〈표 12〉 학습자를 위한 디지털 교과서의 기본 기능 (김혜정 · 임희석, 2013)

기본 기능	설명	세부 사항
읽기	문자, 그림 등의 상징물(symbols)을 통해 의미를 형성하도록 지원하는 기능	• 멀티미디어적 요소인 삽화, 동영상, 소리, 시뮬레이션 등을 포함 • 상호작용적 요소로서 하이퍼링크나 상호작용적인 형태로 학생들이 필요에 따라 교과서 내외의 위치로 접근가능하게 핫스팟이나 링크로 제공
검색 및 참고	검색 행위를 통해 단어나 목표로 하는 내용, 이미지, 사전적 의미 등을 함께 찾는 기능	• 키워드 방식, 인덱스 방식, 그리고 주제별 검색 행위를 통해 단어나 목표로 하는 내용, 이미지, 사전적 의미 등을 함께 찾을 수 있는 기능
책갈피	읽은 곳을 표시해 둘 수 있는 기능	• 디지털 교과서의 경우 학생들이 상대적인 위치를 기억해야 해서 인지부하가 커질 수 있음
노트	학습 사항을 여백에 적거나 중요한 부분을 표시해 둘 수 있는 기능	• 노트 방식은 본문 메모와 메모지 형태의 메모 박스에 메모하는 것 • 독자에게 의미 있는 부분을 표시해 주는 하이라이트(highlight) 기능
평가	해당 단원을 학습한 후 충실히 학습하였는지 평가하는 기능	• 학생의 사전지식이 어느 정도인지, 학습 과정에서 이해정도는 어떠한지 해당 단원을 학습한 후 충실히 학습하였는지 등 학습 과정을 스스로 모니터링할 수 있는 기능

2.2.3.2. 학생을 위한 디지털 교과서의 확장 기능

디지털 교과서의 확장된 기능은 흥미 요소, 상호작용 요소, 자기주도적학습 지원 요소, 협동학습 지원 요소, 교수자 모니터링 요소 등이 있다. 김혜정 · 임희석(2013)에 제시된 설명을 정리해 보면 다음과 같다.

〈표 13〉 학습자를 위한 디지털 교과서의 확장 기능 (김혜정 · 임희석, 2013)

확장 기능	설명
흥미 요소	• 학습자의 흥미를 유발 및 지속시킬 수 있는 요소들이 강조 • 최근 기술의 발달로 보다 다양한 흥미 요소 추가에 관심
상호작용 요소	• 기본적으로 콘텐츠와 학습자의 상호작용이 강조 • 최근 학습 패러다임은 보다 다양한 외적 상호작용 강조 • 학습자 간 상호작용을 위해 이메일, 채팅, 화상 대화, 쪽지 등의 기능이 포함되는 것이 최근 연구에서 논의되고 있음
자기주도적학습 지원 요소	• 학습자들이 자신의 지식 정도를 확인하기 위한 퀴즈기능, 포트폴리오, 성찰노트 등
협동학습 지원 요소	• 메신저, 클라우드기반 노트, 모둠노트, 그리고 화이트보드 등 • 위키, 소셜네트워크 서비스와 연동된 상호작용 도구 등 학습자들이 함께 문서작성이나 공동으로 학습활동을 수행할 수 있는 협력학습 지원도구가 논의되고 있음
교수자 모니터링 요소	• 교사가 학습자들의 교과서 이용을 모니터링할 수 있는 기능 논의

2.2.3.3. 교사를 위한 디지털 교과서의 기능

다음으로, 교사를 위한 디지털 교과서의 기능은 크게 세 가지로 구체적인 내용은 다음과 같다.

〈표 14〉 교사를 위한 디지털 교과서의 기능 (김혜정 · 임희석, 2013)

확장 기능	설명	세부사항
콘텐츠 선택 및 조절	수업 진행의 흐름에 따른 교수 콘텐츠를 선택하고 수업에 이용할 수 있도록 확대, 크기 및 위치 등의 조절이 가능	• 국외의 디지털 교과서 동향은 모듈화되고 개별 챕터 방식으로 구성되며, 교사가 재구성(customized versions)이 가능하도록 제공
판서	학생들의 교과서 내용 이해를 돕기 위해 교사가 강조 표시를 하거나 판서 필요	• 디지털 교과서 활용수업을 위한 체계적인 교수설계 및 수업운영 전략이 매뉴얼화되어 고려되어야 함 • 디지털 교과서의 활동을 선수학습 상기용, 동기유발용, 자율학습용, 읽기교재용, 문제풀이용, 참고자료용, 상호교류용 등이 고려되어야 함
참고자료 연결 및 공유	교사 본인이 작성하거나 외부의 콘텐츠를 교과서 내용과 융합해서 이용, 다른 교사 또는 학생들과 공유	

3. 디지털 국어 교과서

국어과의 디지털 교과서에 대한 연구는 매체언어이 대한 연구로부터 시작하여 매체의 변화로 인한 '사회의 변화'로 그 관심의 폭을 넓히게 되었고, 이후 디지털 교과서에 대한 실증적인 연구들이 이루어지고 있는 실정이다.(오은하, 2012) 이 장에서는 국어과 디지털 교과서 모형 및 국어과 디지털 교과서의 발전 방향에 대해 살펴보기로 한다.

3.1. 국어과 디지털 교과서 모형

정혜승 · 옥현진(2012)에서는 국어 교과의 특성을 고려하여 국어과에 부합하는 디지털 교과서의 모형을 제시하고 있다. 먼저, 모형 개발의 원리를 크게 세 가지로 제시하는데, 그 첫 번째는 '기능 분담의 원리'이다. 이때의 기능 분담이란 서책형 교과서와 디지털 교과서의 관계에서 볼 때, 디지털 교과서가 서책형 교과서와 차별화되는 기능과 역할을 수행하도록 개발되어야 한다고 보는 관점이다. 교과서 매체에 따라 분담해야 하는 교육과정 내용의 예를 다음과 같이 제시하고 있다.

〈표 15〉 교과서 매체에 따른 관련 교육과정 내용의 예 (정혜승 · 옥현진, 2012)

교과서 매체	교육과정 내용의 예
서책형 교과서 중심	• 맞춤법에 맞게 문장을 쓴다. • 중심 문장과 뒷받침 문장을 갖추어 문단을 짜임새 있게 쓴다. • 알맞은 낱말을 사용하여 설명하는 글을 쓴다. • 알맞은 이유를 들어 자신의 의견이 드러나게 글을 쓴다.
서책형 교과서와 디지털 교과서 융합	• 읽는이를 고려하여 자신의 마음을 표현하는 글을 쓴다.
디지털 교과서 중심	• 다양한 매체를 활용하여 생각과 느낌을 효과적으로 표현한다.

위 표에 제시된 교과서 매체별 교육과정 내용을 살펴보면, 서책형 교과서와 디지털 교과서가 교육과정의 성취기준을 분담하는 것을 전제로 함을 알 수 있다. 디지털 교과서와 서책형 교과서의 관계를 어떻게 설정할 것이냐의 문제에 대해 '성취기준 분담'은 하나의 쟁점이 된다. 이에 대해 이재기(2013)에서는 "디지털 교과서 '내용 표준'은 디지털 교과서를 서책형 교과서와 동일한 지위를 갖는 교과서로 전제하고, 편찬상의 유의점을 기술해야 하는 문서의 성격상 교과로서의 기능을 강조하는 진술이 여러 곳에서 발견되지만, 실제 문맥은 디지털 교과서를 서책형 교과서를 '지원'하는 '보조 교재'로서의 성격"이 강하다고 지적한 바 있다. 그 이유로 내용 표준의 어느 부분에서도 성취 기준 분담을 명시적으로 밝히고 있지 않다는 점을 제시하였다. 이런 점에서 서책형 교과서와 디지털 교과서의 병행이 '대등한 병행'과 '필수적 병행'이 아닌 '보조적 병행', '선택적 병행'이 되어야 한다고 내세운 바 있다.

디지털 교과서 모형 개발의 두 번째 원리는 국어과 교육과정과의 관계 측면에서 볼 때, 상호적응(adaptive) 관점에 따라 개발되어야 한다는 것이다. 이때 상호적응 관점이란 '교과서가 심층적 교육과정(deep-structured curriculum)을 반영하면서도 이를 적극적으로 해석하고, 보완하며, 재구성하는 역할을 수행'해야 함을 의미한다.

세 번째 원리는 국어과 교수 · 학습 자료 측면에서 디지털 교과서는 온전한 언어 경험 제공, 언어적 상호작용 담보, 가정 연계라는 기능을 수행할 수 있는 방향으로 개발되어야 한다는 것이다. 이러한 원리에 기초하되, '소통 자원'을 추가한 네 층위로 구분된 국어과 디지털 교과서의 모형을 [그림 3]과 같이 제시하였다.

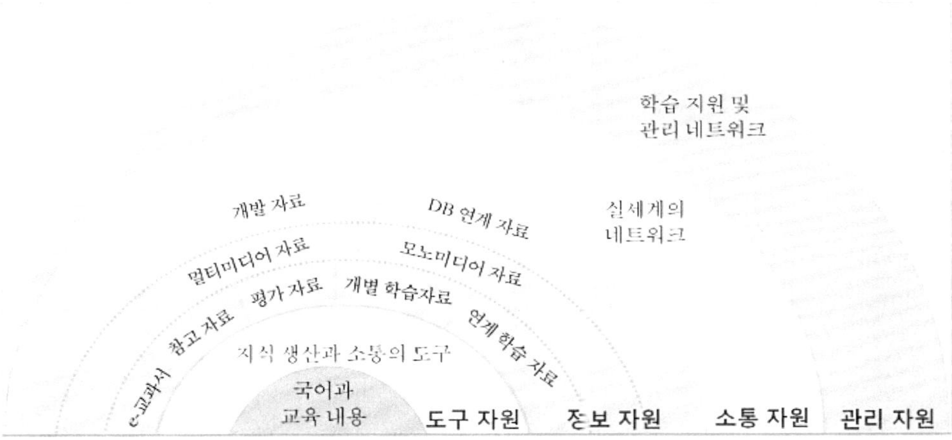

[그림 3] 국어과 디지털 교과서 모형 (정혜승 · 옥현진, 2012)

3.2. 디지털 국어 교과서의 발전 방향

3.2.1. 디지털 국어 교과서의 장단점

권이은(2018)은 국어과 디지털 교과서의 문제점으로 다음과 같은 점들을 지적한 바 있다. 1) 풍부한 자료의 구성이 서책형일 때의 교사용 지도서에 제시된 내용과 크게 다르지 않으며 질은 높지 않고 접근성은 떨어진다. 2) 디지털 교과서가 교사용인지 학생용인지 명확하게 구분되지 않아 학교 현장의 혼란을 가중시킨다. 3) 지식 정보와 관련된 (교사의) 권력이 사라지는 과정에서 상당한 진통이 예상된다는 점이다. 이를 위해 첫째, 텍스트 자원 제공 방식과 관련하여 디지털 교과서의 어포던스를 높이는 구성 방안을 제안하였다. 그 실천 방안으로 텍스트의 다양한 정보를 검색어로 제공하기, 텍스트의 다양한 양식을 경험할 수 있는 툴바 추가하기를 제안하였다. 둘째, 다문서 독해 등 실제성을 높이는 구성으로 실제 텍스트와 유사한 형태의 지면 구성, 과제의 실제성을 높이기 위한 멀티태스킹 지원과 그때 제공할 자료(사고 과정 플로차트, 관련 텍스트 자료 제공 및 검색 등)의 예를 제시하였다.

오세영(2012)에서는 국어교육 관련 전문가 15인을 대상으로 국어과 디지털 교과서의 요건, 장점과 단점에 대하여 개방형 설문을 실시하였는데 그 결과를 정리하면 다음과 같다.

〈표 16〉 국어과 디지털 교과서의 요건 및 장 · 단점

내용	항목	빈도
국어과 디지털 교과서의 요건	자료의 다양성, 풍부성, 실용성	14
	자료 접근에의 용이성(하이퍼링크, 다양한 어플 이용)	12
	자료 제시 방식의 다양성(멀티 자료), 효율성	10
	학생 주도적 학습 내용이 분명히 드러날 것(자기 주도적 학습의 가능성)	6
	학습 활동의 다양성(수준별로 구성)	5
	학습 활동 구성이 협동학습 형태여야 함(네트워크를 통한 협동학습)	4
국어과 디지털 교과서의 장점	다양한 미디어 자료 제시 가능	9
	학습자들의 적극적인 참여 유도 가능, 동기 부여, 흥미를 높여 줌.	9
	서책형의 공간 한계 극복이 가능, 다방향으로 자료에 접근	6
	학습자들이 직접 교재 구성	3
	실용적(실제 언어 자료 사용 용이)이고 다양한 학습 자료 유인 가능	3
국어과 디지털 교과서의 단점	지나치게 많은 학습 자료 제시로 학습의 집중도를 떨어뜨림, 학습 통제의 어려움	9
	단말기가 필요하여 서책형의 학습 형태보다 불편	5
	인프라 구축에 고비용 부담	4
	언어 학습력과 사고력을 길러 주기보다는 학생들의 흥미도만 고려하게 될 수 있음	3
	쌍방향성으로 인해 단일한 수업 상황으로 유인하기 어려움	3

3.2.2. 디지털 국어 교과서의 개발 방향

일반적인 관점에서 국어과 디지털 교과서 개발의 원리 및 지침을 제시한 연구로 오은하(2013)가 있다. 해당 연구에서는 국어과 디지털 교과서 개발의 원리를 다음과 같이 설정하고, 그 타당성을 검증한 바 있다.

〈표 17〉 국어과 디지털 교과서 개발의 원리, 전략, 지침 (오은하, 2013)

원리	전략	지침
1. 텍스트 제시의 다양성[1]	1.1 텍스트의 내용, 장르, 시간 · 공간, 길이의 측면에서 제약을 두지 않고, 학습목표에 적합한 실제 자료들을 다양하게 활용하는 것을 원칙으로 한다.	1.1.1 학습 목표에 부합하는 다양한 텍스트를 활용한다.
	1.2 다양한 매체를 활용하여 텍스트를 구성한다.	1.2.1 내용의 특성에 맞는다면 시각 자료나 문자 정보를 멀티미디어화하여 제시하는 것이 효과적이다.
		1.2.2 멀티미디어 효과를 극대화하기 위해 매체끼리 변환하거나 결합하여 텍스트를 구성하는 것도 효과적이다.
	1.3 언어활동의 실제 상황을 소재로 하여 텍스트를 개발한다.	1.3.1 언어활동 장면을 목록화하여 학습 목표에 맞는 텍스트를 선택한다.
	1.4 총체적 언어 학습이 가능한 텍스트를 만든다.	1.4.1 영역 간에 유사한 학습 목표 · 주제 · 장르가 있는 요소들을 통합하여 한 단원으로 구성하는 것이 효과적이다.
	1.5 실제 언어생활에서 오류가 있는 실제 텍스트 자료를 활용하여 학생들이 비판할 수 있는 기회를 주는 것도 필요하다.	1.5.1 학습자의 핸드폰 메시지, 자주 보는 드라마, 광고 등에서 실자료를 텍스트로 하여 신뢰성과 타당성을 판단할 수 있도록 구성한다.

1) 디지털 교과서는 텍스트를 제시할 때 가급적 실질적이고 다양한 학습 자료를 활용해야 한다는 원리

2. 텍스트 생산의 능동성[2]	2.1 학습자들이 텍스트를 이해하고 표현할 수 있도록 개발한다.(재구성)	2.1.1 학습자가 주체적으로 학습 내용을 재구성할 수 있는 기회를 준다.
		2.1.2 학습자가 텍스트의 정보 · 지식을 직접 시각화할 수 있는 기회를 준다.
	2.2 학습자가 의미 있는 내용을 직접 구성할 수 있는 기회를 준다.(구성)	2.2.1 학습자가 매체 자료를 직접 구성할 수 있도록 한다.
		2.2.2 학습자가 컴퓨터프로그램을 이용해 글을 쓰는 기회를 준다.
3. 자기 점검 활동 부여의 원리[3]	3.1 학습자의 초인지적 사고를 자극할 수 있도록 구성한다.	3.1.1 학습자가 자신의 학습 수준이나 학습 과정을 인지할 수 있도록 구성한다.
		3.1.2 학습자가 하이퍼텍스트상에 있는 자신의 위치를 인지할 수 있도록 개발한다.
	3.2 학습자의 수준별 학습이 가능하도록 개발한다.	3.2.1 주제별 학습 요소(내용)의 목록화를 학습자가 확인할 수 있도록 하여 본인의 수준에 맞게 내용을 선택할 수 있도록 구성한다.
		3.2.2 학습자 수준에 맞도록 해설 제공 방식을 다양화한다.
4. 학습자 상호 작용 활동 부여의 원리[4]	4.1 교과서를 언어활동의 장으로 만들어 타인과 소통할 수 있는 기회를 부여한다.	4.1.1 언어적 문제 상황을 해결하는 기회를 부여한다.
		4.1.2 인터넷 공론장을 언어 학습 공론장으로 활용할 수 있도록 구성한다.
		4.1.3 유사 상황 구성을 통해 학습한 내용을 실제 상황에서 활용할 수 있는 기회를 제공한다.
		4.1.4 학습자의 목소리를 녹음하거나 동시적 상호 토론이 가능하도록 개발한다.
	4.2 학습자가 타인과 윤리적으로 소통할 수 있도록 구성한다.	4.2.1 윤리적 소통의 관점에서 서로를 평가할 수 있도록 구성한다.

2) 디지털 교과서를 개발할 때 학습자들이 본문을 재구성하고 창작할 수 있도록 개발하여야 한다는 원리

쓰기 영역에 초점화된 디지털 교과서의 개발 방향을 다소 거시적인 관점에서 제시한 이재기(2013)는 국어과 디지털 교과서의 개발 방향에 대해 세 가지를 제시하고 있다. 첫 번째는 국어과의 목표 및 영역 특성에 적합한 학습 자료를 제공해야 한다는 것, 두 번째는 하이퍼텍스트를 활용하여 상호텍스트성 및 해석의 자유를 경험하게 해야 한다는 것이다. 세 번째 방향은 '열린 채 끝나는 대화성'을 경험하게 해야 한다는 것이다. 즉, 디지털 교과서가 학습자 간의 대화 즉 언어적 상호작용을 지원하고 촉발시키는 커뮤니티 역할을 하도록 구성되어야 한다고 보았다. 구체적으로 디지털 공간의 커뮤니티에서 이루어지는 문어적 상호작용은 '읽기 → 해석텍스트 구성하기(학생 필자) → 해석텍스트에 반응하기(학생 독자) → 재반응하기(학생 필자)' '쓰기(학생 필자) → 텍스트에 반응하기(학생 독자) → 재반응하기(학생 필자)'와 같은 과정을 거쳐야 한다고 제시하였다. 이러한 과정을 통해 '수많은 학생 독자가 텍스트의 안팎을 자유롭게 가로지르고, 각자 가로질러 가다가 서로 부딪쳐 폭발하고, 폭발하면서 새로운 길을 만들어 내는' 경험을 해야 한다고 본 것이다.

문법 영역에서 디지털 국어 교과서가 어떤 점에 주목해야 할지에 대해 논의한 연구도 살펴볼 수 있다. 최원호(2016)는 문법 디지털 교과서의 발전 방향으로 '문법 교과서 내용의 모듈화를 통한 자기주도적 학습 촉진', '정련된 문법 자료를 통한 흥미 제고 및 학습 효과 증진', '다양한 협동학습 활동 구성을 통한 적극적 상호작용 촉진'의 세 가지를 제시하였다.

3.2.3. 디지털 국어 교과서를 활용한 평가 개선 방안

디지털 국어 교과서를 사용하는 교수 · 학습에서 평가는 어떻게 이루어져야 할까? 디지털 기반 환경에서의 평가와 관련하여 주목해야 할 점 중의 하나는 '시험 보안의 학습 저해(Protecting Testing Preventing Learning)' 현상이다. 이는 '평가 기술의 격차(시험 보안을 보호하는 기술이 시험 보안을 위협하는 기술에 뒤쳐져 있는 상황)'로 인해 발생하는

3) 학생들이 자신의 학습 과정이나 수준을 실질적으로 점검해 보는 기회를 갖도록 개발되어야 한다는 원리

4) 교사 중심의 단방향 활동이 아니라 학습자와 교사 간, 학습자와 교재 간, 학습자 간의 양방향 교수-학습이 가능한 활동을 개발해야 한다는 원리

악순환이다. 디지털 환경에서는 평가에 대한 보안이 강화될수록 학습자가 평가에 접근할 수 있는 기회가 줄어들게 되므로 평가에 대한 부담이 더욱 증대된다. '시험 보안의 학습 저해'는 고부담 평가가 검사의 타당도와 보안에 대한 요구를 다시 높이는 작용을 하는 악순환이 반복될 수 있음을 나타내는 말이다.(최재화, 2021)

위와 같은 우려는 디지털 기반 교육에서 평가에 표준화 시험이나 고부담 시험에 대한 과도한 편향에서 비롯될 수 있는 것으로, 최근 주목되고 있는 과정 중심 평가와 같은 다양한 평가 방법의 모색이 필요함을 말해 준다. 이와 관련하여 최숙기(2015)에서는 디지털 교과서를 활용하여 학습 지향적 평가를 실천하기 위한 방안을 제시하고 있어 주목된다.

〈표 18〉 디지털 교과서를 활용한 학습 지향적 평가 방안 (최숙기, 2015)

요소	실현 방안	세부사항
형성 평가의 활용, 수업과의 연계	국어 형성 평가를 통한 학습자의 학업 수준과 향상도 점검 실현 방안	1) 날개 질문 및 학습 활동-형성 평가의 연계 2) 서책형 교과서의 날개 질문이 지닌 단일한 내용 회상 및 기억 기능을 극복하고 지식 기능, 전략, 태도를 통합한 형성 평가 문항 제공 가능 3) 매 소단원별로 학습 활동과 형성 평가가 연동되어 대단원 전체 과정 중에 습득해야 할 학습 요소를 충분히 익히고 스스로 향상도 확인
피드백 강화	국어 학습자의 학습과 성장을 촉진하기 위한 피드백 제공 기능의 실현	1) 디지털 교과서의 피드백 유형: 정답 확인, 교정, 교수, 칭찬 및 동기유발 2) 표현 방식: 질문, 칭찬, 지시, 교정, 주의 3) 즉시적이면서 상호작용적인 피드백 기능 실현 가능
수행평가의 내실화, 실생활과의 연계	실생활 문제 해결 기반의 국어과 수행평가 구성 실현 방안	학생들 간의 의사소통 장면을 과제 장면으로 이끌어 오기 용이 • 새로운 문식성(New literacy)을 반영한 복합 양식 텍스트나 디지털 텍스트를 수행평가의 과제 상황에 접목 가능 • 음성 언어가 지닌 제약의 문제를 녹음이나 녹화 기능 등으로 극복할 수 있어 의사소통의 4개 영역을 균형 있게 다룬 국어과 수행평가를 실현

평가 결과 공유	평가 결과 보고 및 공유 기능의 실현	• 수행평가나 형성 평가의 정답에 대한 확인이나 오류에 대한 교정에만 있지 않고 자신의 성취 수준에 대한 진단과 학업적 강점과 약존에 대한 정보 획득, 국어 능력 향상을 위한 학습의 방안어 대한 다양한 정보 제공 등 국어과 평가 결과표를 활용하는 방법

제2부

디지털 국어 교과서의 현황과 요구

1. 국내 디지털 교과서의 현황

현재 국내 디지털 교과서는 초등학교 3~6학년부터 중학교 1~3학년 사회, 과학, 영어과 및 고등학교 영어과에 한하여 개발되어 있다. 즉, 디지털 국어 교과서가 개발되지 않은 상태인 것이다. 따라서 이 장에서는 현재 국내 디지털 교과서의 개발 현황을 학교급별, 시기별로 살펴보고 초등 사회, 과학, 영어과 디지털 교과서 및 중학교 국어과 전자저작물의 자료와 기능을 분석해 보고자 한다.

1.1. 국내 디지털 교과서 개발 현황

디지털 교과서는 2015 개정 교육과정의 학교 현장 적용 시기에 맞춰 본격적으로 도입되기 시작하였다. 2018학년도 초등학교 3~4학년 및 중학교 1학년을 시작으로 2019학년도 초등학교 5~6학년 및 중학교 2학년, 2020학년도에는 중학교 3학년까지 연차적으로 확대 적용되었다. 초등학교 사회, 과학 등 국정교과서뿐만 아니라 초등학교 영어, 중학교 및 고등학교 사회, 과학, 영어 등 검인정 교과서의 경우에도 출판사별로 디지털 교과서가 개발되었다.

한편 2022학년도부터는 초등 3~4학년의 사회, 과학 교과서가 국정에서 검인정으로 전환됨에 따라, 각 출판사별 디지털 교과서가 새롭게 개발되었다. 검인정 디지털 교과서의 학교급별 적용 학년 및 교과, 시기를 정리하면 다음과 같다.

〈표 19〉 **디지털 교과서 개발 현황**

<table>
<tr><th rowspan="2">학교급</th><th rowspan="2">적용 교과(개수)</th><th rowspan="2">적용 학년</th><th colspan="5">적용 시기(학년도)</th></tr>
<tr><th>2018</th><th>2019</th><th>2020</th><th>2021</th><th>2022</th></tr>
<tr><td rowspan="3">초등
학교</td><td rowspan="2">사회(국정)
과학(국정)</td><td>3~4학년</td><td>적용</td><td>→</td><td>→</td><td>→</td><td>검인정
개발</td></tr>
<tr><td>5~6학년</td><td></td><td>적용</td><td>→</td><td>→</td><td>→</td></tr>
<tr><td>영어(검정 5종)</td><td>3~6학년</td><td>적용</td><td>→</td><td>→</td><td>→</td><td>→</td></tr>
<tr><td rowspan="3">중학교</td><td rowspan="3">사회(검정 8종)
과학(검정 5종)
영어(검정 13종)</td><td>1학년</td><td>적용</td><td>→</td><td>→</td><td>→</td><td>→</td></tr>
<tr><td>2학년</td><td></td><td>적용</td><td>→</td><td>→</td><td>→</td></tr>
<tr><td>3학년</td><td></td><td></td><td>적용</td><td>→</td><td>→</td></tr>
<tr><td>고등
학교</td><td colspan="2">영어(검정 11종)
영어회화(검정 4종)
영어 I (검정 9종)
영어 독해와 작품
(검정 5종)</td><td>적용</td><td>→</td><td>→</td><td>→</td><td>→</td></tr>
</table>

이렇게 개발 및 적용된 디지털 교과서는 KERIS(한국교육학술정보원)의 에듀넷-티클리어[1]에서 서비스를 제공하고 있으며, 크게 웹뷰어 또는 앱뷰어 두 가지 방식으로 이용 가능하다. 웹뷰어의 경우 PC, 모바일 등 기기에 관계없이 웹브라우저를 통해, 앱뷰어의 경우 PC, 모바일 기기의 앱 설치를 통한 접속 및 이용이 가능하다. 디지털 교과서 이용 환경을 웹뷰어와 앱뷰어로 구분하여 접속 및 이용 방식, 장단점 등을 비교하면 다음과 같다.

1) Teacher-Curriculum, Learning, Evaluation and Activity Resources의 약자로 교육과정과 교육정책 전반의 정보를 통합 제공하고, 협업 소통을 지원하는 교육정보 통합 지원 서비스이다.(https://www.edunet.net/nedu/info/infoEdunet.do?menu_id=7047)

〈표 20〉 디지털 교과서 이용 환경 비교

방식	접속 방식	이용 방법	장단점
웹 뷰어	기기 관계 없이 웹브라우저를 통한 접속	해당 교과서 구독 후 이용	장점: 별도의 다운로드 없이 구독 방식으로 바로 이용 가능
			단점: 온라인 환경에서만 이용 가능
앱 뷰어	앱 설치를 통한 접속 (Windows 앱, Android 앱, iOS 앱 등)	해당 교과서 다운로드 후 이용	장점: 다운로드 시 오프라인 환경에서도 이용 가능
			단점: 다운로드 시 용량 소모가 큼

위와 같이 웹뷰어와 앱뷰어 방식은 접속 방식이나 이용 방법 등에서 일부 차이가 있고 이에 따라 장단점도 구별된다. 다만 디지털 교과서 자료 및 기능은 거의 동일하게 제공되기 때문에, 교수 · 학습 환경에 따라 선택적으로 이용 가능하다.

[그림 4] 웹뷰어 방식의 디지털 교과서 이용 화면

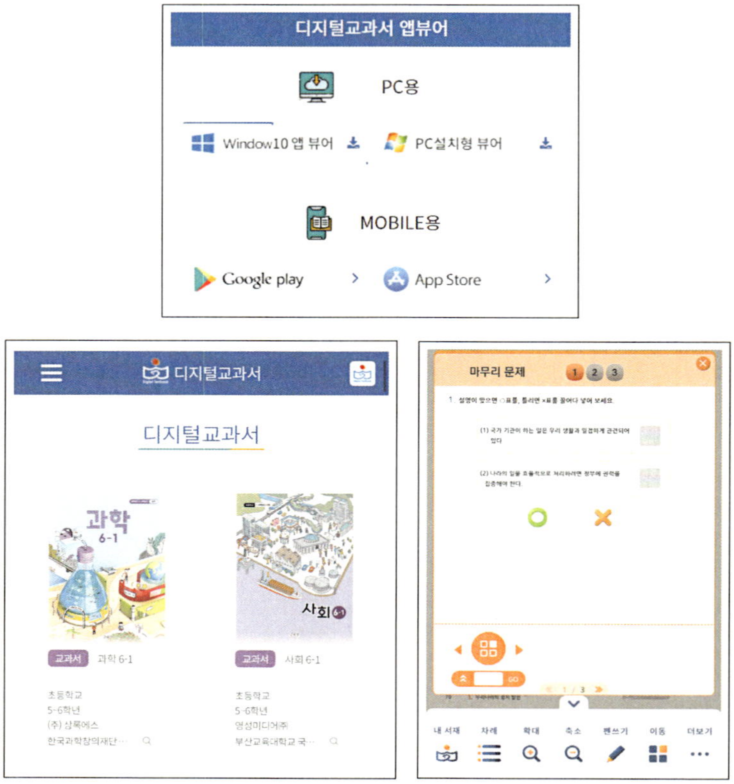

[그림 5] 앱뷰어 방식의 디지털 교과서 이용 화면

한편 코로나19가 본격화된 2020학년도부터 학습 공백을 최소화하고 교사와 학생들의 온라인 수업 및 학습을 지원하기 위해 기존의 사회, 과학, 영어 디지털 교과서 외에 나머지 과목(국어, 수학, 도덕 등)의 교과서 PDF를 디지털 교과서 웹뷰어 서비스를 통해 한시적으로 지원하고 있다. 그러나 교과서 PDF는 기존의 서책형 교과서를 PDF 형태로 단순 변환하여 제공하기 때문에 디지털 교과서와 같은 추가적인 자료 및 기능[2]이 거의 제공되지 않는 점, 코로나19 상황 속에서 한시적으로 제공된다는 점 등에서 디지털 교과서와 동일선 상에서 보기 어렵다는 한계가 있다.

2) 기능적인 측면의 경우 확대 및 축소, 페이지 이동과 같은 기본적인 학습 지원 기능이 교과서 pdf에서 제공되기는 하나, 이를 제외한 나머지 디지털 교과서의 기능이 전혀 구현되지 않는 한계가 크다.

1.2. 국내 디지털 교과서 분석

이 연구에서는 기존의 서책형 교과서와 구별되는 디지털 교과서의 차별성을 중점적으로 분석하기 위해, 크게 자료와 기능 영역으로 분석 기준을 이원화하였다.

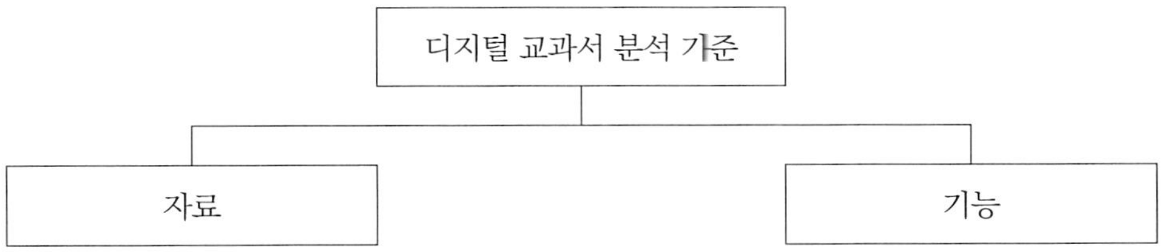

[그림 6] 디지털 교과서 분석 기준의 이원화

자료와 기능 분석의 세부 항목을 설정하기 위해서는 앞선 연구에서의 디지털 교과서 분석 기준을 살펴볼 필요가 있다. 2011년 발표된 「스마트교육 추진 전략 실행계획」에 따르면, 디지털 교과서는 서책형 교과서의 내용을 기본적으로 구현함과 동시에, 다양한 참고 자료와 학습 지원 기능 나아가 학습자의 자가진단을 위한 평가문항이나 자기주도학습을 위한 보충 · 심화 자료 등을 함께 제공해 주어야 한다(한국교육과정평가원, 2012). 이를 근거로 한국교육과정평가원에서 디지털 교과서 심사 기준을 마련하기 위해 개발한 분석 영역에는 'Ⅰ. 교수 · 학습 자료의 풍부성', 'Ⅱ. 교수 · 학습 지원의 유용성', 'Ⅲ. 교수 · 학습 관리의 유용성', 'Ⅳ. 시스템 및 네트워크의 안정' 등 네 가지가 있다.

〈표 21〉 디지털 교과서 특성 분석을 위한 분석틀 (한국교육과정평가원, 2012)

분석 영역	분석 항목
Ⅰ. 교수 · 학습 자료의 풍부성	1. 멀티미디어 자료(사진, 동영상, 애니메이션 등)의 제공
	2. 보충 · 심화 학습 자료의 제공
	3. 평가 문항의 제공
	4. 용어 사전의 제공

<table>
<tr><td rowspan="6">Ⅱ. 교수 · 학습 지원의 유용성</td><td>1. 사용자 인터페이스(화면 구성 및 디자인)의 구성</td></tr>
<tr><td>2. 기존 서책형 교과서의 역할 기능 제공</td></tr>
<tr><td>3. 부가 편의 기능(이동, 검색, 하이퍼링크 등)의 제공</td></tr>
<tr><td>4. 기타 교수 · 학습 지원 기능(녹음, 그리기 기능 등)의 제공</td></tr>
<tr><td>5. 상호작용 기능의 제공</td></tr>
<tr><td>6. 평가 기능(채점, 정답, 풀이과정 등)의 제공</td></tr>
<tr><td rowspan="2">Ⅲ. 교수 · 학습 관리의 유용성</td><td>1. 교수 · 학습 관리 기능(학습 진도, 이력 관리 등)의 제공</td></tr>
<tr><td>2. 저작도구의 지원</td></tr>
<tr><td>Ⅳ. 시스템 및 네트워크의 안정</td><td>구동 및 접속의 안정성</td></tr>
</table>

한편 김혜숙 외(2015)는 디지털 교과서 구성 체계의 특징과 디지털 교과서의 구현 기능을 중심으로 디지털 교과서의 구현 양상을 다음과 같이 분석하였다.

〈표 22〉 디지털 교과서의 분석 틀 (김혜숙 외, 2015)

<table>
<tr><th colspan="2">디지털 교과서의
수업 단계별 구성 체계</th></tr>
<tr><td rowspan="3">도입 단계</td><td>단원 도입</td></tr>
<tr><td>학습 목표</td></tr>
<tr><td>생각 열기</td></tr>
<tr><td rowspan="5">전개 단계</td><td>본문 내 학습자료</td></tr>
<tr><td>탐구활동</td></tr>
<tr><td>읽기자료</td></tr>
<tr><td>용어사전</td></tr>
<tr><td>보충 · 심화
학습자료</td></tr>
<tr><td rowspan="2">마무리 단계</td><td>단원 마무리</td></tr>
<tr><td>평가문항</td></tr>
</table>

<table>
<tr><th colspan="2">디지털 교과서의 구현 기능</th></tr>
<tr><td>확대/축소</td><td>읽어주기</td></tr>
<tr><td>나타내기/
숨기기</td><td>조작형
자료로 변환</td></tr>
<tr><td>이동</td><td>정답 입력</td></tr>
<tr><td>동영상화</td><td>모범 답안 확인</td></tr>
<tr><td>애니메이션화</td><td>채점</td></tr>
</table>

위의 분석 틀에서 좌측 구성 체계의 경우 일반적인 수업 단계와 디지털 교과서 콘텐츠를 연결하는 방식으로 이루어져 있다. 이 중 학습 목표와 생각 열기를 제외한 음영 처리 부분은 기존 서책형 교과서의 내용 외에 디지털 교과서에서 새롭게 추가된 내용이 있는 경우이다. 이 연구에서는 도입, 정리, 마무리의 수업 단계를 제외하고 본문 내 학습자료, 보충 · 심화 학습자료 등을 자료 영역의 하위 항목에 반영하였다.

우측 디지털 교과서의 구현 기능의 경우, 2014년 당시 연구학교에 시범 적용 중에 있던 디지털 교과서를 분석하였다 보니 현재 디지털 교과서에서 추가적으로 제공하는 기능들이 일부 빠져 있으므로, 현행화할 필요가 있다.

다음으로 디지털 교과서 서비스를 제공하는 에듀넷-티클리어에서는 디지털 교과서 콘텐츠를 크게 학습자료, 학습 지원 및 관리, 외부 자료 연계 기능 3가지로 범주화하여 다음과 같이 제시하고 있다.

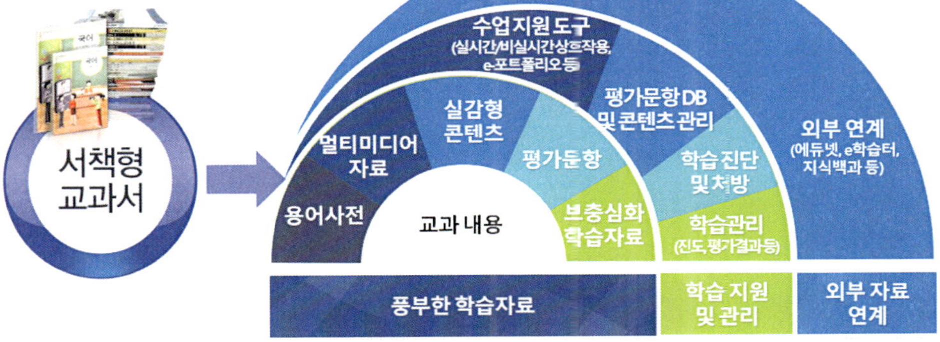

[그림 7] 디지털교과서 학습 자료 및 기능 범주화 (한국교육학술정보원, 2022)

또한 디지털 교과서의 기능을 화면상의 구현 위치에 따라 크게 교과서 메뉴의 기능, 본문 메뉴의 기능으로 구분하여 제시하고 있다. 디지털 교과서 도움말에서 제공하는 교과서 메뉴와 본문 메뉴별 아이콘과 아이콘명, 기능에 대한 설명은 다음과 같다.

〈표 23〉 에듀넷-티클리어 도움말에서 제공하는 디지털 교과서의 교과서 기능

아이콘	아이콘명	기능
	내 서재	교과서 본문에서 내 서재로 돌아갑니다.
	차례	교과서, 표, 멀티미디어, 실감형 자료의 차례를 보여주며,
	확대	보고 있는 페이지를 확대할 수 있습니다. 확대시에는 [보기 모드로 자동 전환되며, 쓰기 등의 기능을 사용하기 위해서는 [학습 모드]로 전환하여야 합니다. ※ 모드 변경은 확대시 화면 오른쪽에 생성되는 아이콘을 클릭
	축소	보고 있는 페이지를 다시 축소할 수 있습니다.
	내 자료함	교과서에 기록한 모든 정보를 서버에 저장합니다.
	도움말	디지털교과서 뷰어 도움말을 볼 수 있습니다.
	에듀넷·티-클리어 검색	에듀넷의 검색엔진을 통해 검색하여 관련 결과를 보여줍니다.
	본문 검색	디지털교과서에 있는 텍스트를 검색합니다.
	지식백과 검색	지식백과 검색엔진을 통해 검색하여 관련 결과를 보여줍니다.
	e학습터 검색	e학습터의 검색엔진을 통해 검색하여 관련 결과를 보여줍니다.
	인쇄	디지털교과서 본문 내용을 인쇄합니다.
	초기화	클라우드 서버에 저장된 해당 교과서에 기록한 모든 정보를 초기화합니다.
	펜 쓰기	디지털교과서 본문에 필기하거나 그림을 그릴 수 있습니다.
	단면/양면	디지털교과서의 화면을 단면 보기, 양면 보기로 설정할 수 있습니다.
	커뮤니티	학습 커뮤니티로 이동합니다.
	페이지 이동	교과서의 페이지별 미리보기를 제공하여 가고자 하는 페이지를 누르면 바로 이동할 수 있습니다.

위의 표에서 제시하는 교과서 기능은 기능의 구현 화면 위치에 따른 것으로, 교수 · 학습 지원 기능, 관리 기능 등 기능의 성격에 따른 재분류가 필요하다. 다음은 본문 메뉴상의 기능을 정리한 표이다.

〈표 24〉 에듀넷-티클리어 도움말에서 제공하는 디지털 교과서의 본문 메뉴 기능

아이콘	아이콘명	기능
	하이라이트	교과서 본문 텍스트를 블록 지정 후, [하이라이트]를 선택하면 지정한 영역에 형광펜을 표시할 수 있습니다.
	메모	텍스트에 블록을 지정한 후, [메모]를 선택하면 지정한 영역에 메모를 작성할 수 있습니다.
	녹음	선택된 문장 위치에 음성을 녹음할 수 있습니다.
	자료연결	지정된 내용에 대한 [자료연결]을 선택하면 인터넷 주소 URL을 입력하여 하이퍼링크 기능을 이용할 수 있습니다.
	에듀넷·티-클리어 검색	텍스트를 블록 지정한 후, [에듀넷·티-클리어 검색]을 선택하면 지정한 해당 단어에 대해 에듀넷 통합검색 결과가 나타납니다.
	복사	선택된 문장을 복사 합니다.

에듀넷-티클리어에서는 디지털 교과서 도움말 메뉴를 통한 기능 설명 외에도, 디지털 교과서 뷰어 이용하기 메뉴에서도 기능 설명을 다음과 같이 시각적으로 제시하고 있다.

[그림 8] 디지털 교과서 구현 화면 위치에 따른 기능 분류

이처럼 앞선 두 연구의 분석 틀과 에듀넷-티클리어의 기능 분류를 바탕으로 이 책에서는 디지털 교과서 상위 분석 기준인 자료와 기능 영역의 하위 영역 및 세부 항목을 재구성하였다. 자료와 기능 영역에 따른 디지털 교과서 분석 기준을 정리하면 다음과 같다.

〈표 25〉 디지털 교과서 자료 분석 기준

상위 영역	하위 영역	세부 항목
자료	멀티미디어 자료	듣기 자료
		그림/사진/지도 자료
		표/그래프 등 통계 자료
		동영상 자료
		애니메이션 자료
	용어사전 자료	용어사전 자료
	보충·심화 학습 자료	읽기 자료
		탐구학습 자료

		놀이학습 자료
	평가 자료	도입 평가 자료
		마무리 평가 자료
	실감형 콘텐츠 자료	가상현실(VR) 자료
		증강현실(AR) 자료
		360° 사진 및 영상 자료

먼저 자료 영역의 경우 자료의 성격에 따라 멀티미디어 자료, 용어사전 자료, 보충 · 심화학습 자료, 평가 자료, 실감형 콘텐츠 자료 등 5가지 하위 영역과 각 영역의 세부 항목으로 구체화하였다. 멀티미디어 자료는 듣기, 그림/사진/지도, 표/그래프 등 통계자료, 애니메이션, 동영상 등 5가지 세부 항목으로 분류하였고, 용어사전 자료는 1가지이다. 보충 · 심화학습 자료는 활동 성격에 따라 읽기 자료, 탐구학습 자료, 놀이학습 자료로 세분화하였으며, 평가 자료는 도입 및 마무리 평가 자료로 구분하였다. 실감형 콘텐츠 자료는 가상현실(VR), 증강현실(AR), 360° 사진 및 영상 자료를 세부 항목으로 구성하였다.

다음으로 기능 영역은 크게 교수 · 학습 지원과 교수 · 학습 관리, 외부 자료 연계 기능 등 3가지로 상위 영역으로 다음과 같이 분류하였다.

〈표 26〉 디지털 교과서 기능 분석 기준

상위 영역	하위 영역	세부 항목	
교수 · 학습 지원 기능	부가 편의 기능	차례	교과서 차례
			콘텐츠 차례
		이전/다음	
		단면/양면	
		페이지 이동	
		페이지 확대/축소	
		페이지 링크 복사	
		본문 검색	

<table>
<tr><td rowspan="23"></td><td rowspan="6"></td><td colspan="2">본문 복사</td></tr>
<tr><td colspan="2">북마크</td></tr>
<tr><td colspan="2">간편 메뉴</td></tr>
<tr><td colspan="2">인쇄</td></tr>
<tr><td colspan="2">도움말</td></tr>
<tr><td colspan="2">화면 캡처</td></tr>
<tr><td rowspan="12">본문 자료
연계 기능</td><td colspan="2">하이라이트</td></tr>
<tr><td colspan="2">메모</td></tr>
<tr><td colspan="2">녹음</td></tr>
<tr><td colspan="2">노트</td></tr>
<tr><td colspan="2">펜쓰기</td></tr>
<tr><td colspan="2">텍스트 입력</td></tr>
<tr><td colspan="2">읽어주기</td></tr>
<tr><td colspan="2">자료 확대</td></tr>
<tr><td colspan="2">나타내기/숨기기</td></tr>
<tr><td colspan="2">자료의 조작화</td></tr>
<tr><td colspan="2">자료의 영상화</td></tr>
<tr><td colspan="2">정답 입력/채점</td></tr>
<tr><td rowspan="2">교수 · 학습
자료 공유 기능</td><td rowspan="2">나눔 마당</td><td>디지털교과서
판서 자료</td></tr>
<tr><td>학습자료 나눔 공간</td></tr>
<tr><td rowspan="5">교수 · 학습
관리 기능</td><td rowspan="5">교수 · 학습
진도 및
이력 기능</td><td rowspan="3">내 서재</td><td>교과서 구독 및 열기</td></tr>
<tr><td>위두랑 자료보기</td></tr>
<tr><td>나의 학습기록</td></tr>
<tr><td rowspan="2">내 자료함</td><td>메모 목록</td></tr>
<tr><td>자료연결 목록</td></tr>
</table>

			하이라이트 목록
			북마크 목록
			녹음 목록
			펜쓰기 목록
		디지털교과서 클래스	열람시간 보기
			학습 데이터 열람
	부가 관리 기능	설정 기능	뷰어 설정
			바로가기 설정
		동기화	
		초기화	
외부 자료 연계 기능	커뮤니티 연계	위두랑 바로가기	
		위두랑 앱 열기	
	외부 자료 검색	에듀넷 티클리어	
		e학습터	
		지식백과	
	외부 자료 연결	URL 연결	
		파일 연결	

구체적인 교수 · 학습 상황에서 직간접적으로 활용 가능한 기능은 교수 · 학습 지원 기능에 포함시켰으며, 학습자 스스로 전반적인 교수 · 학습을 관리하고 통제하여 상위인지를 활용할 수 있는 기능은 교수 · 학습 관리 기능에 포함시켰다. 또한 디지털 교과서 외적인 위두랑 커뮤니티나 외부 자료의 활용 등은 외부 자료 연계 기능으로 분류하였다.

먼저 교수 · 학습 지원 기능의 경우 페이지 이동, 확대/축소, 단면/양면 보기, 복사, 인쇄, 도움말 기능 등과 같이 이용자 편의에 맞게 디지털 교과서를 조작할 수 있는 기능을 묶어 부가 편의 기능으로 구성하였다. 디지털 교과서 화면 내에서 학습 자료 활용에 직접적으로 관여되지는 않으나, 학습자 편의에 맞게 디지털 교과서를 이용할 수 있도록 지원하기에 부가 편의 기능으로 지칭하였다.

한편 부가 편의 기능과 다르게 디지털 교과서 화면 내에서 직접적으로 조작 가능하여 교수 · 학습을 지원할 수 있는 기능은 본문 자료 연계 기능으로 지칭하였다. 나타내기/숨기기, 노트, 펜쓰기, 하이라이트, 메모, 녹음, 읽어주기, 자료 확대, 자료의 조작화, 영상화 등은 디지털 교과서를 단순히 읽는 데 그치지 않고 이용자 스스로 중요한 부분을 강조하거나 기록하며 정리, 평가하는 등 본문 자료와 연계하여 활용할 수 있는 기능에 해당한다. 따라서 본문 자료 연계 기능으로 구성하였다.

교수 · 학습 자료 공유 기능은 2022년에 새롭게 추가된 기능으로 나눔 마당이라는 탭 안에서 교사들 간 수업자료, 학생들 간 학습자료를 공유할 수 있도록 되어 있다. 구체적으로 '디지털교과서 판서 자료'와 '학습자료 나눔 공간'으로 구분되어 있다. 디지털교과서 판서 자료는 다른 교사가 디지털교과서 해당 페이지에 판서한 자료, 연계한 자료 등을 확인하고 동기화할 수 있는 기능이다. 학습자료 나눔 공간은 수업과 관련된 다양한 학습 자료를 올리고 공유할 수 있는 기능이다.

교수 · 학습 관리 기능은 크게 교수 · 학습 진도 및 이력 기능, 부가 관리 기능 두 가지로 구분 가능하다. 교수 · 학습 진도 및 이력 기능에는 나의 학습기록을 출석부 형태로 확인 가능한 내 서재 기능과 디지털 교과서에 기록한 자료를 PC, 태블릿 등 현재 이용하고 있는 단말기에 저장할 수 있는 내 자료함 기능이 있다. 디지털교과서 클래스는 2022년에 새롭게 추가된 기능으로서, 교사가 담당 학급의 학생들을 디지털교과서 클래스에 등록시켜 놓으면, 개별 학생들의 디지털교과서 학습 시간, 구체적인 학습 데이터 등을 열람할 수 있다.

부가 관리 기능에는 디지털 교과서 메뉴나 위치 등을 나에게 알맞게 변경할 수 있는 설정 기능, 디지털 교과서에 기록된 자료를 단말기가 아닌 클라우드 서버에 저장하거나 저장된 정보를 가져올 수 있는 동기화 기능, 기록된 자료를 지우는 초기화 기능 등이 있다.

마지막으로 외부 자료 연계 기능은 커뮤니티 연계, 외부 자료 검색, 외부 자료 연결 기능 등으로 세분화된다. 커뮤니티 연계 기능은 디지털 교과서와 연계 가능한 위두랑[3]에 있는 자료를 가져오거나, 디지털 교과서에서 학습한 내용을 위두랑으로 보낼 수 있도록 하여 교사와 학생, 학생과 학생 간 쌍방향 소통과 피드백, 협력이 가능하도록 지원한다.

---

3) 디지털 교과서를 활용한 교사와 학생, 학생 간 쌍방향 의사소통 및 협업활동, 교사의 학생 학습 지원 및 관리를 돕기 위해 개발된 사회 관계망 서비스(SNS)이다. 에듀넷-티클리어에서 디지털 교과서와 연계하여 위두랑을 이용할 수 있다.

외부 자료 검색 기능은 디지털 교과서 본문 검색 외에 에듀넷 티클리어나 e학습터, 지식백과 등 외부 자료를 검색할 수 있도록 연계한다. 마지막으로 외부 자료 연결 기능에는 URL, 파일 연결 방식이 있다.

그렇다면 이렇게 유목화한 디지털 교과서의 자료와 기능을 어떻게 분석할 수 있을까? 한국교육과정평가원(2015)에서는 자료와 기능을 기준으로 디지털 교과서를 양적, 질적으로 분석하였다. 양적 분석의 경우 서책교과서와 비교하여 초등학교 3, 4학년과 중학교 1학년 각 디지털 교과서 내에 수록된 추가 자료의 수를 도입, 전개, 마무리 단계로 구분하여 제시하였다. 또한 기능 역시 단계별 구성 요소에 따라 각 기능의 구현 여부를 표시하여 분석하였다. 질적 분석의 경우 디지털 교과서에서 교육적으로 의미 있게 제시된 대표 사례를 우수 사례와 수정 보완이 필요한 사례로 구분하여 제시하였다. 김혜숙(2015) 역시 디지털 교과서의 기능별 구현 양상을 우수 사례와 수정 보완이 필요한 사례로 분석하였다.

이 책에서는 앞선 연구들의 질적 분석과 동일한 관점에서 서책형 교과서와 구분되는 디지털 교과서의 자료와 기능을 각각 우수 사례와 수정 보완이 필요한 사례로 구분하여 분석하였다. 다만 현재 개발된 초중등의 모든 국정, 검인정 교과서를 검토, 분석하기는 어려운 점, 국어과 디지털 교과서가 개발되지 않은 점 등을 고려하여 초등 3~6학년 사회, 과학 디지털 교과서[4]와 초등 검정 교과서 중 천재교육 영어 3~6학년 디지털 교과서, 중등 천재교육(박영목) 국어 1학년 전자저작물을 다음과 같은 방법으로 분석하였다.

〈표 27〉 디지털 교과서 분석 방법

<table>
<tr><th colspan="3">분석 대상</th><th rowspan="2">분석 학년</th><th rowspan="2">분석 기준</th><th rowspan="2">분석 방법</th></tr>
<tr><th>학교급</th><th>종류</th><th>교과</th></tr>
<tr><td rowspan="3">초등학교</td><td rowspan="2">3~4 검정
5~6 국정</td><td>사회</td><td rowspan="3">3~6학년</td><td rowspan="2">자료</td><td rowspan="4">질적 분석
(우수 사례, 수정 보완이 필요한 사례)</td></tr>
<tr><td>과학</td></tr>
<tr><td>검정(천재)</td><td>영어</td><td rowspan="2">기능</td></tr>
<tr><td>중등</td><td>검정(천재)</td><td>국어</td><td>1학년</td></tr>
</table>

4) 2022학년도부터 초등 3~4학년 사회, 과학 교과서가 검인정 체제로 전환되었으나, 본 연구에서는 출판사별 차이보다는 디지털 교과서의 보편적인 특성에 주목하기 위해 기존 국정 디지털 교과서를 분석의 대상으로 삼았다.

우수 사례와 수정 보완이 필요한 사례는 일차적으로 초등과 중등으로 구분하여 자료와 기능을 각각 분석하였다. 다만 초등 내에서는 교과별, 학년별로 구분하여 제시하지 않되, 학년별 사례가 균등하게 포함되도록 하였다.

1.2.1. 초등 디지털 교과서 자료 분석

서책형 교과서와 구별되는 디지털 교과서의 자료는 앞서 멀티미디어 자료, 학습 자료, 활동 자료, 평가 자료, 실감형 콘텐츠 자료 등 5가지 하위 영역으로 구분하였다.

첫째, 멀티미디어 자료의 경우 듣기, 그림/사진/지도, 표/그래프 등 통계 자료, 동영상, 애니메이션의 5가지 세부 항목들을 듣기, 영상, 비영상 시각 자료 세 가지로 재범주화하여 각각 우수 사례와 수정 보완이 필요한 사례를 분석하였다.

〈표 28〉 디지털 교과서 멀티미디어 자료의 사례 분석

<table>
<tr><th>세부 항목</th><th>범주화</th><th>우수 사례</th><th>수정 보완이 필요한 사례</th></tr>
<tr><td>듣기 자료</td><td>듣기 자료</td><td>• 정확한 언어 정보를 제공하는 자료
• 서책형 교과서를 보충하는 자료
• 학습 문제를 보충하여 설명하는 자료</td><td>• 텍스트를 단순 반복하여 읽어주는 자료
• 학습 문제를 단순 반복하여 읽어주는 자료</td></tr>
<tr><td>그림/사진 지도 자료</td><td rowspan="2">비영상 시각 자료</td><td rowspan="2">• 교과서의 시각 자료를 확대, 재구조화하여 보여주는 자료
• 교과서의 시각 자료를 보충 · 심화하는 추가 자료</td><td rowspan="2">• 최신 통계자료의 미반영 사례</td></tr>
<tr><td>표/그래프 등 통계 자료</td></tr>
<tr><td>동영상 자료</td><td rowspan="2">영상 시각 자료</td><td rowspan="2">• 교과서의 시각 자료를 보충 · 심화하는 추가 자료</td><td rowspan="2">• 재생 시간이 길고 정보량이 많아 학습 부담이 큰 자료</td></tr>
<tr><td>애니메이션 자료</td></tr>
</table>

디지털 교과서에서 제공되는 듣기 자료는 크게 두 가지이다. 하나는 기존 서책형 교과서에 있는 읽기 자료를 그대로 읽어주는 방식의 듣기 자료, 다른 하나는 서책형 교과서에

서 제공되지 않는 추가적인 형태의 듣기 자료이다. 텍스트를 그대로 읽어주는 듣기 자료의 경우 영어과에서 발음이나 강세 등 정확한 언어 정보를 제공한다는 점에서 유의미하나, 사회과나 과학과에서 텍스트를 단순 반복하여 읽어주는 경우는 불필요하다고 할 수 있다.

[그림 9] 정확한 언어 정보를 제공하는 듣기 자료 (초등 영어 3 천재: 12-13쪽)

위의 장면은 초등학교 3학년 영어에서 처음으로 알파벳의 이름과 발음을 익히는 단계이다. 이때 13쪽과 같이 해당하는 알파벳을 클릭하면 정확한 발음의 듣기 자료가 제공된다. 이처럼 글자나 낱말, 문장 등의 텍스트를 그대로 읽어주는 듣기 자료이더라도, 언어를 학습하는 과정에서 정확한 언어 정보를 제공하는 것은 학습에 유의미한 우수 사례로 볼 수 있다. 또한 12쪽의 경우 대화 상황만 그림으로 제공되는 서책형 교과서와 달리, 디지털 교과서에서는 대화 상황에 해당하는 듣기 자료를 제공하여 서책형 교과서를 보충하는 유의미한 자료라 할 수 있다.

반면 사회과나 과학과의 경우 언어를 학습하는 것이 목표가 아니기에, 교과서에 제시된 텍스트를 단순 반복하여 읽어주는 듣기 자료는 유의미한 학습 자료로 보기 어렵다. 아래의 장면에서 사회과의 신문 기사의 경우 텍스트의 양이 그리 많지 않음에도 불구하고 듣기 자료로 단순 반복하여 제공되고 있어 불필요한 사례에 해당한다.

[그림 10] 텍스트를 단순 반복하여 읽어주는 듣기 자료 (초등 사회 6-1: 140-141쪽)

또한 해당 차시의 학습 문제를 그대로 반복하여 읽어주는 경우도 상당하다. 사회과의 경우 각 차시마다 학습 문제란에 '이번 시간에는'이라는 아이콘을 클릭하면 이번 시간에 배울 주요 내용을 듣기 자료를 제공하는데, 거의 대부분의 경우에는 아래 장면과 같이 교과서에 제시된 학습 문제를 그대로 읽어주는 데 그쳐 학습 효과가 떨어진다.

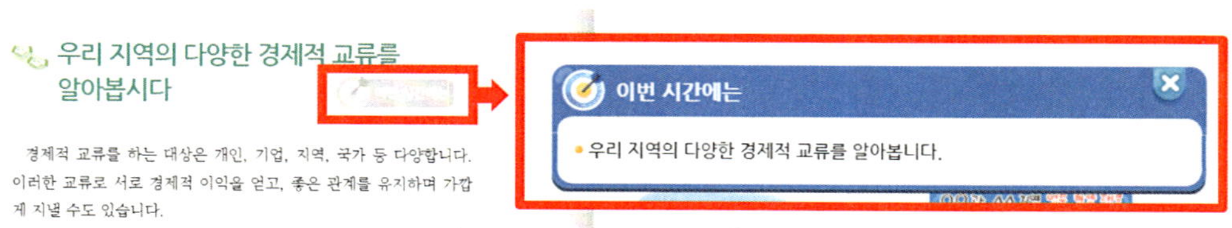

[그림 11] 학습 문제를 단순 반복하여 읽어주는 듣기 자료 (초등 사회 4-2: 80쪽)

물론 학습 문제를 조금 더 구체적으로 설명하거나 해당 차시의 주요 학습 활동까지 추가적으로 제공하는 듣기 자료도 있다. 이러한 경우 학습 문제에 대한 이해를 돕거나 활동에 대한 추가적인 정보까지 제공하기에 보다 유의미한 학습 자료로 볼 수 있다.

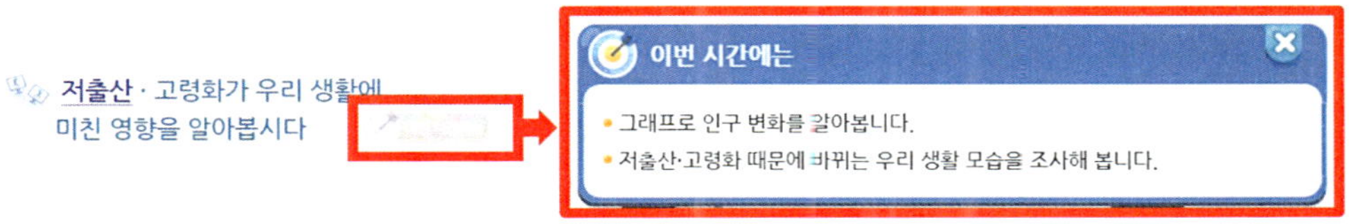

[그림 12] 학습 문제를 보충하여 설명하는 듣기 자료 (초등 사회 4-2: 140-141쪽)

다음으로 그림/사진, 표/그래프 등 비영상 시각 자료의 경우에도 듣기 자료와 마찬가지로 서책형 자료를 그대로 구현하는 자료와 추가적으로 제공되는 자료로 구분할 수 있다. 전자의 경우 서책형 교과서는 지면상의 제약으로 시각 자료의 크기가 한정되어 있는 반면, 디지털 교과서에서는 보다 확대된 시각 자료를 제공할 수 있다는 장점이 있다.

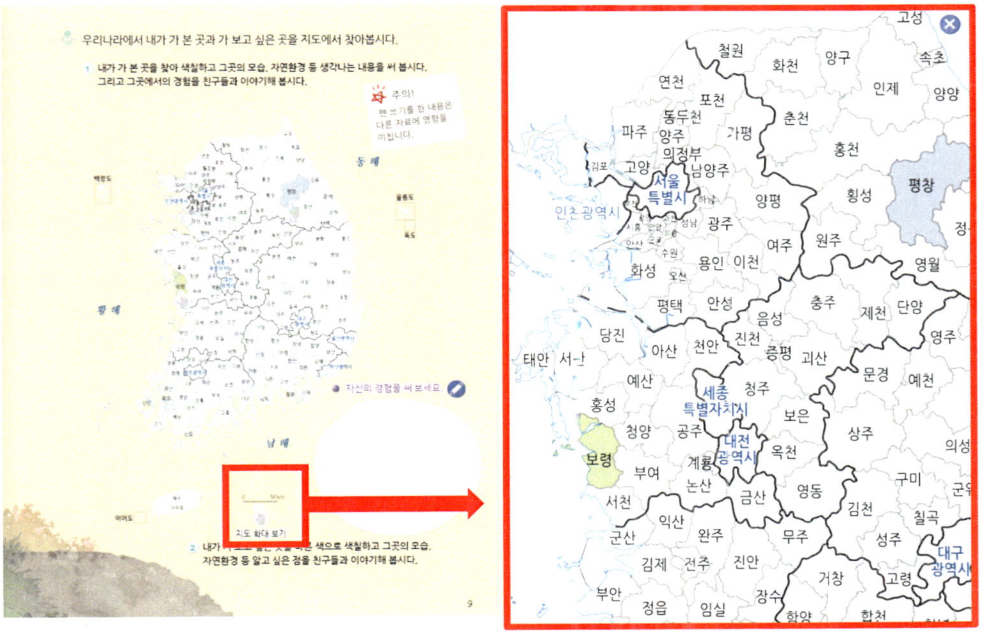

[그림 13] 서책형 교과서의 시각 자료를 확대하여 제공하는 사례 (초등 사회 5-1: 9쪽)

위의 장면은 서책형 교과서에 수록된 지도를 확대하여 볼 수 있는 시각 자료이다. 작은 글씨로 많은 도시들이 적혀 있어 기본 크기의 지도로 각 도시의 이름과 경계가 식별이 쉽지 않은 반면, 확대된 자료 상에서는 도시의 이름과 경계를 파악하기가 보다 용이하다.[5)]

기존 서책형 교과서에 제시된 그림/사진 자료를 재구조화하여 학습자에게 보다 유의미하게 제공하는 사례도 찾을 수 있다. 기초탐구기능 중 관찰 활동이 매우 중요하게 다뤄지는 과학과의 경우 그림 자료만 제공되던 서책형 교과서를 보완하여, 디지털 교과서에서는 그림 자료를 클릭하면 실제 사진 자료를 추가로 제공하여 실제성을 높이는 효과가 있다.

[그림 14] 그림 자료를 사진 자료로 재구조화하여 제공한 사례 (초등 과학 6-1: 76)

또한 교과서의 시각 자료를 보충 · 심화하는 추가 자료도 우수 사례로 꼽을 수 있다. 서책형 교과서는 지면상의 제약 때문에 그림, 사진, 표나 그래프 등을 대표 사례 1~2가지 정도밖에 싣지 못한다. 반면 디지털 교과서는 화면 전환을 통해 동일한 성격의 다양한 예시 자료를 추가적으로 제공할 수 있다는 이점이 있다.

---

5) 디지털 교과서 뷰어 기능 중에도 확대/축소 기능이 있으나, 여기에서는 디지털 교과서 내에 별도로 탑재된 확대 보기 자료이므로 기능 분석이 아닌 자료 분석의 사례에 포함하였다.

[그림 15] 서책형 교과서의 사진 자료를 추가 보충하는 사례 (초등 사회 6-1: 121쪽)

반면 수정, 보완이 필요한 자료도 있다. 표나 그래프 등 통계 자료의 경우, 조사 및 집계 시기에 따라 통계 결과가 달라지기에 최신 자료를 반영하는 것이 중요하다. 서책형 교과서와 달리 디지털 교과서는 최신 통계 자료를 업데이트하여 반영할 수 있다는 장점이 있다. 그러나 디지털 교과서의 이점에도 불구하고, 아래와 같이 서책형 교과서와 동일한 통계 자료를 그대로 제시하는 경우가 일반적이다. 주기적인 자료 업데이트 또는 통계청 링크 제공 등을 통해 최신 통계 자료를 반영할 필요가 있다.

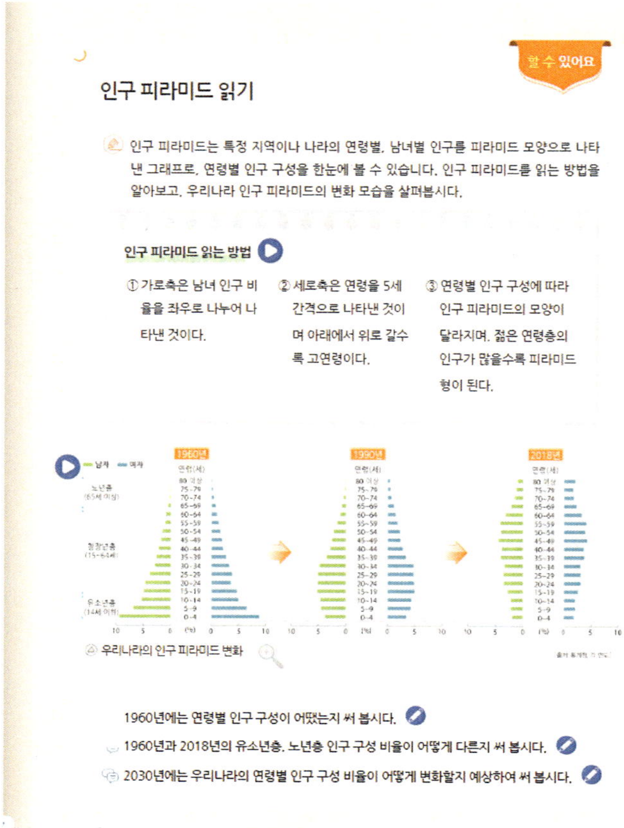

할 수 있어요

인구 피라미드 읽기

인구 피라미드는 특정 지역이나 나라의 연령별, 남녀별 인구를 피라미드 모양으로 나타낸 그래프로, 연령별 인구 구성을 한눈에 볼 수 있습니다. 인구 피라미드를 읽는 방법을 알아보고, 우리나라 인구 피라미드의 변화 모습을 살펴봅시다.

인구 피라미드 읽는 방법

① 가로축은 남녀 인구 비율을 좌우로 나누어 나타낸 것이다.

② 세로축은 연령을 5세 간격으로 나타낸 것이며 아래에서 위로 갈수록 고연령이다.

③ 연령별 인구 구성에 따라 인구 피라미드의 모양이 달라지며, 젊은 연령층의 인구가 많을수록 피라미드형이 된다.

우리나라의 인구 피라미드 변화

1960년에는 연령별 인구 구성이 어떠했는지 써 봅시다.

1960년과 2018년의 유소년층, 노년층 인구 구성 비율이 어떻게 다른지 써 봅시다.

2030년에는 우리나라의 연령별 인구 구성 비율이 어떻게 변화할지 예상하여 써 봅시다.

[그림 16] 통계 자료의 최신화 미흡 사례 (초등 사회 5-1: 63쪽)

다음으로 동영상, 애니메이션 등 영상 시각 자료의 우수 사례 및 수정 보완이 필요한 사례를 살펴보도록 한다. 먼저 우수 사례로는 비영상 시각 자료와 마찬가지로 교과서의 시각 자료를 보충 · 심화하는 추가 자료를 들 수 있다. 서책형 교과서와 구별되는 디지털 교과서의 가장 큰 장점은 영상 시각 자료를 제공할 수 있다는 점이다. 시각 자료를 그림이나 사진, 표나 그래프 등 비영상 시각 자료로밖에 제공할 수 없는 서책형 교과서와 달리 디지털 교과서는 지면상의 제약 없이 다양한 영상 자료를 추가적으로 제공 가능하다.

[그림 17] 실험 방법을 영상으로 상세 제시한 사례 (초등 사회 검정 천재 4-2: 38쪽)

그러나 영상 시각 자료가 언제나 유의미한 교수 · 학습 자료로 작용하는 것은 아니다. 재생 시간이 지나치게 길거나 수준이 너무 높은 자료는 오히려 학습 부담을 가중시키기 때문에 수정 보완이 필요한 사례이다. 예를 들면 아래 장면의 경우 두 페이지에 걸쳐 보충 · 심화 영상이 세 편 제공되는데 재생 시간이 각각 2분 50초, 4분 30초, 4분 40초 등 합산하면 영상 재생에만 12분이 소요된다. 또한, 각각의 영상이 제공하는 정보량이 상당하다. 물론 디지털 교과서에서 제공하는 추가 영상 자료는 교수 · 학습 상황에서 선택적으로 활용 가능하지만, 한 편의 영상만 시청하더라도 5분 정도의 긴 시간이 소요되어, 학습 부담을 높이고 실제적인 학습 활동 시간이 부족해질 수 있다.

[그림 18] 재생 시간이 길고 정보량이 많아 학습 부담이 큰 영상 자료 (초등 사회 5-2: 70쪽)

아래 예시의 경우, 보충 자료 영상의 길이가 무려 7분 30초에 달한다. 아무리 보충 자료의 성격을 띤다 하더라도 초등학생의 집중력이 매우 짧은 것을 감안할 때 유의미한 학습 자료로 보기 어렵다. 이럴 때는 주요 부분을 편집한 영상과 전체 영상을 함께 제공하여 학습자가 선택하여 시청할 수 있도록 편의성을 제공할 필요가 있다.

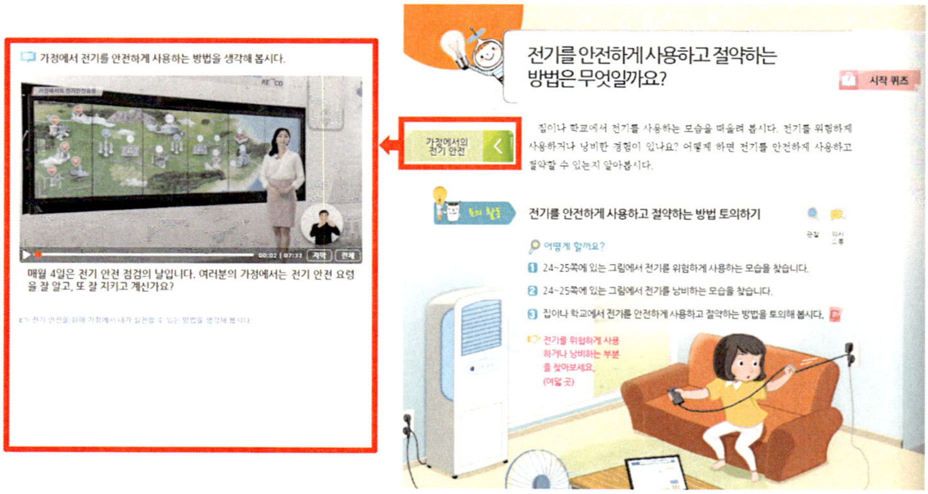

[그림 19] 긴 재생 시간으로 수정 보완이 필요한 사례 (초등 과학 6-2: 24쪽)

둘째, 용어사전 자료의 우수 사례와 수정 보완이 필요한 사례를 분석하면 다음과 같다.

〈표 29〉 디지털 교과서 용어사전 자료의 사례 분석

세부 항목	우수 사례	수정 보완이 필요한 사례
용어사전 자료	• 시각 자료, 예문 등 부가 정보를 함께 제공하여 이해를 돕는 자료	• 뜻풀이 정보만 제한적으로 제공하는 사례

용어 사전은 기본적으로 낱말의 뜻풀이를 제공하는 데 목적이 있지만, 뜻풀이 이외에 그림, 사진 자료나 예문 등 추가 정보가 제공되면 보다 유의미한 학습 자료로서 기능할 수 있다. 모든 용어 사전에 위와 같은 추가적인 정보가 제공되기는 어렵겠지만, 뜻풀이만으로 용어를 이해하기 어려운 경우에는, 추가적인 시각 자료나 예문 등의 정보 제공을 통해 용어에 대한 이해를 돕도록 할 필요가 있다.

[그림 20] 시각 자료, 예문 등 부가 정보를 제공하는 용어사전 사례
(초등 과학 국정 3-2: 48쪽)

위의 자료에서는 '얼음 설탕'이라는 용어를 뜻풀이 정보 외에 사진과 예문을 통해 보충

설명함으로써 학습자의 이해를 돕는 바람직한 사례라 볼 수 있다. 반면 아래의 자료에서는 '간척'이라는 용어를 뜻풀이 정보만으로 설명하고 있다. '간척'의 사진 자료나 예문 등을 제공해 주었다면 학습자가 용어 이해를 하는 것이 보다 수월해졌을 것이다.

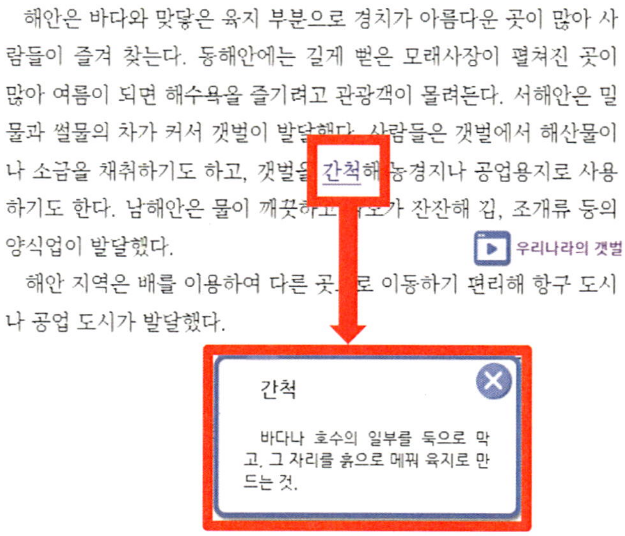

[그림 21] 풀이 정보만 제한적으로 제공하는 사례 (초등 사회 5-1: 34쪽)

셋째, 읽기 자료, 탐구학습 자료, 놀이 자료 등으로 이루어진 보충·심화학습 자료들의 사례를 분석하면 다음과 같다.

〈표 30〉 디지털 교과서 조작 활동 자료의 사례 분석

세부 항목	우수 사례	수정 보완이 필요한 사례
읽기 자료	• 교과서 지문을 보충·심화하는 추가 자료 • 멀티미디어 자료와 함께 제시되어 학습 이해를 돕는 자료	• 지문이 길고 정보량이 많아 학습 부담이 큰 자료
탐구 학습 자료	• 교과서 학습 내용을 보충·심화하여 탐구할 수 있는 추가 자료	• 영상을 시청하고 글을 쓰는 단순 탐구 활동
놀이 활동 자료	• 놀이 방법 및 규칙을 영상으로 이해하기 쉽게 제시한 사례	• 교과서 기존 놀이 활동을 대체할 새로운 놀이 활동의 부재

먼저 읽기 자료의 경우 교과서 지문을 보충 · 심화하는 추가 자료를 통해 학습자의 이해를 도울 수 있다. 아래 장면에서는 '독과점'과 '담합'에 대한 읽기 자료를 제시하여 '기업의 공정하지 않은 행동'이라는 학습 내용의 이해를 돕고 있다. 교과서 지문에서는 구체적으로 언급되지 않았으나, 교과서에 제시된 구체적인 사례들이 독과점과 담합에 해당하기 때문에 보충 · 심화 자료로 충분히 유의미하다. 또한 그림 자료가 함께 제공되어 이해를 돕고 있다.

[그림 22] 교과서 지문을 보충 · 심화하는 읽기 자료 (초등 사회 6-1: 100쪽)

반면 다음 읽기자료의 경우 지문이 지나치게 길고 정보량이 많아 학습 부담을 높일 수 있으므로 필요한 수준에서 자료의 양을 조정하는 수정 보완이 필요한 사례라 할 수 있다.

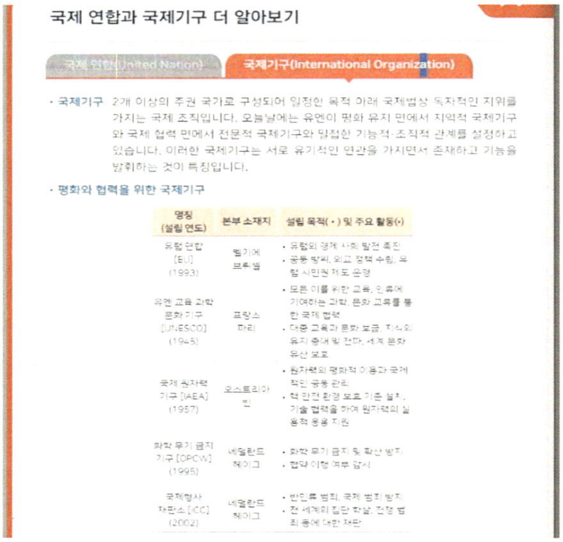

국제 연합과 국제기구 더 알아보기

국제 연합(United Nation) | 국제기구(International Organization)

· **국제기구** 2개 이상의 주권 국가로 구성되어 일정한 목적 아래 국제법상 독자적인 지위를 가지는 국제 조직입니다. 오늘날에는 유엔이 평화 유지 면에서 지역적 국제기구와 국제 협력 면에서 전문적 국제기구와 밀접한 기능적·조직적 관계를 설정하고 있습니다. 이러한 국제기구는 서로 유기적인 연관을 가지면서 존재하고 기능을 발휘하는 것이 특징입니다.

· **평화와 협력을 위한 국제기구**

명칭 (설립 연도)	본부 소재지	설립 목적(·) 및 주요 활동(•)
유럽 연합 [EU] (1993)	벨기에 브뤼셀	• 유럽의 경제 사회 발전 촉진 • 공동 방위, 외교 정책 수립, 유럽 시민권 제도 운영
유엔 교육 과학 문화 기구 [UNESCO] (1945)	프랑스 파리	• 모든 이를 위한 교육, 인류에 기여하는 과학, 문화 교류를 통한 국제 협력 • 대중 교육과 문화 보급, 지식의 유지 증대 및 전파, 세계 문화유산 보호
국제 원자력 기구 [IAEA] (1957)	오스트리아 빈	• 원자력의 평화적 이용과 국제적인 공동 관리 • 핵 안전 환경 보호 기준 설치, 기술 협력을 하여 원자력의 실용적 응용 지원
화학 무기 금지 기구 [OPCW] (1995)	네덜란드 헤이그	• 화학 무기 금지 및 확산 방지 • 협약 이행 여부 감시
국제형사 재판소 [ICC] (2002)	네덜란드 헤이그	• 반인류 범죄, 국제 범죄 방지 • 전 세계의 집단 학살, 전쟁 범죄 등에 대한 재판

[그림 23] 정보량이 지나치게 많은 읽기 자료 (초등 사회 6-2: 124쪽)

다음으로 탐구학습 자료는 사회과나 과학과의 서책형 교과서에서 직접적으로 명시되는 경우도 있고, 디지털 교과서에서 별도의 탐구 활동 자료를 제공하기도 한다.

[그림 24] 교과서 학습 내용을 보충 · 심화하여 탐구할 수 있는 추가 자료
(초등 사회 국정 3-2: 13쪽)

위의 장면은 초등 사회과 국정 3-2에서 자연환경과 인문 환경을 구분하는 학습 내용에 해당한다. 서책형 교과서에서는 우리 고장에서 볼 수 있는 자연환경과 인문 환경에 어떤 것들이 있는지 찾아보자는 탐구활동 제안에 그치고 있는데, 디지털 교과서에서 직접 그림 자료를 제공하고 자연환경과 인문환경을 분류하는 탐구학습 자료를 추가적으로 제공하고 있다. 이러한 활동 자료는 학습자 스스로 학습 내용을 보충 · 심화하여 탐구할 수 있도록 돕는다.

탐구 활동은 과학과의 주요 학습활동으로 각 단원마다 제시가 된다. 실험 준비물이 많이 필요한 과학과의 특성상 준비물이 구비되지 않은 환경이나 원격수업 상황, 학생 자율 학습 상황에서 조작형 탐구학습 자료는 유용하게 활용 가능하다. 아래 장면은 과학과 3-1 자석의 이용 단원에서 자석에 붙는 물체와 붙지 않는 물체를 탐구하는 활동인데, 자석과 다양한 물체가 실제로 없을 때, 자석을 옮겨 물체에 갖다 대는 조작 활동을 통해 실험 결과를 간접적으로 도출할 수 있다는 장점이 있다.

[그림 25] 교과서 학습 내용을 보충 · 심화하여 탐구할 수 있는 추가 자료
(초등 과학 국정 3-1: 72쪽)

반면 단순히 영상을 시청하고, 시청 내용을 바탕으로 글을 쓰는 탐구 활동들은 수정 보완이 필요한 사례라고 할 수 있다. 구체적 조작이 가능한 디지털 교과서만의 강점을 제대로 살리지 못하기 때문이다. 아래의 장면은 초등 과학과 3-1 자석의 이용 단원에서 영상을 보고 새롭게 알게 된 점을 적는 디지털 교과서의 추가 탐구 활동이다. 조작형 활동으로 아이콘이 표시되어 있지만, 기존의 영상 자료들과 큰 차별성이 없는 점, 알게 된 점을 쓰는 활동은 굳이 디지털 교과서가 아니더라도 가능한 점에서 문제가 있다. 동시에 글을 쓰더라도 예시 피드백 자료가 제공되지 않기 때문에 개선이 필요한 자료이다. 영상 대신에 나침반 바늘을 직접 조작하는 활동을 통해 어떤 점을 고려해야 하는지 써보도록 했다면 보다 유의미한 탐구 활동이 될 수 있었을 것이다.

[그림 26] 영상을 시청하고 글을 쓰는 단순한 탐구 활동 사례 (초등 과학 국정 3-1: 81쪽)

놀이 활동 자료의 경우 구체적인 놀이 방법과 규칙을 영상을 통해 제시하여 이해를 도울 수 있다는 장점이 있다. 예를 들어 위와 같이 서책형 교과서에 제시된 놀이 활동의 경우, 활동 방법이 글과 그림으로만 제공되는데 학생 수준에서는 직관적으로 이해하기 어려울 수 있다. 이때 실제 학생들이 등장하여 놀이하는 모습을 동영상으로 제공하면, 활동 방법을 훨씬 쉽게 익힐 수 있다.

[그림 27] 놀이 활동 방법을 설명하는 동영상 자료 (초등 사회 국정 4-2: 67쪽)

넷째, 디지털 교과서의 평가 자료는 크게 형성 평가 기능을 하는 도입과 마무리 평가 문항으로 구분할 수 있다. 각각의 우수 사례와 수정 보완이 필요한 사례를 정리하면 다음과 같다.

〈표 31〉 디지털 교과서 평가 자료의 사례 분석

세부 항목	우수 사례	수정 보완이 필요한 사례
도입 평가 문항	• 문제에 대한 보충 설명을 제공하여 선수 학습 지식을 점검하는 기회 제공 • 열린 질문을 통해 학습자의 배경지식을 활성화하는 사례	• 도입 평가 자체가 생략된 사례
마무리 평가 문항	• 본시 학습 내용의 적용 및 응용력을 평가하는 문항	• 평가 결과에 대한 별도의 피드백이 제공되지 않음

먼저 도입 평가 문항은 과학과 디지털 교과서에는 각 차시마다 '시작 퀴즈'라는 명칭으

로, 영어과의 경우 'Warm up'이나 'Before you Read' 등 차시별 다양한 명칭으로 제시된다. 반면 사회과의 경우 마무리 퀴즈 자료만 제공될 뿐, 도입 평가 자료는 별도로 제공되고 있지 않다. 도입 평가에서 문제에 대한 정답을 맞힐 때 제공되는 보충 설명은 학습자의 선수 학습 지식을 점검하거나 본시 학습에서 배울 내용을 짐작하는 데 도움이 된다.

[그림 28] 도입 평가에서 문제에 대한 보충 설명을 제공하는 사례
(초등 과학 국정 4-1: 30쪽)

도입 평가 문항 중에는 단답형 문제를 벗어나 학습자의 배경지식을 점검하며 일종의 동기유발 활동의 성격을 띠는 사례도 있다. 아래 장면의 경우 도입 평가에서 답이 있는 평가 문항뿐 아니라, 자신이라면 어떤 방법으로 소개할지 묻는 답이 열린 질문을 통해 학습자의 배경지식을 활성화하는 유의미한 사례로 볼 수 있다.

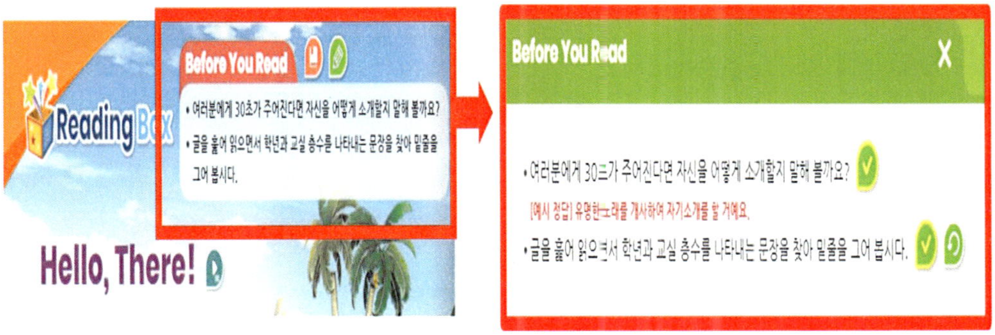

[그림 29] 열린 질문을 통해 학습자의 배경지식을 활성화하는 평가 사례
(초등 천재 영어 6: 28쪽)

한편 사회과의 경우 과학과, 영어과와 달리 도입 평가 자료가 별도로 제공되지 않아, 학습자의 선수 학습 지식을 점검하거나 배경지식을 활성화하기 어렵다는 문제가 있다. 사회과 디지털 교과서에서는 도입 평가 대신에 '이번 시간에는'이라는 텍스트, 듣기 자료를 통해 본시 학습의 주요 내용을 요약하여 전달하고 있는데, 학습자가 스스로 답해보는 기회를 제공하지 않기 때문에 수동적인 학습 형태에 가깝다고 볼 수 있다. 다양한 도입 평가 자료를 통해 보다 능동적인 학습의 기회를 제공할 필요가 있다.

다음으로 마무리 평가 문항은 사회과, 과학과, 영어과 디지털 교과서에서 공통적으로 제공하는 평가 자료이며, 크게 각 차시별 마무리 평가 자료와 단원별 마무리 평가 자료로 구분할 수 있다. 차시별로 사회과는 '마무리 문제' 과학과는 '마무리 퀴즈', 영어과는 'Point check', 'Homework' 등 다양한 명칭으로 서책형 교과서에는 수록되지 않은 추가 평가 자료가 제공된다. 단원별 마무리 평가의 경우 사회과는 서책형 교과서와 동일하게 '주제 마무리', '단원 마무리' 등의 평가 자료가 제공되며, 과학과는 서책형 교과서의 단원 평가 자료에 추가적으로 '단원 마무리' 문항이, 영어과도 '단원 평가' 문항이 추가적으로 제공된다.

마무리 평가 자료의 우수 사례로는 본시 학습 내용을 적용 및 응용할 수 있는 평가 문항을 꼽을 수 있다. 마무리 평가의 목적은 기본적으로 학습 이해도를 점검하는 데 있다. 그러나 학습 내용을 생활 속 문제에 적용 및 응용할 수 있는지 문제해결력을 평가하는 것 역시 중요한 목적 중 하나이다. 아래 그림의 마무리 문제에서는 독도를 지키기 위한 여러 사람들의 노력에 대해 학습한 것을 바탕으로, 독도를 지키기 위해 우리가 할 수 있는 노력을 쓰도록 하고 있다. 학습 내용을 생활 속에 적용하는 능력과 태도가 요구된다는 점에서 의미 있는 문항이라 할 수 있다.

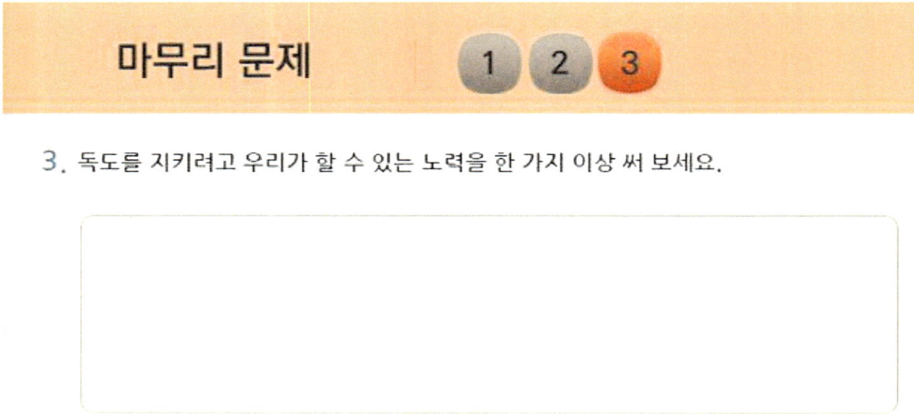

[그림 30] 학습 내용의 적용 및 응용력을 평가하는 문항 (초등 사회 6-2: 101쪽)

반면 마무리 평가 문항의 수정 · 보완이 필요한 사례로는 평가 결과에 대한 별도의 피드백이 제공되지 않는 점을 꼽을 수 있다. 과학과의 경우 단원 마무리 단계마다 자기평가 문항이 제시된다. 서책형 교과서와 동일한 자기평가 문항이나 디지털 교과서에서는 직접 입력할 수 있는 조작화 기능을 제공한다. 그런데 이렇게 스스로 자기평가를 하더라도 별도의 피드백이 제공되지 않고 형식적인 점검 수준에 그치고 만다.

물론 단답형 문항처럼 정답과 풀이를 제공하거나 서술형 문항처럼 예시 답안을 제공하기는 어렵겠지만, 자기평가 결과에서 부족하다고 평가한 경우 어떤 점을 보완하는 노력이 필요하다거나 격려의 피드백을 제공할 수 있을 것이다. 잘함으로 평가한 경우에도 어떤 부분을 심화하여 공부하면 좋은지에 대한 정보 제공이나 칭찬의 피드백을 제공한다면 서책형 교과서의 자기 · 동료 평가를 단순 디지털화하는 데 그치는 것이 아니라 디지털 교과서만의 특성과 장점을 보다 잘 살릴 수 있을 것이다.

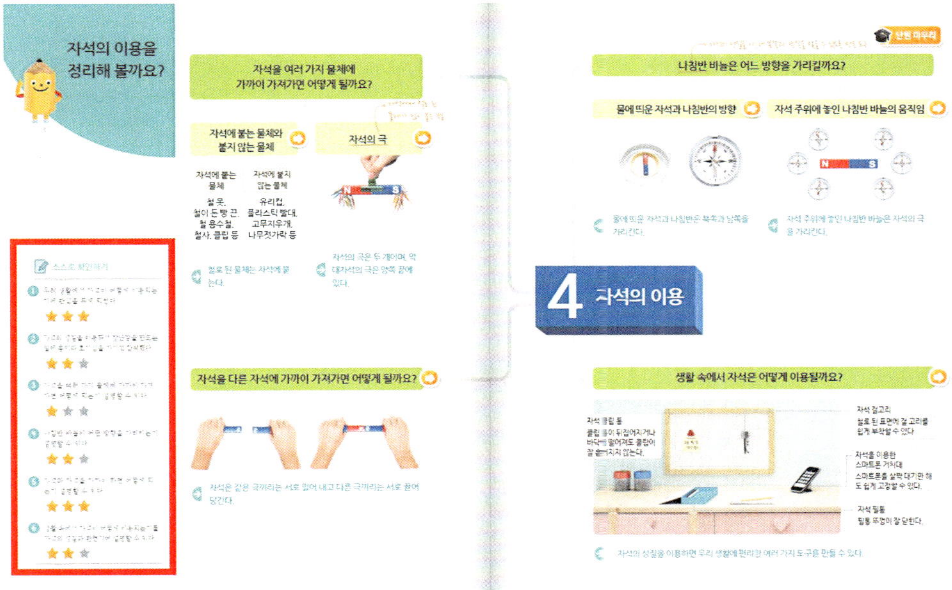

[그림 31] 평가 결과에 대한 별도의 피드백이 제공되지 않는 사례 (초등 과학 3-1: 92-93쪽)

다섯째, 디지털 교과서에 가장 최근에 추가된 실감형 콘텐츠 자료를 분석해 보고자 한다. 먼저 디지털 교과서에서 제공하는 실감형 콘텐츠 자료는 크게 가상현실(VR), 증강현실(AR), 360° 사진 및 영상 자료 3가지로 구분된다.

〈표 32〉 실감형 콘텐츠 자료의 종류

세부 항목	설명	자료 예시
가상현실 (VR) 자료	컴퓨터로 만들어 놓은 가상의 세계에서 사람이 실제와 비슷한 체험을 할 수 있도록 구현한 자료	

증강현실 (AR) 자료	우리가 직접 보는 현실세계의 모습에 3차원 가상 이미지를 겹쳐서 하나의 영상으로 보여주는 자료	
360° 사진 및 영상 자료	키보드나 마우스, 디지털 기기의 화면을 직접 이동하면서 사용자가 보고 싶은 방향이나 지점을 선택하여 감상할 수 있는 사진이나 영상	

가상현실(VR), 증강현실(AR), 360° 사진 및 영상 등 자료 모두 교과서에 수록된 교과 학습내용을 입체적인 시 · 청각효과와 기술을 활용하여 가상 체험이 가능하도록 구현하였다. 따라서 이 연구에서는 각 세부 자료별 우수 사례와 수정 · 보완이 필요한 사례를 구분하지 않고 다음과 같이 통합하여 분석하였다.

〈표 33〉 실감형 콘텐츠 자료의 사례 분석

세부 항목	우수 사례	수정 보완이 필요한 사례
가상현실 (VR) 자료 증강현실 (AR) 자료 360° 사진 및 영상 자료	• 현실 세계에서 직접 경험하기 어렵거나 위험한 상황을 간접 체험 가능 • 입체적인 시 · 청각효과와 실제적인 가상 체험으로 흥미와 몰입감 제고 • 학습자 스스로 선택하고 조작하며 자기주도적인 학습 가능 • 실감형 콘텐츠 앱을 이용하여 디지털 교과서 없이도 원하는 콘텐츠 설치 및 이용 가능	• 입체적으로 구현된 자료가 실제와 달라 오개념을 형성할 수 있음 • 영어과에서는 제공되지 않음 • 태블릿 PC, 스마트폰 등 대부분 모바일 환경에서만 구동이 가능 • 각 콘텐츠를 설치하여 실행하는 데 대기 시간이 소요됨 • 증강현실 자료는 대부분 AR마커에 인식해야만 실행이 가능함

먼저 실감형 콘텐츠의 우수 사례로는 현실 세계에서 직접 경험하기 어렵거나 위험한 상황을 간접 체험 가능하다는 점을 꼽을 수 있다. 실감형 콘텐츠는 기본적으로 가상 체험

을 전제로 한다. 현실 세계의 사물과 공간 등을 가상 공간에 구현한 것인데, 물론 학습자에게 가장 효과적인 것은 직접 체험이라 할 수 있으나 직접 체험이 어렵거나 위험한 상황에서는 이러한 가상 공간에서의 간접 체험이 매우 효과적일 수 있다.

예를 들어 초등 과학과 4학년 1학기 2단원 '지층과 화석'에서 화석에 대해 학습하게 되는데, 선사 시대의 화석을 학습자가 직접 찾아보고 관찰하는 직접 체험은 불가능하다. 그래서 서책형 교과서에서는 그림이나 사진을 보고 화석을 관찰하거나, 스마트기기를 이용해 화석을 조사하고 관찰하는 활동으로 구성되어 있다. 이처럼 직접 체험이 어려운 상황에서 디지털 교과서의 실감형 콘텐츠에서는 공룡 발자국 탐구 가상현실(VR) 자료를 통해 학습자가 직접 화석지를 이동해가며 공룡 발자국을 관찰하는 간접 체험의 기회를 제공하고 있다.

[그림 32] 현실 세계에서 직접 경험하기 어려운 상황을 간접 체험 가능한 사례
(초등 과학 4-1, 실감형 콘텐츠 VR)

한편 현실 세계에서 직접 체험이 불가능한 것은 아니나, 안전상의 문제로 위험할 수 있는 체험인 경우에도, 가상현실(VR) 자료를 통해 안전하게 간접 체험이 가능하다. 예를 들어 초등 과학과 4학년 2학기 4단원 '화산과 지진'에서 화산 활동에 대해 학습하게 되는데, 식용 색소와 마시멜로우를 이용해 화산 분출 과정을 실험하는 활동 외에는 사진과 영상을 통해 화산 활동을 관찰하게 된다. 이를 보완하기 위해 디지털 교과서 실감형 콘텐츠에서는 화산 활동 모습을 가상현실(VR)에서 실감나게 구현하여 용암, 화산재, 화산가스의 분출 모습을 각각 관찰해보는 기회를 제공하고 있다.

[그림 33] 현실 세계에서 체험하기 위험한 상황을 간접 체험 가능한 사례
(초등 과학 4-2, 실감형 콘텐츠 VR)

또한 실감형 콘텐츠의 우수 사례로 입체적인 시청각효과와 가상 체험으로 학습자의 흥미와 몰입감을 제고한다는 점을 꼽을 수 있다. 서책형 교과서는 기본적으로 텍스트와 이미지 자료 중심이기에 학습자가 흥미와 몰입감을 높이기 쉽지 않다. 그러나 실감형 콘텐츠는 3D 입체 공간에 다양한 시각 자료를 적절히 배치하고 다양한 안내 음성, 효과음 등을 이용해 실제와 가까운 가상 체험의 기회를 제공한다. 예를 들어 초등 사회과 6학년 1학기 2단원에서는 경제 성장에 따른 사회 변화 모습을 그림이나 사진 자료, 표나 그래프 등 통계자료를 이용하여 과거와 현재를 비교하는 방식으로 제시하고 있는데, 초등학생들은 과거의 사회 모습을 경험해 본 적이 없어 흥미와 몰입감을 갖기 어렵다. 이에 실감형 콘텐츠에서는 가상 전시관을 둘러보는 과정에서 다양한 시청각 효과와 조작 활동을 통해 과거의 교통, 통신 수단들을 체험해 볼 수 있도록 하였다. 이러한 실제적인 학습 상황 구현을 통해 학생들은 보다 흥미를 갖고 학습에 몰입할 수 있게 된다.

[그림 34] 입체적인 시청각 효과와 가상 체험으로 흥미와 몰입감을 높이는 사례 (초등 사회 6-1)

실감형 콘텐츠의 또 다른 장점은 학습자가 스스로 학습할 콘텐츠를 선택하고 조작 가능하기 때문에 자기주도적인 학습이 가능하다는 점이다. 기본적으로 하나의 실감형 콘텐츠 활동 안에는 여러 개의 콘텐츠들이 포함되어 있다. 학습자는 실감형 콘텐츠를 실행한 뒤에 모바일 기기의 위치와 각도를 조절하며 가상 공간 안에서 원하는 콘텐츠를 선택하여 학습할 수 있을 뿐만 아니라, 학습 과정에서 원하는 위치나 각도로 이동하여 관찰도 가능하다.

실감형 콘텐츠에 구성된 콘텐츠를 학습자의 의지와 상관없이 순차적으로 학습해야 하는 것이 아니라, 학습자에게 학습의 선택권이 전적으로 주어지기 때문에 자기주도적인 학습 자료로 효과적인 것이다. 아래 [그림 35]에서와 같이 학습자는 보현산 천문대에서 과학자와 인터뷰를 할 수도 있고 천문 장비를 탐구하거나 천문대의 위치를 360도로 둘러보는 등 스스로 학습의 순서나 양을 선택하고 조절 가능하다.

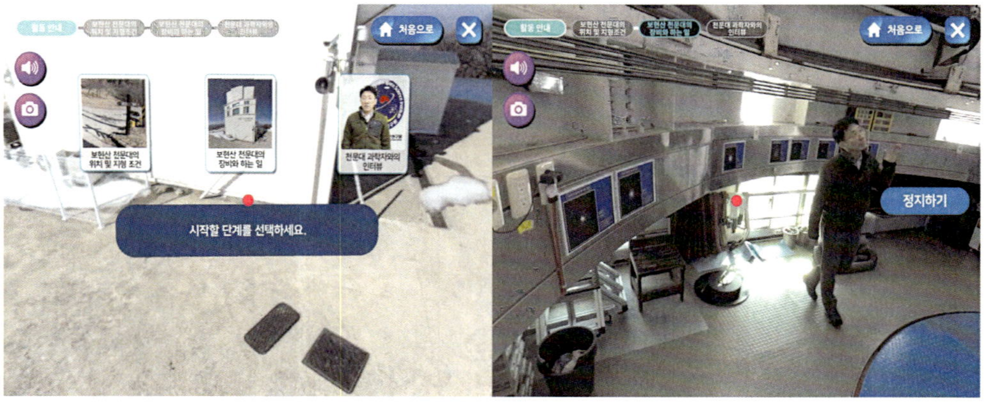

[그림 35] 학습자 스스로 선택과 조작이 가능하여 자기주도적인 학습이 가능한 사례 (초등 과학 6-1)

마지막 우수 사례로 실감형 콘텐츠 활용의 용이성을 들 수 있다. 디지털 교과서에서 제공하는 자료들은 기본적으로 디지털 교과서 뷰어 안에서 실행이 가능하나, 실감형 콘텐츠 자료는 유일하게 별도의 앱 설치를 통해 디지털 교과서 없이도 독립적인 활용이 가능하다. 학습자는 실감형 콘텐츠 전용 앱을 설치한 뒤 교과, 학년, 학기, 과목, 자료 유형을 선택하여 원하는 실감형 콘텐츠를 실행할 수 있다. 또한 마음에 드는 콘텐츠를 즐겨찾기에 추가해 두면 언제든 손쉽게 접속 및 실행이 가능하다.

이처럼 디지털 교과서와 독립적으로 활용 가능한 실감형 콘텐츠는 학생들이 주로 서책형 교과서로 수업하는 교실 수업 상황, 교사만 디지털 교과서를 실행하는 원격 수업 상황에서 효과적일 수 있다. 종이 교과서가 있는 상태에서 실감형 콘텐츠 실행을 위해 디지털 교과서를 똑같이 넘겨가며 학습하는 것은 비효율적일 수 있기 때문이다. 또한 실감형 콘텐츠 실행을 위해 해당하는 디지털 교과서 페이지로 이동하여 실감형 콘텐츠 아이콘을 실행하여 학습하는 번거로움 역시 줄일 수 있어 학습자의 편의를 고려할 때 효과적이다.

[그림 36] 디지털 교과서 없이 실감형 콘텐츠 앱을 독립적으로 이용 가능한 모습

앞서 살펴본 대로 실감형 콘텐츠는 디지털 교과서에 특화된 여러 장점들이 있지만, 그럼에도 수정 · 보완이 필요한 부분들 역시 다수 찾을 수 있다. 가장 먼저 자료 내용적인 측면에서 입체적으로 구현된 자료가 실제와 달라 오개념을 형성할 수 있는 경우가 있다. 예를 들어 초등 과학과 5학년 1학기 '태양계와 별' 단원에서는 태양계 행성의 크기와 거리를 비교하는 가상현실(VR) 실감형 콘텐츠가 제공된다. 그런데 실감형 콘텐츠에서 제공하는 태양계 행성의 크기와 거리는 실제와는 차이가 크다. 물론 실제 크기와 거리를 완벽하게 구현하기는 어렵겠지만, 학습자가 자칫 과학적 사실을 왜곡하여 인식하여 오개념을 형성할 수 있다는 문제가 있으므로 수정 · 보완이 필요하겠다.

[그림 37] 실제를 왜곡하여 오개념을 형성할 수 있는 사례 (초등 과학 5-1)

다음으로 실감형 콘텐츠 활용 측면에서 불편한 점들을 발견할 수 있다. 먼저 실감형 콘텐츠는 현재 사회, 과학과에서만 개발 및 제공되고 있다. 따라서 영어과에서는 실감형 콘텐츠를 이용한 학습이 불가능하다. 영어과에서는 실제적인 의사소통 학습이 중요한 만큼, 실감형 콘텐츠를 통해 실제와 유사한 의사소통 상황을 가상으로 구현하여 간접 체험의 기회를 제공한다면 의사소통 능력 향상에 도움이 될 것이므로 영어과에 적합한 실감형 콘텐츠의 개발이 필요하다.

또한 실감형 콘텐츠는 태블릿 PC, 스마트폰 등 대부분 모바일 환경에서만 구동이 가능하다. 최근 기능 개선으로 데스크톱 PC나 노트북 이용 환경에서도 이용 가능한 실감형 콘텐츠가 일부 제공되고 있으나, 여전히 대다수의 콘텐츠가 모바일 기기에서만 이용 가능하다. 실감형 콘텐츠의 특성상 모바일 기기 활용에 최적화되어 있긴 하나, 모바일 기기 이용이 어려운 이용자를 배려하여 데스크톱 PC, 노트북 환경에서도 구동이 가능하도록 개선이 필요하다.

한편 실감형 콘텐츠 이용을 위해서는 먼저 개별 콘텐츠를 다운로드 설치하고 설치 후에 다시 실행하는 데 일정 시간의 대기 시간이 소요된다. 다양한 입체 시청각자료가 포함된 실감형 콘텐츠 활용을 위해 불가피한 부분이긴 하지만, 용량이 100MB에 가깝게 너무 큰 경우뿐만 아니라 설치를 이미 한 경우에도 실행할 때마다 자료를 불러오는 시간이 소요되어 이용에 번거로움이 크다. 대기 시간이 많이 소요될수록 실제 학습 시간이 줄어드는데, 제한된 수업 시간 내에서 교사가 실감형 콘텐츠 활동을 편성하기에 부담이 크다. 물론 현실적인 개선이 쉽지 않은 부분이긴 하지만, 기술적 보완을 통해 실감형 콘텐츠 활용 시에 소요되는 대기 시간을 줄이려는 노력이 필요하다.

마지막으로 실감형 콘텐츠 중 증강현실(AR) 자료의 경우 대부분 AR마커에 인식해야만 실행이 된다는 점이 다소 불편하다. 가상현실(VR) 자료나 360° 사진 및 영상 자료의 경우 별도의 마커 인식 없이도 실감형 콘텐츠 앱에서 바로 설치 및 실행이 가능하다. 반면 증강현실(AR) 자료는 설치 후 AR마커에 카메라를 인식해야만 실행이 가능하다. 최근 기능 개선으로 일부 AR 실감형 콘텐츠의 경우, AR마커 없이도 단독 실행한 경우가 있다. 그러나 여전히 대다수의 AR 실감형 콘텐츠가 AR마커를 인식해야만 실행 가능하다. 따라서 교실 수업 상황의 경우 교사가 AR마커를 출력하여 나눠주거나 TV 화면에 띄워주게 되는데 디지털 교과서 활용 수업임에도 종이 출력물을 별도로 제공해 주어야 한다는 점, TV화면에 띄워줄 경우 화면 가까이 와서 카메라로 인식해야만 실행이 된다는 점에서 번거로움이 있다. 따라서 AR마커 없이도 증강현실(AR) 자료가 실행이 가능하도록 기술 개선이 필요하다.

[그림 38] AR마커를 별도로 인식해야만 실행이 가능한 증강현실(AR) 자료

1.2.2. 중등 국어과 전자저작물 자료 분석

초등 디지털 교과서 자료 분석에 이어 중등 디지털 교과서의 자료를 분석할 차례이다. 다만 현재 에듀넷 티클리어에서 제공하는 디지털 교과서 자료의 종류는 초중등이 동일하며, 우수 사례 및 수정 · 보완이 필요한 사례 역시 학교급별 구분 없이 일반화가 가능하다. 따라서 이 연구의 목적이 디지털 국어 교과서의 개발 방향을 모색하는 데 있음을 감안하여, 중등 검정(천재 박영목) 국어 교과서 1-1 전자저작물을 대상으로 디지털 교과서의 자료를 분석하였다. 물론 전자저작물은 엄밀히 구분하면 정영식(2008)의 디지털 교과서 유사 개념 비교에 따라 디지털 교과서보다는 전자교과서의 개념에 가깝다. 그럼에도 현재 국어과 디지털 교과서가 개발되어 있지 않기 때문에, 국어과 전자저작물 분석을 통해 기 보급된 사회, 과학, 영어과 디지털 교과서와의 비교와 이를 통한 시사점 도출이 가능할 것이다.

교사와 학생이 모두 이용의 주체가 될 수 있는 디지털 교과서와 달리 전자저작물은 이용 주체가 전적으로 교사로 한정되어 있다. 따라서 수록된 자료의 종류 역시 교사의 수업 및 평가를 돕기 위한 자료 중심으로 구성되어 있다. 중등 국어과 전자저작물의 교수 자료 사용 설명서에 따라 자료의 종류를 구분하면 다음과 같다.

〈표 34〉 중등 국어과 전자저작물에 수록된 자료의 종류

영역	세부 항목
수업 계획 자료	연간 수업 계획
	대단원 안내
	차시별 수업 지도안
멀티미디어 자료	듣기 자료
	영상 자료
	사진 삽화 자료
PPT 자료	작품/본문 정리
	소단원 정리

	소단원 퀴즈(수업용, 출력용)
활동 자료	동기유발 활동지
	본문 활동지
평가 자료	5분 평가
	소단원 평가 자료(핵심 정리, 형성 평가, 서술형 평가)
	대단원 평가 자료(어휘 학습, 수행평가, 종합 평가)
교사 참고 자료	교과서/지도서 파일(한글, PDF)
	단원별 자료(교육과정 해설, 읽기 자료, 평가 기준)
	2015 개정 교육과정 해설
	교과서 수록 제재 목록
	교사 참고 사이트

국어과 전자저작물은 교사를 위한 교수 자료의 성격을 띠기 때문에 현재 개발된 디지털 교과서에서 제공하지 않는 다양한 교수 자료를 별도로 제공하고 있다. 차시별 수업 지도안부터 PPT 자료, 활동 및 평가지, 그밖에 교육과정 해설 자료나 지도서 파일 등과 같은 교사 참고 자료는 디지털 교과서에는 없는 전자저작물에만 있는 자료이다. 반면 학생의 학습활동을 위해 디지털 교과서에서 제공하는 자료는 전자저작물에 수록되어 있지 않다. 예를 들어 학생이 학습 과정에서 직접 조작하거나 체험할 수 있는 조작활동 자료와 실감형 콘텐츠 자료는 디지털 교과서에서만 제공하고 있다. 제한적으로 교사가 자료실에서 활동지를 다운받아 출력하여 제공할 경우 학생의 학습활동이 가능하긴 하나, 디지털 교과서를 이용한 직접적인 학습은 불가능하다.

전자저작물 자료와 디지털 교과서에서 제공하는 자료의 종류를 정리하여 비교하면 다음과 같다.

〈표 35〉 디지털 교과서와 전자저작물에 수록된 자료 비교

영역	세부 항목	디지털 교과서	전자저작물
멀티미디어 자료	듣기 자료	○	○
	그림/사진/지도 자료	○	○
	표/그래프 등 통계 자료	○	X
	동영상 자료	○	○
	애니메이션 자료	○	○
용어사전 자료	용어사전 자료	○	○
보충·심화 학습 자료	읽기 자료	○	○
	탐구학습 자료	○	X
	놀이학습 자료	○	X
	동기유발 활동지	X	○
	본문 활동지	X	○
평가 자료	도입 평가 문항	○	X
	마무리 평가 문항	○	○
	단원 평가 자료 (서술형, 수행, 종합 평가)	X	○
실감형 콘텐츠 자료	가상현실(VR) 자료	○	X
	증강현실(AR) 자료	○	X
	360° 사진 및 영상 자료	○	X
교사 참고 자료	교과서/지도서 파일	X	○
	단원별 자료(교육과정 해설, 읽기 자료, 평가 기준)	X	○
	2015 개정 교육과정 해설	X	○
	교과서 수록 제재 목록	X	○
	교사 참고 사이트	X	○

다음으로 중등 국어과 전자저작물에 수록된 자료를 질적 분석하고자 한다. 디지털 교과서 자료와의 비교를 위해 디지털 교과서와 전자저작물에 공통으로 수록된 자료 중 가장 많은 비중을 차지하는 멀티미디어 자료를 중심으로 우수 사례와 수정 · 보완이 필요한 사례를 각각 분석하였다. 또한 디지털 교과서에는 수록되어 있지 않은 교사용 자료들이 어떻게 수록되어 있는지도 살펴보았다. 중등 국어과는 검정 교과서이므로 천재 중학교 1학년 1학기 국어 교과서를 분석 대상으로 삼았다.

중등 국어과 전자저작물의 자료 중 가장 많은 비중을 차지하는 멀티미디어 자료의 우수 사례와 수정 · 보완이 필요한 사례를 정리하면 다음과 같다.

〈표 36〉 전자저작물 멀티미디어 자료의 사례 분석

세부 항목	우수 사례	수정 보완이 필요한 사례
듣기 자료	• 시, 시조 등의 운문 낭송을 통해 문학 감상을 돕는 듣기 자료	• 정확한 발음 정보를 제공하지 않는 사례
그림 사진 자료	• 본문에 삽입된 사진 · 삽화 파일 다운로드 가능	• 서책형 교과서를 보충 · 심화하는 추가 자료 제공 없음 • 자료 확대 시 화질이 떨어짐
영상 자료	• 사전에 요구되는 핵심 지식을 요약, 정리하여 설명 • 작가와의 인터뷰 영상으로 문학 작품 감상의 이해 심화	• 도입 영상만 편중되어 보충 · 심화, 마무리 정리 영상의 추가적인 제공이 필요함

먼저 듣기 자료의 경우 시, 시조 등의 운문 낭송을 통해 문학 작품의 감상을 돕는 사례를 우수 사례로 꼽을 수 있다. 시나 시조 등의 운문은 음악성이 특히 강조되는 문학 갈래이다. 따라서 운문 텍스트의 듣기 자료는 소설이나 희곡 등의 산문 텍스트나 비문학 텍스트의 듣기 자료보다 학습 효과가 크다. 특히 학생들에게 낯선 고전 운문의 경우 본격적인 학습에 앞서 낭송 파일을 들으며 텍스트의 분위기, 내용, 형식 등을 짐작할 수 있다.

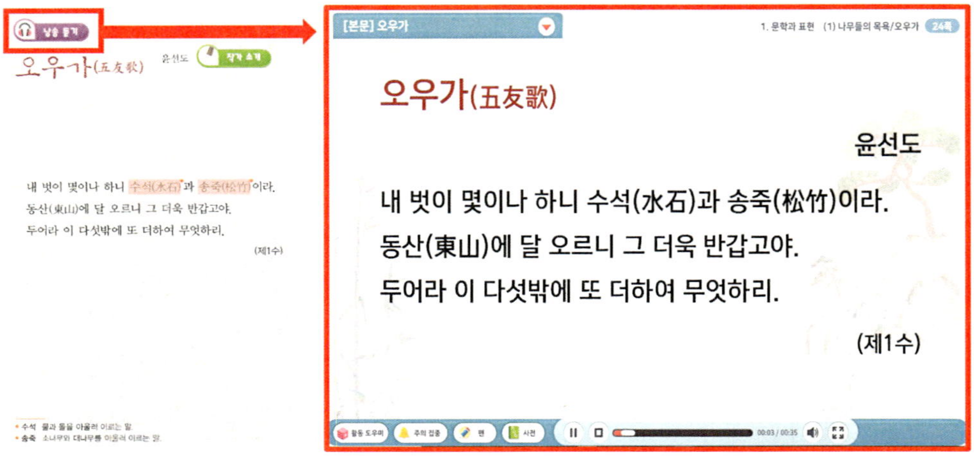

[그림 39] 운문 낭송을 통해 문학 감상을 돕는 듣기 자료 (중등 국어 1-1: 24쪽)

반면 듣기 자료가 유의미한 학습 상황임에도 별도의 듣기 자료를 제공하지 않는 사례도 있다. 예를 들어 1학기 3단원 '언어의 본질'에서 가장 먼저 언어의 자의성을 학습하게 되는데, 서책형 교과서에는 나라마다 '나비'의 말소리가 다르다는 예시가 그림과 말풍선으로 제시되어 있다. 또한 말풍선 안에는 나비를 지칭하는 각 나라의 문자 언어와 함께 말소리가 한글로 제시되어 있다. 이때 여러 나라의 언어가 제시되는 장면인 만큼, 정확한 발음 정보가 담겨 있는 원어 듣기 자료가 제공된다면 학습 효과가 클 것이다. 그러나 전자저작물에는 별도의 듣기 자료가 제공되어 있지 않다. 영어과 디지털 교과서에서 다양한 듣기 자료를 통해 발음, 억양 등 다양한 언어 정보를 제공하는 것처럼 아래 [그림 40]에서도 듣기 자료가 제공된다면 각 나라의 언어 차이를 직관적으로 느끼는 과정에서 언어의 자의성을 보다 쉽게 이해할 수 있을 것이다.

[그림 40] 정확한 발음 정보를 제공하지 않는 사례 (중등 국어 1-1: 127쪽)

한편 그림 · 사진 자료의 우수 사례로 단원별 본문에 삽입된 사진과 삽화를 자료실에서 다운로드하여 개별 이용이 가능하다는 점이 있다. 디지털 교과서의 경우 뷰어 상에서만 사진 · 삽화 자료를 볼 수 있을 뿐, 별도로 자료 다운르드 기능은 제공하지 않는다. 그러나 전자저작물은 단원별로 자료를 다운로드 받아 파일 형태로 자유롭게 이용 가능하여 교사의 수업 PPT, 활동지, 평가지 제작이 용이하다.

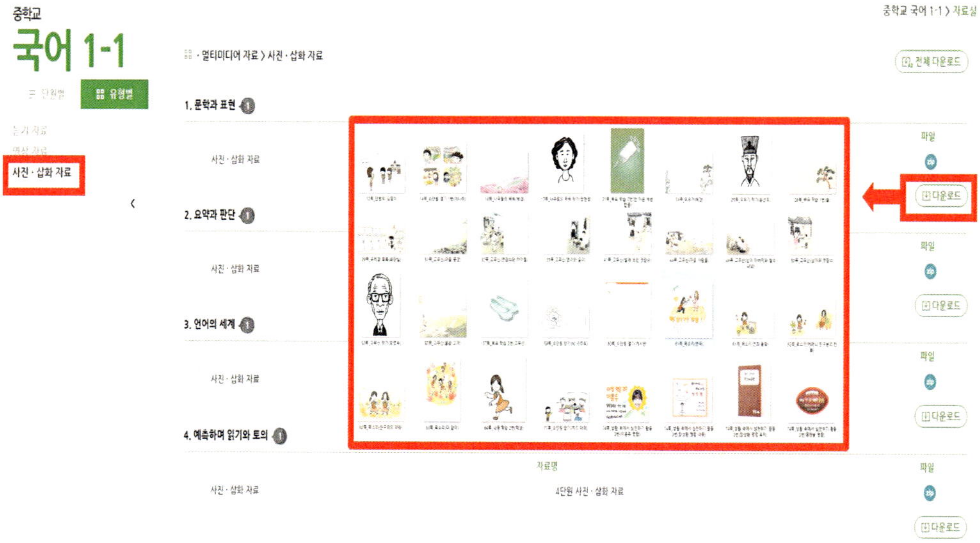

[그림 41] 본문에 삽입된 사진 · 삽화 파일의 다운로드 가능 사례 (중등 국어 1-1: 자료실)

반면 서책형 교과서에는 없는, 전자저작물에서만 추가적으로 제공하는 사진 · 삽화 자료가 전혀 없는 점은 개선이 필요하다. 서책형 교과서와 구별되는 디지털 교과서의 장점은 지면상의 제약 없이 다양한 자료를 제공할 수 있다는 점이다. 예를 들어 중등 국어(천재 박영목) 1학년 2단원 '요약과 판단'에서는 석빙고에 대한 비문학 텍스트가 제시되는데 이때 이해를 돕기 위한 사진 · 삽화 자료가 쪽수별로 1~2장 정도 제시가 된다. 석빙고와 같은 역사 유물은 학생들에게 낯설고 어려운 소재이므로 서책형 교과서 외에 추가적인 이미지 자료가 제공된다면 학생들의 텍스트 이해에 큰 도움이 될 것이다. 따라서 서책형 교과서를 보충 · 심화하는 추가 자료의 제공이 필요하다.

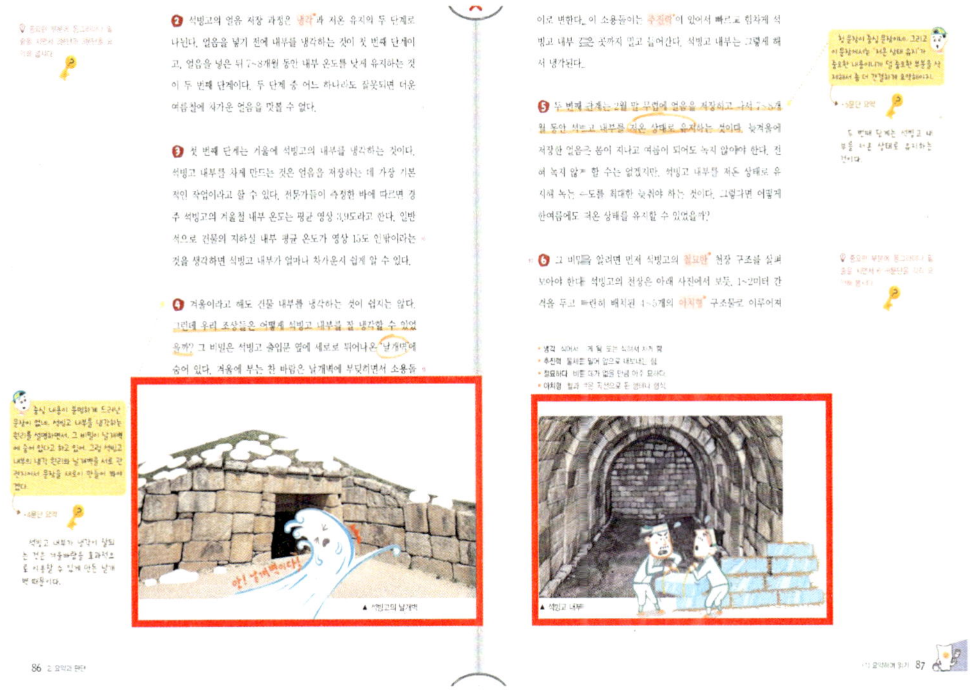

[그림 42] 서책형 교과서를 보충·심화하는 추가 자료 제공이 필요한 사례
(중등 국어 1-1: 86-87쪽)

추가적으로 그림, 사진 자료를 전자저작물 뷰어 상에서 확대할 경우 화질이 떨어지는 문제도 개선이 필요한 부분이다. 디지털 교과서 뷰어의 경우 대부분의 이미지 자료가 확대 시에 선명도가 유지되어 학습 이해를 돕는다. 반면 전자저작물 뷰어에서는 자료를 확대할 경우 화질이 떨어져 학습 이해에 지장이 생길 수 있다.

예를 들어 아래 [그림 43]은 '나만의 공책 만들기' 활동에 앞서 공책 정리 예시 자료를 제공하는 장면인데, 서책형 교과서에 실린 그림 자료 자체가 작아 구체적인 내용을 알아보기가 어렵다. 따라서 전자저작물에서는 교사가 이를 확대하여 학생들에게 구체적인 예시를 보여주는 과정이 필요한데, 전자저작물에서 확대를 해도 화질이 떨어져 공책 정리 내용을 식별하기가 어렵다.

[그림 43] 자료 확대 시 화질이 떨어지는 사례 (중등 국어 1-1: 114-115쪽)

다음으로 영상 자료의 우수 사례 및 수정 · 보완이 필요한 사례를 살펴보도록 한다. 중등 국어과 전자저작물에서 제공되는 영상 자료의 특징은 모든 영상이 각 소단원 또는 차시의 도입 단계에 제시되어 동기유발 영상의 성격을 띤다는 점이다.

예를 들어 아래 [그림 44]는 새로운 문학 소단원이 시작되는 장면인데 두 페이지에 걸쳐 '소단원 도입 영상', '갈래 영상-소설', '작품 줄거리 영상' 등 총 3개의 영상이 제시되어 있다. 세 영상은 소단원의 학습 내용을 소개하거나 소설 갈래에 대한 사전 이해를 돕거나 작품 읽기에 앞서 줄거리를 미리 살펴보는 등 모두 수업 도입 단계에서 동기유발 영상으로의 활용이 적합하다. 이렇게 도입 영상이 풍부하게 제공되는 것과 상반되게 정작 작품 읽기 부분과 읽기 후 활동 부분, 소단원 정리 부분에서는 영상 자료가 하나도 제시되어 있지 않다. 이 텍스트뿐만 아니라 모든 단원에 걸쳐 보충 · 심화 또는 마무리 정리의 성격을 띠는 영상 자료는 찾을 수 없다.

현재 중등 국어과 전자저작물에서는 영상 자료 대신에 텍스트 자료와 활동지를 보충 · 심화, 정리 자료로 제공하고 있으나, 시각적인 영상 자료가 가지는 장점이 분명하기에 도입 단계뿐 아니라 수업 전 단계에서 골고루 활용할 수 있는 영상 자료가 추가될 필요가 있다.

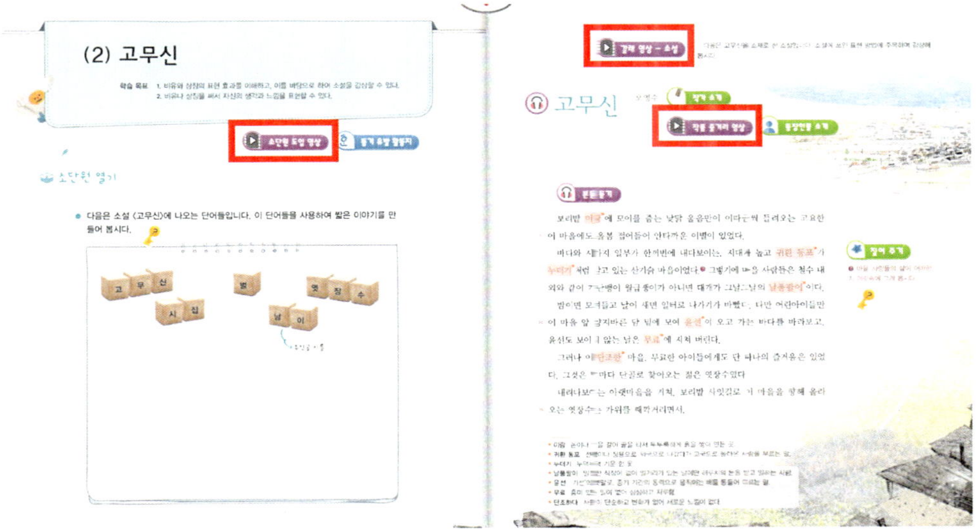

[그림 44] 영상 자료가 도입부에 편중된 사례 (중등 국어 1-1: 30-31쪽)

영상 자료 중 우수한 사례로는 이번 차시의 주요 학습 내용과 관련하여 사전에 알고 있어야 할 핵심 지식을 요약, 정리하여 설명하는 도입 영상으로 제공하는 경우이다. 아래의 [그림 45]는 '소단원 도입 영상'으로 비유와 상징에 대해 알기 쉬운 예를 통해 설명함으로써, 이번 단원에서 운문 작품 속 비유와 상징을 이해하는 데 도움을 제공하고 있다.

[그림 45] 사전에 요구되는 핵심 지식을 요약, 정리하여 설명하는 영상 자료 (중등 국어 1-1: 14-15쪽)

한편 국어과의 특성에 알맞게 '작가와의 인터뷰' 영상을 수록한 점도 우수 사례로 꼽을 수 있다. 국어과에서는 문학 작품을 이해하고 해석하는 데 있어 작가의 의도를 파악하는 것이 중요한데, 이때 '작가와의 인터뷰' 영상은 작가의 의도를 직접 들을 수 있기에 매우 실제적이고 효과적인 자료이다. 아래 그림에서는 교과서에 수록된 시의 작가와 질의응답 형태의 인터뷰 영상을 제공하여 학생들이 표현론적 관점에서 작품을 감상하는 데 실제적인 도움을 제공하고 있다. 사회, 과학과 등 다른 교과의 디지털 교과서에서는 수록하기 어려운 국어과의 특성을 잘 살린 자료라 할 수 있겠다.

[그림 46] 작가와의 인터뷰 영상 사례 (중등 국어 1-1: 36-37쪽)

그러나 중등 전자저작물에 수록된 영상 자료의 경우, 대부분이 해당 차시 도입부에서 사전지식을 점검하거나 학습 제재 도입부에서 줄거리 소개와 같은 동기유발 성격의 도입 영상만 편중되어 있다. 반면 학습 과정 및 마무리 정리 단계에서의 보충 · 심화 학습 영상이 부족하다는 한계가 있다. 앞으로 개발될 국어과 디지털 교과서는 도입 영상뿐 아니라 보충 · 심화 학습의 성격을 띠는 중간 및 마무리 정리 영상도 균형 있게 제시될 필요가 있다.

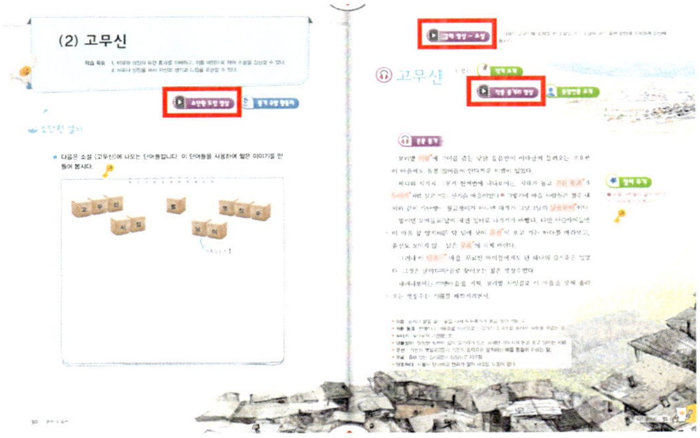

[그림 47] 도입 영상만 편중된 사례 (중등 국어 1-1: 30-31쪽)

1.2.3. 초등 디지털 교과서 기능 분석

김혜숙 외(2015)에서는 디지털 교과서의 각 기능별 구현 방식을 크게 10가지로 유형화하였다. 그리고 학습 내용에 비추어 기능 구현이 적절한지, 학습 효과를 높일 수 있는지의 2가지 기준에 따라 기능별 우수 사례와 수정 보완 사례를 구체적인 교과서 장면과 함께 제시하였다. 구현방식에 따른 기능별 우수 사례, 수정 · 보완이 필요한 사례를 정리하면 다음과 같다.

〈표 37〉 디지털 교과서 기능 구현 방식의 우수 및 수정 · 보완 필요 사례 (김혜숙 외, 2015)

디지털교과서 기능의 구현 방식	우수 사례	수정 보완이 필요한 사례
확대/축소	의미 있는 확대 기능의 구현	의미 없는 확대 기능의 구현
나타내기/숨기기	유의미한 보충 심화 학습 자료 탑재를 통한 화면 활용도 제고	나타내기/숨기기 기능의 혼란스러운 구현
		형식적인 보충 심화학습 자료 제공
이동	풍부한 학습 자료 탑재를 통한 화면 활용도 제고	학습 내용의 이해를 저해하는 이동 기능의 구현
동영상화	학습활동과 연결되는 목적 지향적인 동영상 제공	학습자의 이해 수준을 넘어서는 동영상 제공
	보충심화자료로서의 동영상 제공	미완의 보충심화 동영상 제공
애니메이션화	학습 동기 및 흥미 유발, 학습 내용 이해를 돕기 위한 삽화 자료의 애니메이션화	불필요하거나 형식적인 애니메이션화
조작형 자료화	학습자에 의한 자료의 조작, 관찰, 실험 가능	오개념 유발 가능성
정답 입력	-	형식적인 답 입력 및 확인 기능
모범 답안 확인	학습자의 답안과 모범 답안 비교 가능	즉시적인 모범 답안 확인 기능으로 학습자의 사고 기회 축소
채점	학습자 답안 채점 및 정오답에 대한 피드백 제공	무의미한 평가 및 채점 기능

이 연구에서는 김혜숙 외(2015)에서와 같이 구현 방식에 따라 디지털 교과서 기능을 분석하지 않고, 성격에 따른 기능별 우수 사례와 수정 · 보완이 필요한 사례를 분석해 보고자 한다. 즉, 기능들을 상위 영역을 기준으로 교수 · 학습 지원 기능, 교수 · 학습 관리

기능, 외부 자료 연계 기능 크게 3가지로 구분하여 분석한 것이다. 3가지 상위 영역 안에서는 하위 영역별로 대표적인 세부 기능을 최소 1개에서 최대 3개씩 선정하여 우수 사례 및 수정 · 보완이 필요한 사례를 구체적으로 제시하였다. 디지털 교과서 기능별로 분석할 대상을 상위 영역, 하위 영역, 세부 항목별로 정리하면 다음과 같다.

〈표 38〉 디지털 교과서 기능별 분석 대상

상위 영역	하위 영역	세부 항목
교수 · 학습 지원 기능	부가 편의 기능	페이지 링크 복사
	본문 자료 연계 기능	메모
		자료의 영상화
		자료의 조작화
교수 · 학습 관리 기능	교수 · 학습 진도 및 이력 기능	내 서재
	부가 관리 기능	설정
외부 자료 연계 기능	커뮤니티 연계	위두랑 바로가기
	외부 자료 검색	지식백과
	외부 자료 연결	파일 연결

먼저 교수 · 학습 지원 기능에서의 하위 영역별 우수 사례 및 수정 · 보완이 필요한 사례를 분석한 결과는 다음과 같다.

〈표 39〉 디지털 교과서 교수·학습 지원 기능의 사례 분석

하위 영역	세부 항목	우수 사례	수정 보완이 필요한 사례
부가 편의 기능	페이지 링크 복사	• 공유 페이지의 기본 정보가 자동으로 입력됨 • 즉시 페이지를 열어볼 수 있어 공유 시간이 절약됨	• 공유할 페이지 화면이 미리보기 형태로 미리 제공되지 않음 • 공유한 페이지의 작성 내용까지는 복사되지 않음
본문 자료 연계 기능	메모	• 메모 내용을 위두랑의 게시판으로 전송할 수 있음	• 메모글만으로는 메모가 지정된 본문 텍스트를 알 수 없음 • 메모글의 글씨 크기, 색깔 등을 변경할 수 없음
	자료의 영상화	• 그림, 도표 등의 비영상 자료의 직관적인 이해를 도움	• 영상 시청을 끝까지 하지 않으면 텍스트 자료를 확인할 수 없는 경우
	자료의 조작화	• 선택, 연결, 분류 등 학습자 스스로 다양한 구체적 조작 활동 가능	• 교과서에 이미 정답이 제시되어 있는 반복적 조작 활동

부가 편의 기능의 '페이지 링크 복사'란 2021년에 새롭게 추가된 기능으로 이용자가 특정 페이지를 다른 이용자에게 공유할 수 있는 기능이다. '페이지 링크 복사' 시 '안내문 포함 복사'를 선택하면 해당 웹페이지 주소뿐 아니라 학년과 교과, 단원 및 쪽수와 같은 공유 페이지의 기본 정보가 자동으로 입력된다. 따라서 학습자가 페이지 링크 복사 후 별도로 해당 페이지에 대한 설명을 하지 않아도, 자동 입력된 내용을 보고 다른 이용자는 공유 페이지에 대한 기본 정보를 이해할 수 있다는 장점이 있다. 만약 별도의 설명 없이 해당 주소만 간략하게 공유하길 원할 경우, '링크만 복사'를 선택하면 된다.

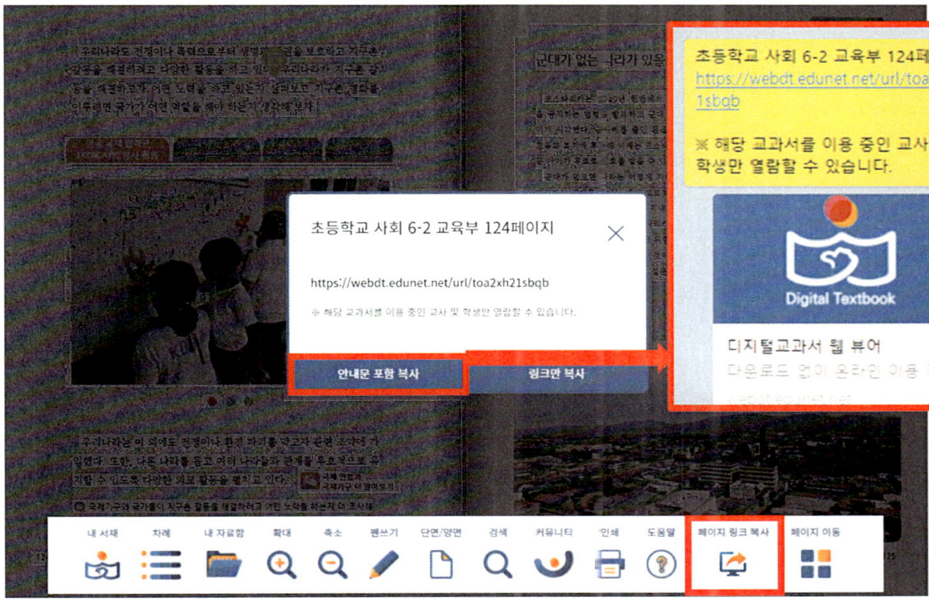

[그림 48] 공유 페이지의 기본 정보를 포함한 페이지 링크 복사

페이지 링크 복사의 또 다른 장점은 공유를 받은 이용자가 이렇게 복사된 링크로 접속하면 해당 디지털 교과서 페이지를 즉시 열어볼 수 있어 시간이 단축된다는 점이다. 페이지 링크 복사 기능이 있기 전에는 교사가 디지털 교과서로 수업 중 학생들에게 해당 페이지에 접속하라고 할 경우, 학생들이 디지털 교과서 내 서재에서 해당 교과서를 선택하여 연 뒤, 다시 해당 페이지를 찾아서 접속해야 하는 번거로움이 있었다. 그러나 페이지 링크 복사를 이용할 경우, 디지털 교과서 로그인만 되어 있으면 바로 해당 페이지가 열리기 때문에 수업 중 시간 단축의 효과가 매우 크다.

반면 페이지 링크 복사를 할 때, 공유할 페이지의 화면이 미리보기 형태로 제공되지 않는 점은 수정 · 보완이 필요한 사례라 할 수 있다. 최근 네이버나 카카오, 구글, 유튜브와 같은 플랫폼은 해당 페이지를 링크 복사할 경우, 일명 '썸네일'이라 하는 대표화면이 미리보기 형태로 함께 제공된다. 그래서 접속하기 전에도 이용자가 충분히 해당 페이지의 정보를 확인할 수 있다. 그러나 현재 디지털 교과서는 디지털 교과서 대표화면이 미리보기 형태로 제공되어 공유할 페이지 화면을 미리 볼 수 없다. 따라서 추후 기능 개선을 통하여, 공유할 페이지의 화면이 미리보기 형태로 함께 제공될 필요가 있다.

[그림 49] 페이지 링크 복사 후 붙여넣기 화면 예시

페이지 링크 복사의 또 다른 단점은 공유한 이용자가 해당 페이지에 작성한 메모나 하이라이트, 펜 쓰기 결과물은 함께 공유되지 않는다는 점이다. 즉, 활동 결과물이 초기화된 상태로 해당 페이지 원래 그대로 공유되는 것이다. 이렇게 되면 학습자가 본인이 디지털 교과서상에 활동한 기록을 다른 학습자에게 공유할 수가 없어 상호작용의 기능을 효과적으로 발휘하기 어렵다. 현재는 공유보다는 바로가기의 성격이 강한 것이다. 따라서 추후 초기화 페이지뿐 아니라 작성한 결과물까지 포함한 페이지를 공유할 수 있도록 기술 개선이 필요할 것이다.

다음으로 본문자료 연계 기능에 속하는 '메모', '자료의 영상화', '자료의 조작화' 등 3가지 기능을 살펴보도록 한다. 디지털 교과서 본문 텍스트의 일부를 드래그하여 지정하면 '하이라이트', '메모', '녹음', '자료연결, '에듀넷 티-클리어 검색', '복사' 등의 세부 기능들이 별도의 창으로 활성화된다. 이 중 메모는 지정된 텍스트에 대해 간단한 내용을 입력할 수 있는 창인데, 메모한 내용을 위두랑의 게시판으로 전송할 수 있다는 장점이 있다.

[그림 50] 메모 내용을 위두랑 게시판으로 전송하는 과정

이렇게 공유된 메모는 다음과 같이 위두랑 학급 커뮤니티 게시판에서 확인할 수 있으며, 메모 내용과 함께 메모가 작성된 해당 페이지와 링크 주소가 자동으로 안내된다.

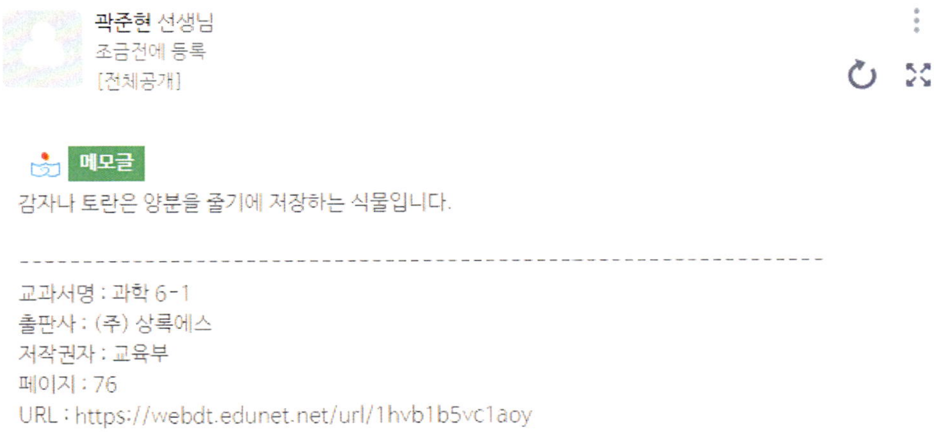

[그림 51] 위두랑 게시판에 공유된 메모글 예시

메모글을 통해 교사-학생, 학생-학생 간 상호작용이 가능하도록 한 점은 우수하나, 메모글만으로는 메모가 지정된 본문 텍스트가 어디인지 알 수 없다는 점은 개선이 필요하다. 메모글에 공유된 주소로 접속하더라도 공유한 사람이 메모를 지정했던 텍스트는 보이지 않기 때문에, 본문과 메모 내용을 연계해서 볼 수 없는 것이다. 따라서 메모글 안에 메모와 함께 해당 페이지 화면 및 메모가 지정된 텍스트가 함께 보이도록 수정 · 보완이 필요하겠다.

또한 메모글의 글씨 크기나 색깔, 굵기나 기울기 등을 변경할 수 없다는 점 역시 개선이 필요하다. '펜쓰기' 기능처럼 색깔이나 글씨 크기 등을 변경할 수 있다면 이용자의 의도에 따라 중요 내용을 강조하거나 가독성을 높여 작성할 수 있을 것이다.

다음으로 '자료의 영상화' 기능은 그림, 도표 등의 비영상 자료를 영상화하여 학습자의 직관적인 이해를 도울 수 있다는 점에서 우수하다. 표나 그래프 등 통계자료의 경우 디지털 교과서의 특성을 살려 시간의 흐름에 따른 수치 변화를 비교할 수 있도록 영상화하여 제공하는 것이 대표적이다. 특히 통계 자료가 많이 제시되는 사회과나 과학과의 경우 아래와 같이 정지된 그래프를 영상화하여 제공하면, 학습자가 항목 간 비교나 시간의 흐름에 따른 변화를 직관적으로 이해하는 데 도움을 제공할 수 있다.

[그림 52] 비영상 자료를 영상화하여 제공하는 사례
(초등 사회 6-1: 109쪽)

그러나 서책형 교과서에서 즉각적으로 확인 가능한 비영상 자료의 텍스트가 영상화된 경우 영상을 끝까지 시청해야만 해당 텍스트를 확인할 수 있는 경우가 있다. 이렇게 되면 해당 텍스트 확인을 위해 교사가 의도하지 않더라도 어쩔 수 없이 영상을 재생하여 시청해야 하는 번거로움이 발생한다. 따라서 자료의 영상화를 제공하되, 영상을 시청할지 서책형 교과서와 동일하게 삽화와 같이 비영상 자료 그대로 학습할지는 이용자가 선택할 수 있도록 개선이 필요하다.

[그림 53] 영상화된 자료를 시청해야만 텍스트를 확인할 수 있는 사례
(초등 사회 6-1: 138쪽)

본문 자료 연계 기능 중 마지막으로 자료의 조작화는 자료의 조작화된 선택이나 연결, 분류 등 학습자 스스로 다양한 구체적 조작 활동이 가능하다는 점에서 유용하다. 구체적 조작기에 해당하는 초등학생에게는 직접 조작하며 학습할 수 있도록 하는 것이 매우 중요하다.

그러나 디지털 교과서의 경우 자칫 듣기, 읽기 중심의 이해학습 중심으로 치중될 수도 있다. 따라서 디지털 학습 상황에서도 마우스를 이용해 직접 자료를 선택하거나 드래그를 이용해 연결이나 분류 등 조작활동을 경험하게 하는 것이 필요하다. 학습자 스스로 조작활동을 경험하며 보다 주체적, 능동적인 참여 및 학습이 가능해지기 때문이다.

예를 들어 아래 [그림 54]의 경우 서책형 교과서에서는 그림을 통해 주제별로 장소를 분류하는 활동 모습을 제공하고 있는 반면, 디지털 교과서에서는 학생들이 직접 주제를 선택한 후 장소를 분류할 수 있는 조작화된 활동 자료를 제공하고 있다.

[그림 54] 이동 및 분류가 가능한 기초조작 활동 사례 (초등 사회 3-1: 35쪽)

또한 실험이 중요한 과학과의 경우 자료의 조작화 기능을 이용해 학습자에게 간접 실험의 기회를 제공할 수 있다. 오랜 시간이 소요되는 실험 활동의 경우, 제한된 시간 동안 직접 실험이 어려워 동영상으로 대체하여 학습하는 경우가 많다. 이럴 때 학생이 디지털 조작 활동을 통해 간접적으로 실험해 볼 수 있는 것이다. 예를 들어 아래 장면에서는 하루 동안 시각의 변화에 따른 태양의 움직임과 태양 고드의 변화 결과를 간단한 드래그 조작을 통해 즉각적으로 확인 가능하다.

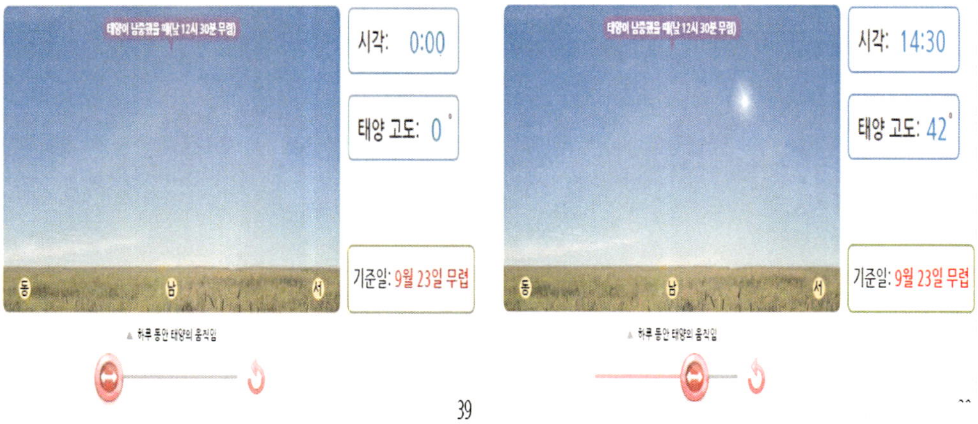

[그림 55] 조작 활동을 통해 간접 실험이 가능한 사례 (초등 과학 6-2: 39쪽)

그러나 교과서에 이미 답이 제시되어 있는데 디지털 교과서에서 알맞은 것끼리 연결하도록 하는 조작 활동은 서책형 교과서와 함께 수업하는 환경에서는 반복적인 자료로서, 학습자의 흥미를 떨어뜨릴 수 있다.

[그림 56] 교과서에 이미 정답이 제시되어 있는 조작 활동 사례 (초등 사회 6-1: 97쪽)

위 장면에서는 그림과 일치하는 내용을 찾아 알맞게 연결하는 조작 활동 자료를 제공하고 있는데, 서책형 교과서에서는 이미 그림 밑에 내용이 답으로 적혀 있다. 따라서 서책형 교과서를 펼쳐놓고 학습하는 경우, 학생들은 이미 정답을 알고 있는 상태에서 조작 활동을 하게 되므로 흥미와 긴장감이 떨어지게 된다. 서책형 교과서의 내용을 그대로 조작화하기보다는, 서책형 교과서에 없는 추가적인 내용을 조작하도록 하여 서책형 교과서와 상호보완적인 관계가 되도록 개선이 필요한 부분이다.

다음으로 교수 · 학습 관리 기능에서의 하위 영역별 우수 사례 및 수정 · 보완이 필요한 사례를 분석한 결과는 다음과 같다.

〈표 40〉 디지털 교과서 교수 · 학습 관리 기능의 사례 분석

하위 영역	세부 항목	우수 사례	수정 보완이 필요한 사례
교수 · 학습 진도 및 이력 기능	내 서재	• 웹뷰어로 접속할 경우 교과서를 다운로드하지 않고 구독하여 바로 학습 가능함 • '나의 학습기록'에서 기간별 출석횟수 및 세부 학습이력을 확인 가능함	• 학년별, 제목별 정렬이 가능하나 교과별 정렬이 불가능 • 학습이력에서 북마크, 하이라이트, 메모 등 세부학습 내용 확인 불가능
부가 관리 기능	설정	• '바로가기 설정'에서 자주 쓰는 기능을 중심으로 나만의 메뉴를 구성할 수 있음	• '바로가기 설정'에서 메뉴 선택이 최대 6개까지만 가능함

내 서재는 디지털 교과서를 접속했을 때 가장 먼저 뜨는 화면으로 크게 '교과서', '위두랑 자료보기', '나의 학습기록' 등 3가지 상단 메뉴로 구성되어 있다. '교과서' 메뉴에서는 디지털 교과서와 교과서 PDF 등 전체 교과서의 표지화면과 과목, 학년 및 학기 정보가 진열되어 있다. 웹뷰어로 접속할 경우 교과서를 다운로드하지 않고도 구독하는 방식으로 해당 교과서를 바로 학습할 수 있다는 장점이 있다. 스마트폰이나 태블릿 기기로 디지털 교과서 앱을 설치하여 이용하는 경우에도 웹뷰어 모드를 이용하면 큰 용량의 교과서 파일을 다운로드하지 않고도 구독하여 학습할 수 있다.

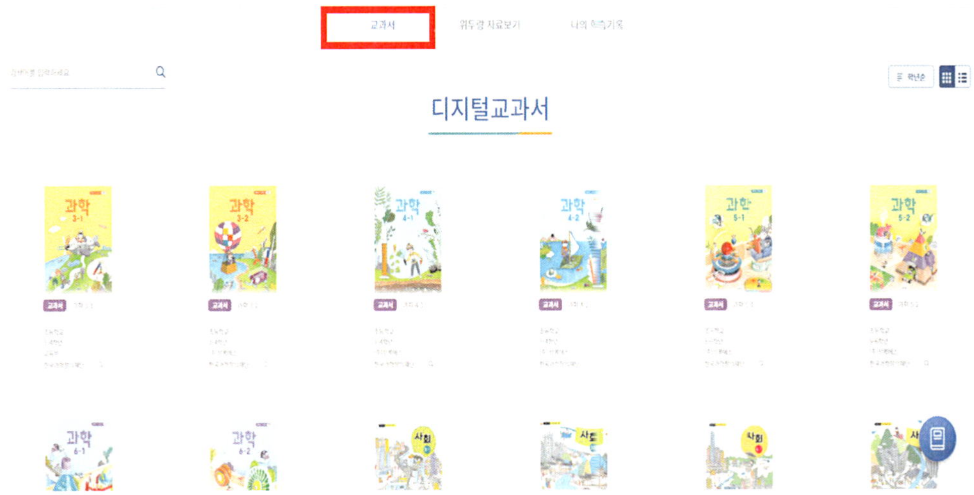

[그림 57] 디지털 교과서 '내 서재'의 교과서 메뉴 화면

한편 '내 서재'의 '나의 학습기록' 메뉴에서는 디지털 교과서에 로그인한 횟수만큼 자동으로 출석체크가 되어 한 달 동안의 출석횟수를 달력 화면에서 확인 가능하다. 또한 하단에서는 '나의 학습이력'을 하루, 일주일, 한 달, 학기 단위로 제공한다. 구체적으로 학습한 교과서 권 수, 학습횟수, 북마크, 하이라이트, 메모, 녹음, 노트 등의 개수를 볼 수 있다. 출석횟수와 학습이력 제공은 학생의 자기주도적 학습 관리를 지원하고 동기유발 및 학습 의욕 고취 면에서 효과적이라 할 수 있다.

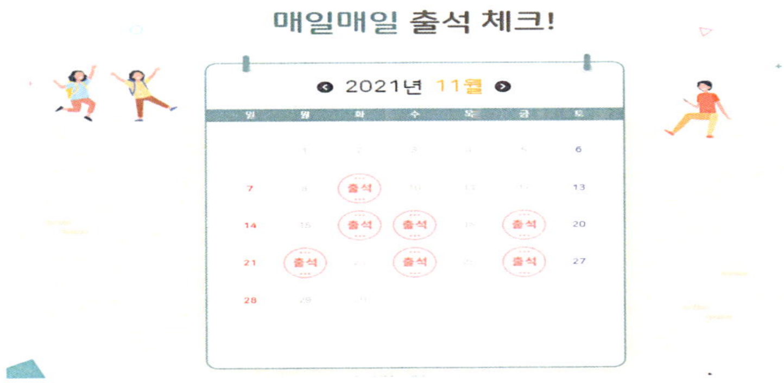

[그림 58] '나의 학습기록' 출석체크 화면 예시

[그림 59] '나의 학습기록' 주간 학습 이력 화면 예시

그러나 '내 서재' 기능에서도 수정 · 보완이 필요한 사례를 찾을 수 있다. 먼저 '교과서' 메뉴에서는 학년별, 제목별 교과서 정렬이 가능하나 교과별 정렬은 불가능하다. 교과별 정렬은 교사의 수업 준비 및 연구에 효과적인 기능이므로 새롭게 추가될 필요가 있는 기능이다.

또한 '나의 학습기록' 메뉴의 학습이력에서는 위의 그림과 같이 세부 항목별 학습 및 기록 횟수를 제공하는데, 이를 클릭하더라도 세부 학습 결과물을 확인해 볼 수는 없다. 학습자가 자신이 구체적으로 학습한 교과서가 무엇이고 학습하면서 기록하고 저장한 북마크, 하이라이트, 메모, 녹음, 노트가 무엇인지 확인 가능하도록 수정 · 보완이 필요하다.

마지막으로 외부 자료 연계 기능에서의 하위 영역별 우수 사례 및 수정 · 보완이 필요한 사례를 분석한 결과는 다음과 같다.

〈표 41〉 디지털 교과서 교수 · 학습 관리 기능의 사례 분석

하위 영역	세부 항목	우수 사례	수정 보완이 필요한 사례
커뮤니티 연계	위두랑 바로 가기	• 이동할 위두랑 클래스를 선택하면 바로 연결됨	• 위두랑 클래스가 새로운 창에서 열려 디지털 교과서 화면과 병행하여 학습하기 어려움
외부 자료 검색	지식 백과	• 검색어가 포함된 외부 자료의 내용 일부를 미리 볼 수 있고 클릭하면 외부 페이지로 연결됨	• 네이버 국어사전, 표준국어대사전 등 검색 플랫폼 확대 필요
외부 자료 연결	파일 연결	• 지정된 본문 텍스트에 여러 개의 파일을 동시에 연결할 수 있음	• 파일 크기가 최대 20MB로 제한됨 • 파일을 다운로드해야만 열어볼 수 있음

먼저 커뮤니티 연계 기능인 '위두랑 바로 가기'를 하단 메뉴에서 선택하면 웹뷰어 버전의 '위두랑 바로가기'와 앱뷰어 버전의 '위두랑 앱 열기' 두 가지 선택이 가능하다. '위두랑 바로가기'를 선택하게 되면 디지털 교과서 화면 내에서 이동할 위두랑 클래스를 선택할 수 있고 확인을 누르면 바로 연결이 가능하여 편리하다. 다만 위두랑 클래스가 새로운 창에서 열리기 때문에, 디지털 교과서 화면과 병행하여 학습하기에는 어려움이 있다. 따라서 이용자의 선택에 따라 디지털 교과서 창 내에서 클래스 화면이 열려 병행 학습이 가능하도록 수정 · 보완이 필요하겠다.

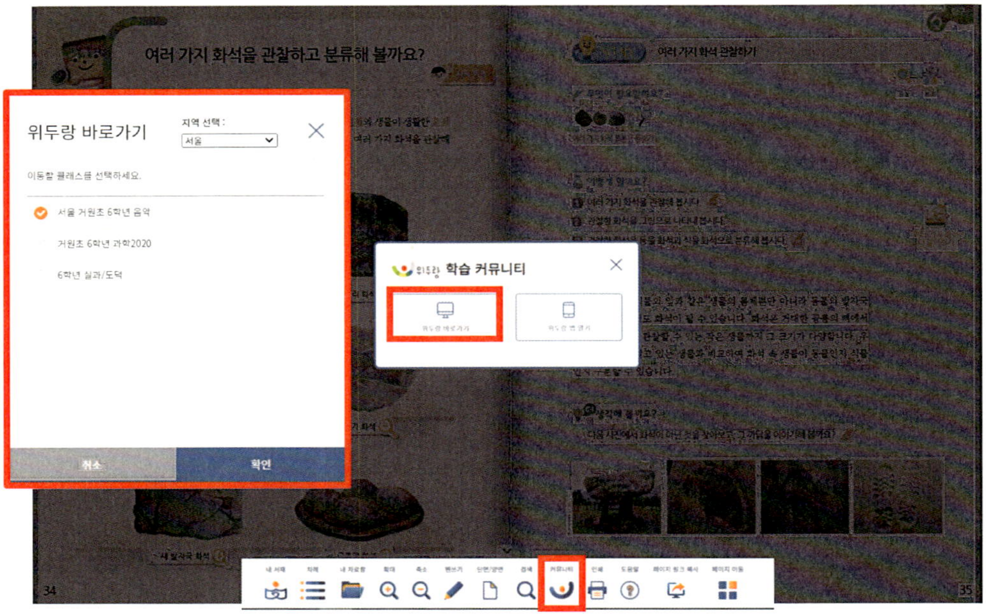

[그림 60] 커뮤니티 기능을 활용한 위두랑 바로가기 화면 예시

한편 외부 자료 검색이 가능한 플랫폼은 e학습터와 지식백과 두 가지가 있다. 이 중 지식백과의 경우 학생들에게 친숙한 네이버 지식백과와 연계가 된다. 특히 검색어가 포함된 외부 자료의 내용 일부를 미리 볼 수 있고 클릭하면 외부 페이지로 바로 연결된다는 장점이 있다. 디지털 교과서 학습 화면을 벗어나지 않고도 검색을 포함한 외부 자료 일부 내용을 미리 확인할 수 있다는 점에서 우수 사례라 할 수 있다.

그러나 지식백과 외 다른 플랫폼의 검색이 불가능한 점은 개선이 필요해 보인다. 무엇보다 미래형 디지털 국어 교과서에서는 네이버 국어사전이나 국립국어원 표준국어대사전 등 검색 플랫폼의 확대가 필수적으로 요구된다.

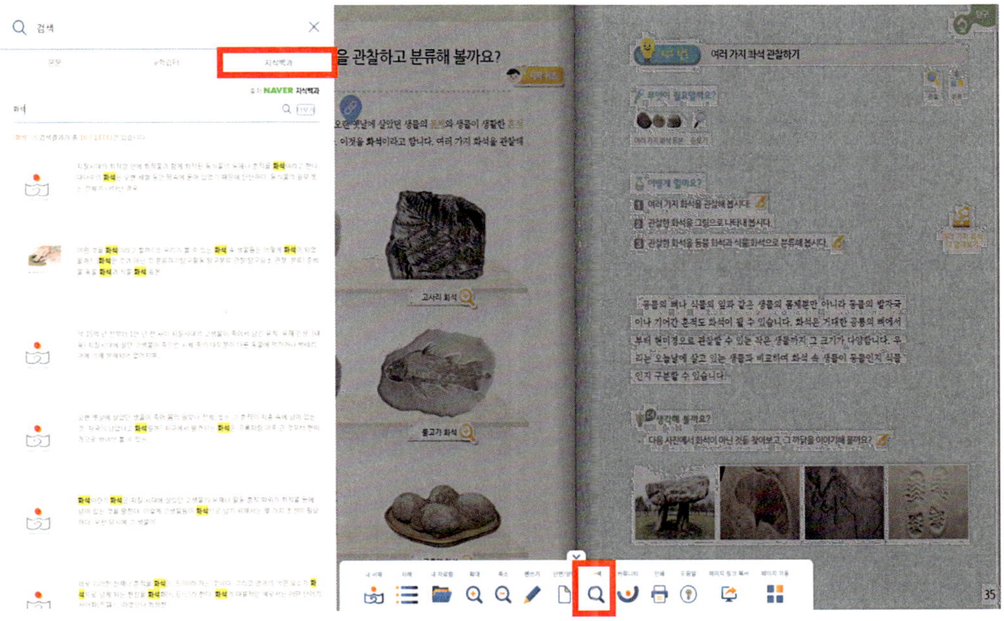

[그림 61] 지식백과 검색 화면 예시

마지막으로 외부 자료 연결에는 크게 'URL 연결'과 '파일 연결' 두 가지가 있다. 본문 텍스트의 일부를 드래그하여 지정하면 활성화되는 기능들 중 '자료 연결'을 선택하면 'URL 연결'과 '파일 연결' 중 선택하여 디지털 교과서와 외부 자료의 연결이 가능하다. 지정된 본문 텍스트에는 여러 개의 URL 또는 파일을 동시에 연결할 수 있는데 이는 교사의 수업 재구성 측면에서 매우 유용하다. 디지털 교과서에 수록된 자료 외에 외부 자료를 활용하기 희망할 때, 수업 전 미리 URL이나 자료를 연결해 놓으면 수업 중에 효과적으로 외부 자료를 활용할 수 있기 때문이다.

그러나 파일 연결의 경우, 파일 크기가 최대 20MB 이하로 제한되어 그 이상 용량의 파일은 연결이 불가능하다는 단점이 있다. 또한 수업 전에 파일을 연결해 놓더라도, 수업 중에는 파일을 다시 다운로드하여 열어야 하기 때문에 활용에 번거로움이 발생한다. 따라서 파일 용량 크기를 높이는 한편, 사진이나 영상 자료의 경우 다운로드하지 않고도 디지털 교과서 화면에서 바로 사진이나 영상을 볼 수 있도록 기술 개선이 필요하다.

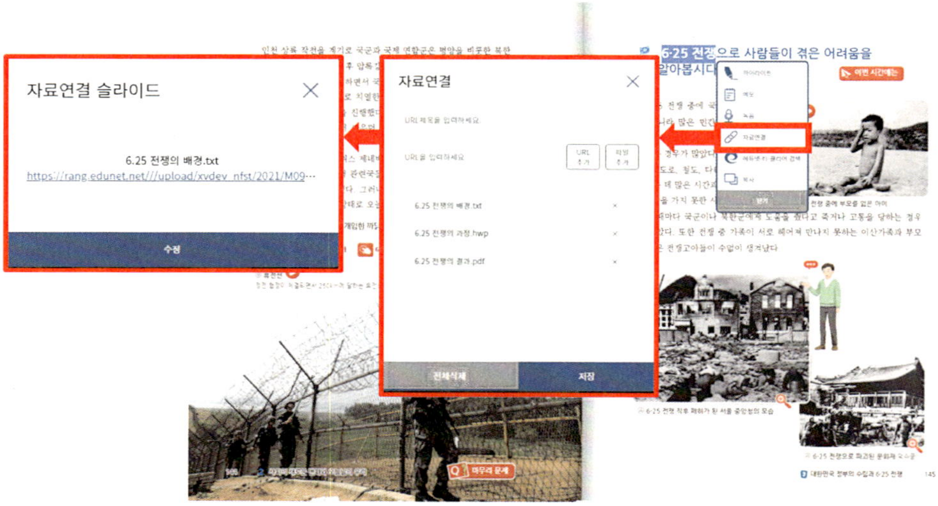

[그림 62] 디지털 교과서 자료연결 화면 예시

지금까지 국내 디지털 교과서의 개발 현황을 살펴보고, 디지털 교과서 분석 기준을 자료와 기능으로 이원화하였다. 또한 디지털 교과서 자료와 기능을 상위 영역, 하위 영역, 세부 항목으로 구체화한 뒤, 각각의 우수 사례 및 수정 · 보완이 필요한 사례를 교과서 장면과 함께 분석하였다. 여기에서 분석한 구체적인 사례들은 미래형 디지털 국어 교과서의 자료 및 기능 개발 방향에 반영하도록 한다.

1.2.4. 중등 국어과 전자저작물 기능 분석

중등 국어과 전자저작물은 이용 주체가 전적으로 교사로 한정되어 있다. 따라서 앞선 자료 분석에서와 마찬가지로 수록된 기능 역시 교사의 수업 준비 및 진행, 평가를 위한 기능 중심으로 구성되어 있다.

중학교 국어 1-1 천재 박영목의 전자저작물의 사용 설명서에 제시된 교사의 기능은 크게 뷰어 메뉴상의 기능, 콘텐츠 화면상의 기능 2가지이다.

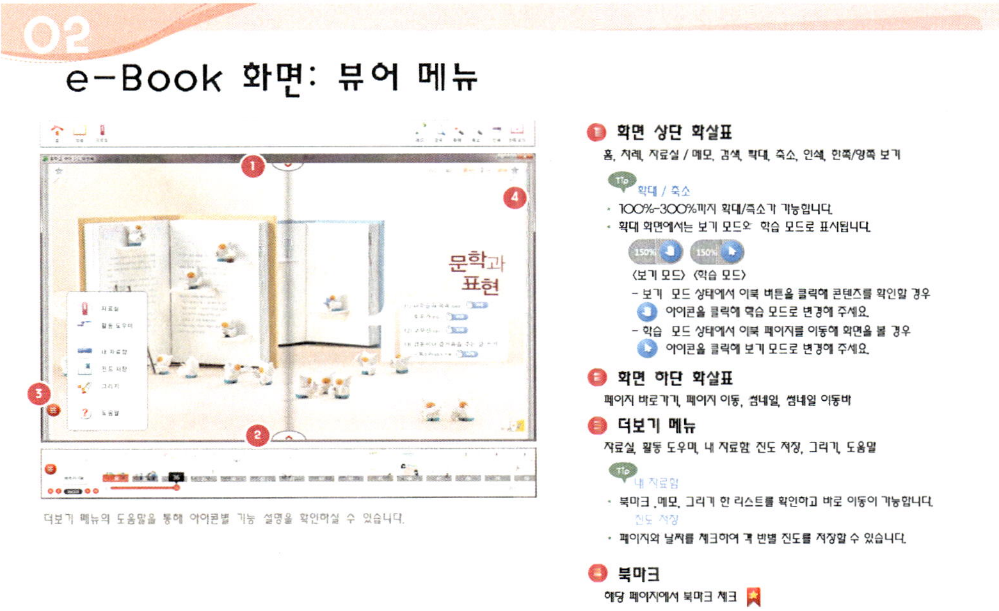

[그림 63] 뷰어 메뉴상의 기능 (중등 국어 1-1 천재 박영목 전자저작물 설명서)

뷰어 메뉴는 위치에 따라 크게 4가지 영역으로 기능이 활성화되어 있다. 먼저 화면 상단 화살표를 클릭하여 홈, 차례, 자료실/메모, 검색, 확대, 축소, 인쇄, 한쪽/양쪽 보기 등의 기능을 이용할 수 있다. 그리고 하단 화살표를 통해 페이지 바로가기, 페이지 이동, 썸네일, 썸네일 이동바 등이 구현된다. 더보기 메뉴를 클릭하면 자료실, 활동 도우미, 내 자료함, 진도 저장, 그리기, 도움말 등의 기능이 활성화된다. 마지막으로 북마크 기능이 별도로 구현되어 해당 페이지의 북마크 체크가 가능하다.

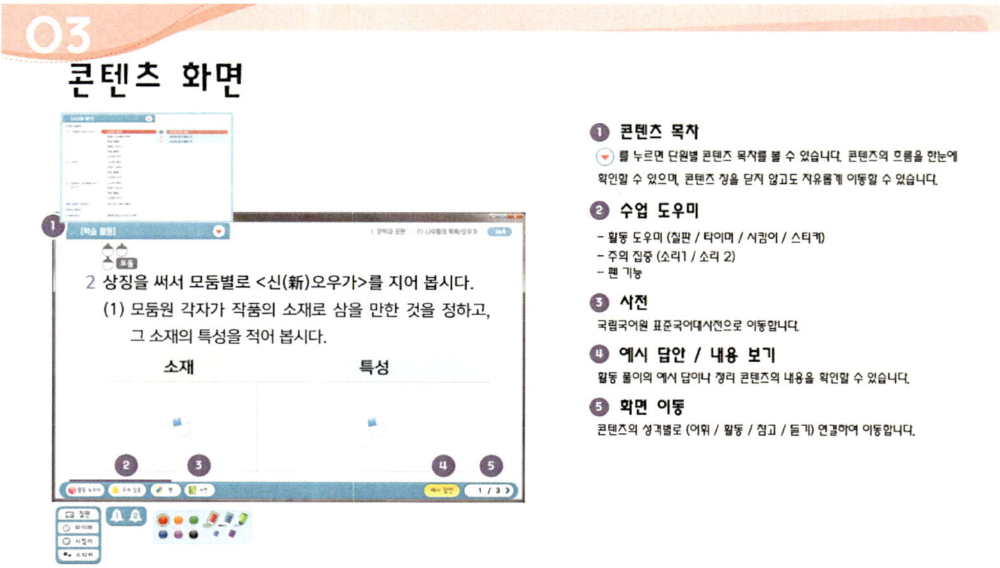

[그림 64] 콘텐츠 화면상의 기능 (중등 국어 1-1 천재 박영목 전자저작물 설명서)

다음으로 콘텐츠 화면상에서는 콘텐츠 목차, 교사를 위한 수업 도우미, 사전 이동, 예시 답안 / 내용 보기, 화면 이동 등의 기능 활용이 가능하다. 뷰어 화면과 콘텐츠 화면에서 이용 가능한 기능들을 디지털 교과서 기능 분류 기준에 따라 교수 · 학습 지원 기능, 교수 · 학습 관리 기능, 외부 자료 연계 기능 등으로 분류할 수 있다.

전자저작물의 도움말에서는 뷰어 메뉴를 위치, 아이콘, 아이콘명, 기능별로 다음과 같이 정리하여 제시하고 있다.

● 뷰어 메뉴 도움말 ●

위치	아이콘	아이콘명	기능
상단 왼쪽		홈	홈 화면으로 이동할 수 있음
		차례	콘텐츠의 차례를 확인하고 선택한 차례로 바로 이동할 수 있음
		자료실	자료실로 이동할 수 있음
		메모	원하는 페이지에 메모를 기록할 수 있음
		검색	콘텐츠 본문 내용을 검색하고, 해당 페이지로 바로 이동할 수 있음
상단 오른쪽		확대	보고 있는 페이지를 확대할 수 있음 확대시에는 [보기 모드]로 자동 전환되며, 쓰기 등의 기능을 사용하기 위해서는 [학습 모드]로 전환하여야 함 ※ 모드 변경은 확대시 화면 오른쪽에 생성되는 아이콘을 클릭
		축소	보고 있는 페이지를 다시 축소할 수 있음
		인쇄	콘텐츠 페이지를 인쇄할 수 있음
		화면보기	화면을 단면보기, 양면보기로 설정하여 볼 수 있음
상단		북마크	보고 있는 현재 페이지를 차후에 재열람 가능
		페이지 바로가기	원하는 페이지 번호를 입력 후 바로가기를 누르면 해당 페이지로 이동할 수 있음
		섬네일	교과서의 페이지별 미리보기를 제공하고 가고자 하는 페이지를 누르면 바로 이동할 수 있음
하단 메뉴		처음 페이지로	처음 페이지로 이동할 수 있음
		이전 페이지로	이전 페이지로 이동할 수 있음
		다음 페이지로	다음 페이지로 이동할 수 있음
		마지막 페이지로	마지막 페이지로 이동할 수 있음
		썸네일 이동바	버튼을 드래그 하여 전체 썸네일을 확인할 수 있음
더보기 메뉴		자료실	자료실로 이동할 수 있음
		활동 도우미	활동 수업을 진행하며 수업 참여를 유도할 수 있음
		내 자료함	콘텐츠에 남긴 그리기와 메모, 북마크 데이터를 확인하고, 선택한 페이지로 바로 이동할 수 있음
		진도 저장	마지막 학습 페이지를 저장해서 추후 확인할 수 있음
		그리기	페이지에 필기하거나 그림을 그릴 수 있음
		도움말	도움말을 볼 수 있음

[그림 65] 뷰어 메뉴상의 기능
(중등 국어 1-1 천재 박영목 전자저작물 도움말)

중등 국어과 전자저작물에서 구현되는 기능을 현재의 디지털교과서 기능과 비교하면, 공통 기능, 디지털교과서에서만 구현되는 기능, 전자저작물에서만 구현되는 기능으로 구분할 수 있다. 이를 표로 정리하면 다음과 같다.

〈표 42〉 디지털 교과서와 전자저작물의 기능 비교 분석 결과

상위 영역	하위 영역	세부 항목		디지털 교과서	전자 저작물
교수·학습 지원 기능	부가 편의 기능	차례	교과서 차례	○	○
			콘텐츠 차례	○	○
		이전/다음		○	○
		단면/양면		○	○
		페이지 이동		○	○
		페이지 확대/축소		○	○
		페이지 링크 복사		○	X
		본문 검색		○	○
		본문 복사		○	X
		북마크		○	○
		간편 메뉴		○	X
		인쇄		○	○
		도움말		○	○
		화면 캡처		○	X
	본문 자료 연계 기능	하이라이트		○	X
		메모		○	○
		녹음		○	X
		노트		○	○
		펜쓰기(그리기)		○	○
		텍스트 입력		○	X

		읽어주기		○	○
		자료 확대		○	X
		나타내기/숨기기		○	○
		자료의 조작화		○	X
		자료의 영상화		○	○
		정답 입력/채점		○	X
	교수·학습 자료 공유 기능	나눔 마당	디지털교과서 판서 자료	○	X
			학습자료 나눔 공간	○	X
	수업 지원도구	활동 도우미	칠판	X	○
			모둠 스티커판	X	○
			활동 시킴이	X	○
			타이머	X	○
			주사위	X	○
			주의 집중	X	○
교수·학습 관리 기능	교수·학습 진도 및 이력 기능	내 서재	교과서 구독 및 열기	○	X
			위두랑 자료보기	○	X
			나의 학습기록	○	X
		내 자료함	메모 목록	○	○
			자료연결 목록	○	X
			하이라이트 목록	○	X
			북마크 목록	○	○
			녹음 목록	○	X
			펜쓰기(그리기) 목록	○	○
			진도 저장	X	○
		디지털	열람시간 보기	○	X

<table>
<tr><td></td><td></td><td>교과서 클래스</td><td>학습 데이터 열람</td><td>○</td><td>X</td></tr>
<tr><td></td><td rowspan="4">부가 관리 기능</td><td rowspan="2">설정 기능</td><td>뷰어 설정</td><td>○</td><td>X</td></tr>
<tr><td></td><td>바로가기 설정</td><td>○</td><td>X</td></tr>
<tr><td></td><td colspan="2">동기화</td><td>○</td><td>X</td></tr>
<tr><td></td><td colspan="2">초기화</td><td>○</td><td>X</td></tr>
<tr><td rowspan="8">외부 자료 연계 기능</td><td rowspan="2">커뮤니티 연계</td><td colspan="2">위두랑 바로가기</td><td>○</td><td>X</td></tr>
<tr><td colspan="2">위두랑 앱 열기</td><td>○</td><td>X</td></tr>
<tr><td rowspan="4">외부 자료 검색</td><td colspan="2">에듀넷 티클리어</td><td>○</td><td>X</td></tr>
<tr><td colspan="2">e학습터</td><td>○</td><td>X</td></tr>
<tr><td colspan="2">지식백과</td><td>○</td><td>X</td></tr>
<tr><td colspan="2">표준국어대사전</td><td>X</td><td>○</td></tr>
<tr><td rowspan="2">외부 자료 연결</td><td colspan="2">URL 연결</td><td>○</td><td>X</td></tr>
<tr><td colspan="2">파일 연결</td><td>○</td><td>X</td></tr>
</table>

기능 비교 분석 결과, 전자저작물에서는 디지털 교과서에서 제공하는 페이지 링크 복사, 화면 캡처, 본문 복사 등의 부가 편의 기능 중 일부가 제공되지 않았다. 또한 본문 자료 연계 기능 면에서는 하이라이트, 녹음, 텍스트 입력, 자료 확대, 자료의 조작화, 정답 입력 및 채점 등의 기능 역시 제공되지 않았다. 특히 디지털 교과서와 달리 사용자 간 교수 · 학습 자료 공유 기능이나 내 서재 기능, 내 자료함 기능, 외부 자료 연계 기능 등의 상당수가 구현되지 않는다는 한계가 있다. 이러한 한계는 국어과 전자저작물이 이용자를 교사로 한정하고 있어 학생 이용자를 위한 기능이 부족한 점에 기인한다고 볼 수 있다. 또한 웹서비스 기반의 디지털 교과서처럼 지속적인 기능 개선 업데이트가 이루어지기 힘든 점도 원인으로 볼 수 있다.

전자저작물에서 지원되지 않는 이러한 기능들은 기능 개선을 통한 수정 · 보완이 필요한 사례에 해당한다고 볼 수 있다.

〈표 43〉 중등 국어과 전자저작물에서 수정 · 보완이 필요한 기능

상위 영역	하위 영역	수정 · 보완이 필요한 사례
교수 · 학습 지원 기능	부가 편의 기능	• 페이지 링크 복사 기능 미지원 • 본문 복사 기능 미지원 • 간편 메뉴 기능 미지원 • 화면 캡처 기능 미지원
	본문 자료 연계 기능	• 하이라이트 기능 미지원 • 녹음 기능 미지원 • 텍스트 입력 기능 미지원 • 자료 확대 기능 미지원 • 자료의 조작화 기능 미지원
	교수 · 학습 자료 공유 기능	• 나눔 마당 기능 미지원
교수 · 학습 관리 기능	교수 · 학습 진도 및 이력 기능	• 내 서재 기능 미지원 • 내 자료함 기능 일부 미지원 (자료연결, 하이라이트, 녹음 목록 등) • 디지털교과서 클래스 기능 미지원
	부가 관리 기능	• 설정 기능 미지원 • 동기화 기능 미지원 • 초기화 기능 미지원
외부 자료 연계 기능	커뮤니티 연계	• 위두랑 기능 미지원
	외부 자료 검색	• 외부 자료 검색 기능 일부 미지원 (에듀넷 티클리어, e학습터, 지식백과 등)
	외부 자료 연결	• URL 연결, 파일 연결 등 미지원

반면 교사 전용 서비스라는 점에서 디지털 교과서에는 없는 교사의 수업 준비 및 운영을 지원하는 기능이 일부 제공된다는 장점도 있다. 칠판, 모둠 스티커판, 활동 시킴이, 타이머, 주사위 등의 기능은 교사가 전자저작물을 활용한 수업 상황에서 유용하게 이용 가능한 수업 지원 도구들이다. 그 외에도 학급별 진도를 다르게 설정 가능한 진도 저장 기능

이나 국어과 어휘 학습에 필요한 표준국어대사전 연결 기능 등 역시 현재 디지털 교과서에서 제공하지 않는 유용한 기능들이다. 이 기능들을 기능 영역별로 분류하여 제시하면 다음과 같다.

〈표 44〉 중등 국어과 전자저작물의 영역별 우수 기능 사례

상위 영역	하위 영역	우수 사례
교수·학습 지원 기능	수업 지원 도구	• 교사의 수업 운영을 지원하는 활동 도우미 기능 제공 (칠판, 모둠 스티커판, 활동 시킴이, 타이머, 주사위 등)
교수·학습 관리 기능	교수·학습 진도 및 이력 기능	• 내 자료함의 진도 저장 기능을 제공하여 학급별 진도 다르게 설정 가능
외부 자료 연계 기능	외부 자료 검색	• 국어과 어휘 학습에 필요한 표준국어대사전 연결 기능 제공

[그림 66] 중등 국어과 천재 전자저작물에서 제공하는 칠판 기능

칠판 기능은 디지털 교과서를 활용한 수업 중 교사가 필요한 내용을 별도의 창에 입력하여 학생들에게 제공할 수 있어 교사의 수업 지원에 유용한 기능이다.

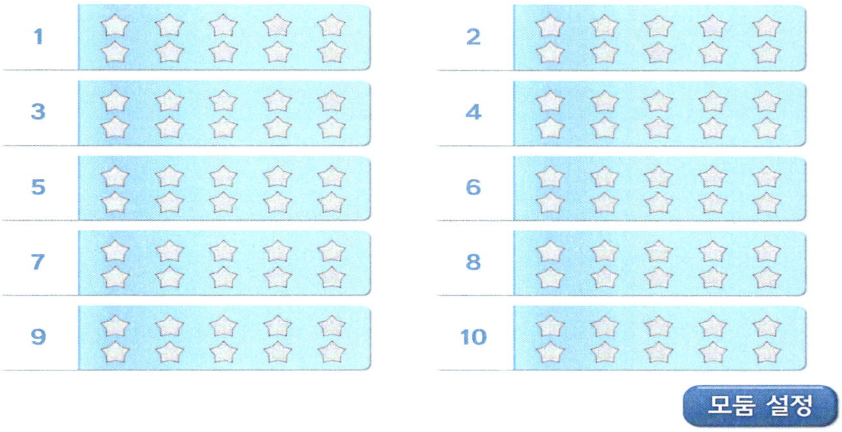

[그림 67] 중등 국어과 천재 전자저작물에서 제공하는 모둠 스티커판 기능

모둠 스티커판 역시 모둠 활동 시 보상의 도구로, 또는 모둠별 평가 도구로 활용 가능하다.

[그림 68] 중등 국어과 천재 전자저작물에서 제공하는 활동 시킴이 기능

활동 시킴이 기능은 학생 수나 모둠 수만 입력하면, 간단하면서도 재미있는 애니메이션

방식으로 발표자를 선정할 수 있는 발표 도구로서 교사들이 보편적인 수업 상황에서 자주 활용 가능한 기능이다.

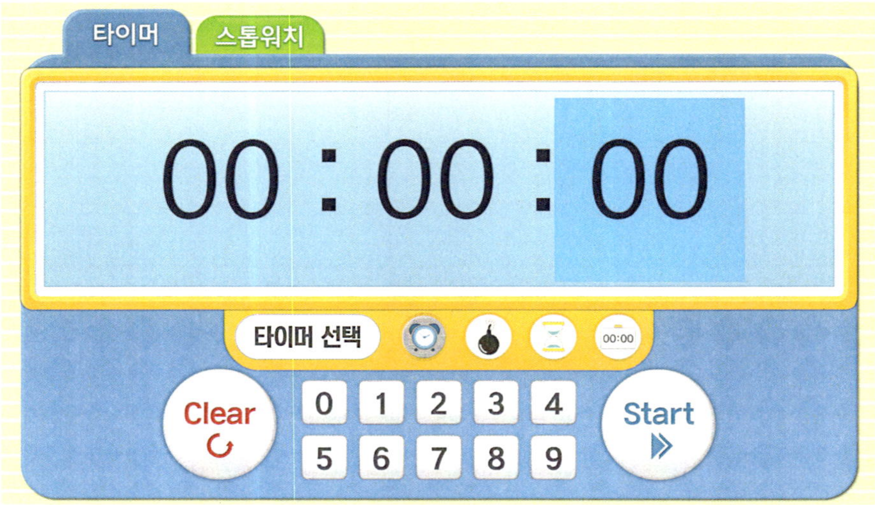

[그림 69] 중등 국어과 천재 전자저작물에서 제공하는 타이머 기능

타이머 기능의 경우에도 활동 시간을 미리 설정하여 교사가 남은 시간을 확인하고 학생들에게도 안내할 수 있는 유용한 수업 도구이다.

[그림 70] 중등 국어과 천재 전자저작물에서 제공하는 주사위 기능

주사위 기능 역시 다양한 놀이 활동 상황에서 활용 가능한 수업 지원 도구 중 하나이다. 이처럼 중등 국어과 전저자저작물에는 디지털교과서에서 제공하지 않는 교사용 수업 도구를 다양하게 제시하고 있다.

이 외에 진도 저장 기능은 담임 교사이더라도 여러 학급을 가르치는 교과 전담제인 중고등학교에서 특히 유용하게 활용 가능하다. 학급을 입력하고 진도를 저장하면 학급, 날짜, 페이지 등이 저장되고 클릭하면 바로 해당 페이지로 이동 가능하다.

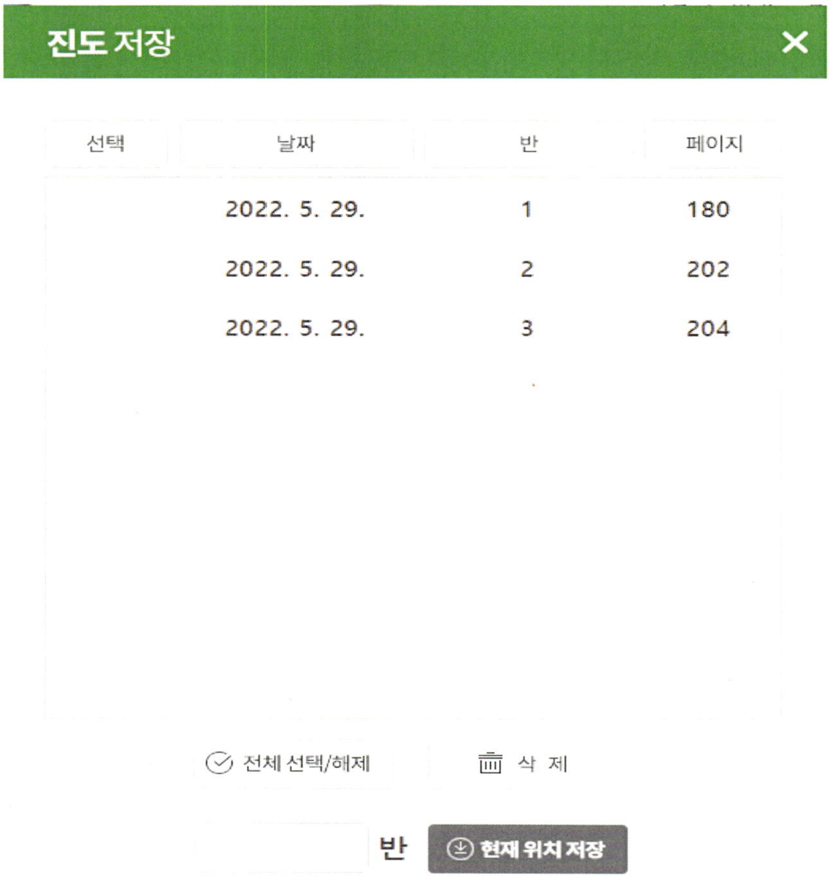

[그림 71] 중등 국어과 천재 전자저작물에서 제공하는 진도 저장 기능

이처럼 현재 중등 국어과 전자저작물에서만 제공되고 있는 기능들의 경우, 추후 개발될 디지털 국어 교과서에서도 교사의 수업 지원을 위해 구현되도록 할 필요가 있을 것이다.

2. 국외 디지털 교과서의 현황

앞서 국내 디지털 교과서의 현황을 살펴본 것에서 나아가, 이번에는 국외 디지털 교과서의 현황을 분석해 보고자 한다. 국외 디지털 교과서의 경우 직접 이용해보기 어려운 한계로 인해, 국외 디지털 교과서 관련 선행 연구 분석을 통해 그 현황을 간접적으로 살펴보도록 한다.

2.1. 국외 디지털 교과서 개발 현황

한국교육학술정보원(2009)은 단말기 개발 현황과 미래 주요 이슈를 중심으로 디지털 교과서 최신 해외 동향을 분석하였다. 2009년 당시는 디지털 교과서 개발 연구의 시작 단계였으므로, 디지털 교과서의 소프트웨어, 즉 내용적 측면보다는 단말기를 중심으로 하드웨어적 측면에서 해외 사례를 분석하였다. 크게 디지털 교과서 단말기, e-Book 리더 단말기, 범용 단말기를 통한 콘텐츠 제공 사례로 구분하여 제시하였는데, 이 중 디지털 교과서 단말기의 경우 구체적으로 싱가포르, 말레이시아, 미국, 스페인을 중심으로 단말기의 종류, 사양, 지원 사항 등을 분석하였다. 국가별 주요 단말기의 종류와 지원 사항을 정리하면 다음과 같다.

〈표 45〉 국가별 디지털 교과서 단말기 분석 (한국교육학술정보원, 2009)

국가	단말기 종류	주요 지원 사항
싱가포르	eduPAD	• 애니메이션, 음성, 하이퍼링크, 밑줄 긋기, 전자우편 퀴즈, 노트 필기, 계산, 사전 기능 등 제공 • 펜과 문자인식 기능 기반으로 콘텐츠 학습 가능 • 무선인터넷을 이용한 과제물 배포 및 결과물 회수
말레이시아	netBook	• 학교와 집에서 인터넷을 이용해 학습 가능 • 유선과 무선 커뮤니케이션 기능으로 이동 학습 가능
미국	GoReader	• Usb와 Wifi 무선 인터넷을 활용한 콘텐츠 저장 • 콘텐츠 복사 방지를 위한 암호화된 콘텐츠 제공 • 노트필기, 책갈피, 다색 하이라이트 기능 제공 • 키워드별/장별 검색, 즐겨찾기, 메모 기능 지원
미국	Flexbook	• 개별화된 화면 구성 변경 기능 제공 • 오픈 콘텐츠 및 웹 기반의 협력학습모델 지향 • 인터넷상에서 자유롭게 콘텐츠 공유 가능

한편 위 연구에서는 국가별 단말기를 소개하는 데 그치지 않고, 단말기 도입 및 상용화의 실패 원인을 가격, 기술적 한계, 소프트웨어 부족 등 다각도로 분석하여 제시함으로써 국내 디지털 교과서 개발의 시사점을 도출하였다.

또한 디지털 교과서 관련 미래 기술을 하드웨어, 소프트웨어 및 서비스 기술로 구분하여 전망하였는데 이를 정리하면 다음과 같다.

〈표 46〉 디지털 교과서 관련 기술 전망 (한국교육학술정보원, 2009)

성격	종류	주요 내용
하드웨어	Flexible Display	• 종이처럼 얇고 유연한 기판을 통해 손상 없이 휘거나 구부리거나 말 수 있는 디스플레이 • 플라스틱 소재, 필름 등을 기판으로 사용함 • 컴퓨터 스크린을 종이처럼 들고 다닐 수 있음

	E-Ink	• 전자책 전용 단말기에 활용되는 디스플레이 필름 • 수백만 개의 마이크로캡슐로 구성되어, 명료한 흑백 이미지를 구현함
	WiMAX	• 방향과 장애물에 구애받지 않고 사용자가 초고속으로 인터넷 접속을 이용할 수 있도록 하는 기술
	멀티터치 인터페이스	• 패널의 아래 면에 부착된 센서가 손의 위치를 인식하여 동시 터치가 가능함
소프트웨어 및 서비스	스킬 마이닝 툴	• 사용자가 작성한 문서리포트, 이메일, 회의, 데이터베이스를 분석하여 사용자의 기술과 전문지식을 자동적으로 인식하여 시스템의 정보검색기능을 강화함
	웹 서비스 기술	• 서비스 제공자가 웹 서비스를 등록하면 서비스 요청자는 등록된 웹 서비스를 인터페이스를 통해 찾을 수 있음 • 능동적인 웹 응용 프로그램 수행 환경을 제공함
	Web 2.0	• 사용자들의 참여와 개방성을 통해 사용자들이 스스로 정보 및 네트워크를 창조하고 공유하는 것을 의미함 • AJAX, API, LAMP, RSS, REST 등의 세부 기술 특성을 포괄함
	디지털 교과서 보완 기술	• Digital watermaking으로 무단 복제 또는 변도를 방지하여 저작권을 보호함 • XrML 표준 언어로 콘텐츠의 사용과 보호에 관한 권한 및 조건을 명시함 • DOI 체제로 디지털 저작물에 대해 저작권정보를 포함하는 고유번호를 부여함

한편 한국교육학술정보원(2015)에서는 미국의 디지털 교과서 활용 동향을 ConnectED 정책을 중심으로 살펴보았으며 구체적으로 미국의 각 주별 활용 현황을 제시하였다. 미국의 디지털 교육 정책 기조는 미교육부 장관의 2012년 National Press Club 연설에서 확인할 수 있는데, 주목할 점은 한국에서 2015년까지 전면 디지털 교과서를 도입할 예정이라는 것을 사례로 들어 디지털 교육 정책의 필요성을 강조하였다는 점이다. 이러한 기조를 바탕으로 미국 학생의 99%가 학습 과정에서 테크놀로지의 혜택을 받을 수 있도록 하

는 것을 목표로 한 ConnectED 정책이 발표되었다. 연결성 향상, 교사 지원, 민간 부분 혁신 등 크게 3가지 방향에 초점을 둔 ConnectED 정책을 학교에 적용한 내용 및 성과는 다음과 같다.

〈표 47〉 ConnectED 정책의 학교 적용 사례 (한국교육학술정보원, 2015)

학교명	주요 추진 내용 및 성과
노스캐롤라이나주의 무어스빌 학구 (Mooresville School District)	◦ 3~12학년 학생들을 대상으로 개별학생 모두에게 1기기를 배포하고 대부분 디지털 커리큘럼 콘텐츠를 활용 ◦ 모든 교사들에게 수업에 테크놀로지를 활용할 수 있는 방법에 대한 훈련을 실시 ◦ 이후 학구의 수업 문화에 큰 변화가 나타나고 있는데, 먼저 학생들은 강의를 듣는 데에서 벗어나 소규모 그룹을 형성해 협력하고 있으며, 소프트웨어의 "퍼스널 튜터(personal tutor)" 기능 등을 활용하여 자신이 원하는 학습 속도로 학습을 진행 ◦ 교사들은 학생들의 학습 발전 정도에 대하여 즉각적인 피드백을 받고, 이를 바탕으로 개별 학생들의 니즈(needs)에 보다 부합되는 지도를 제공 ◦ 그 결과 2011년 무어스빌 학구의 졸업률은 91%로 2008년의 기록인 80% 대비 향상되었고, 주정부의 시험에서도 평균적으로 88%의 학생들이 읽기, 수학, 과학 과목에서 성취도 표준에 부합(2008년 표준에 부합한 학생 비율은 73%) ◦ 무어스빌 학구는 노스캐롤라이나주의 115개 학구 중 학생 당 지출 비용을 기준으로는 100위에 불과하지만, 시험 성적 및 졸업률을 기준으로는 각각 3위와 2위를 차지
펜실베이니아주 필라델피아시의 사이언스 리더십 아카데미 (Science Leadership Academy)	◦ 사이언스 리더십 아카데미는 필라델피아 학구의 높은 중퇴율을 낮추기 위한 프로젝트의 일환으로 2005년 문을 연 일종의 대안학교 ◦ 학생들은 개인별로 한 대씩 지급된 노트북 등 첨단기기를 활용하여 프로젝트 기반의 학습을 수행 ◦ 서책형 교과서를 적게 사용하는 대신 학생들이 스스로 학습에 필요한 콘텐츠를 만들어 사용할 수 있도록 허용 ◦ 그 결과 학교 학생들은 주 및 시 범위의 연례 표준평가에서 평균 이상의 점수를 얻었고, 2010년에는 졸업자의 97%가 곧바로 대학에 진학하는 성과를 달성
사우스캐롤라이나주 로리스시의 로리스 초등학교 (Loris Elementary School)	◦ 로리스 초등학교는 시골 지역에 위치해 있으며"타이틀 Ⅰ(Title Ⅰ)"지원을 받는 학교 ◦ 모든 학생들에게 맞춤학습을 제공하기 위하여 다양한 테크놀로지 도구들을 활용 중. 특히 실시간 평가 데이터를 바탕으로 개별 학생마다 서로 다른 콘텐츠를 제공 ◦ 교사들은 학생들의 온라인 학습 경험의 질을 높여주는 등의 관리를 담당하며 학생들의 성적에 대해 책임을 지고 있음 ◦ 3~5학년 학생 모두에게 다양한 학습 소프트웨어가 탑재된 노트북 컴퓨터를 제공했으며, 혼합학습을 위하여 테크놀로지 활용을 확대하기 위한 계획을 수립 중 ◦ 2011년 인구통계학상 유사한 초등학교들 중 로리스 초등학교의 순위는 41위였으나, 혼합학습 프로그램을 실시한 후인 2012년에는 19위로 순위가 상승

위 연구에서는 미국의 각 주별 디지털 교과서 활용 현황도 제시하였는데, 주로 디지털 교과서 활용을 위한 주정부 차원의 노력을 재정적, 기술적 측면에서 제시하였다. 이를 정리하면 다음과 같다.

〈표 48〉 각 주별 디지털 교과서 활용을 위한 지원 현황 (한국교육학술정보원, 2018)

주	지원 현황
애리조나	• 교사들에게 Discovery Education, ABC-CLIO, Brain POP 등 고급 디지털 콘텐츠를 접속하여 사용할 수 있도록 서비스를 제공함
캘리포니아	• 기존 서책형 콘텐츠를 디지털 콘텐츠화함 • 개별 교실에 전자칠판, 교사용 프리젠테이션 스테이션, 도큐먼트 마케라 등 다양한 기기들을 구축함 • 오픈소스 디지털 교과서 개발 및 보급을 지속적으로 지원함
플로리다	• 공립학교의 디지털 콘텐츠 구매를 의무화한 첫 번째 주임 • 전미 최초로 전교생에게 Kindle e-book reader를 보급하고 디지털 교과서를 현행 교육과정 내에서 사용하도록 함
인디애나	• 디지털 교과서 사용 학교를 대상으로 학업성취도 평가를 실시한 결과, 디지털 교과서 사용 학교의 평균점수 향상폭이 사용하지 않은 학교보다 상대적으로 높았음
노스 캐롤라이나	• BYOD(Bring Your Own Devices) 정책을 통해 학생들로 하여금 개인 소유의 디지털 기기를 학습 활동에 사용하도록 적극 권장함 • 개별 노트북을 학생 및 교사들에게 지원하고 각 교실에 SMART Boards, Response Devices 등 다양한 디지털 기기를 구축함
텍사스	• 교과서의 범위를 폭넓게 규정하여 다양한 디지털 교과서, 오픈소스 자료 등을 적극 활용하도록 권장함 • 교사들 간의 학습자료 공유, 협력, 연구 등을 지원하기 위한 Project Share 포털 사이트를 구축하여 서비스 제공
유타	• 영어, 과학, 수학 등 주요 과목을 시작으로 디지털 교과서를 제작, 무료 보급함
버지니아	• 2010년부터 Beyond Textbook 프로젝트를 통해 고품질 디지털콘텐츠 및 기기를 보급하고 안정화된 플랫폼 구축을 적극 지원함 • 3대 주요 출판사들과 손잡고 온라인 수학, 사회 교과서를 보급함

기타 지역	• Arkansas(2011년 디지털 학습자료를 교과서 범주 안에 포함시키는 법률안 통과) • Georgia(교과서 구매에 배정된 예산을 디지털기기 및 콘텐츠 구매에 사용하도록 허가함) • Nebraska(가상 도서관에서 공유되는 디지털 콘텐츠의 품질을 개선하고 공유를 확산하는 NeBook Project를 추진함)

2.2. 국외 디지털 교과서 활용 사례 분석

최근 연구들 중 한국교육학술정보원(2020)에서는 디지털 교과서의 관련 동향을 파악하고자 해외의 디지털 교과서 개발 및 활용 현황을 국가별로 분석하였다. 구체적으로 싱가포르, 말레이시아, 일본, 중국, 호주, 캐나다 등 6개국의 현황을 교과서 관련 정책, 학교에서의 디지털 교과서 활용 사례, 교육정보화 추진 현황 등으로 구분하여 제시하였다. 이 중 개별 학교의 사례를 중심으로 국가별 디지털 교과서 활용 현황을 살펴보고자 한다.

2.2.1. 싱가포르 활용 사례

먼저 싱가포르의 Nan Chiau Primary School에서는 학년에 따른 학습 경험 단계를 'Exposure', 'Experiential', 'Enhancement'로 구분하여 각 단계의 특성에 맞게 ICT를 활용하도록 하였다. 가장 먼저 'Exposure' 단계에서는 ICT 기초 활용 능력을 기르게 된다. 이어 'Experiential' 단계에서 배운 내용을 토대로 새로운 학습경험을 만드는데, 이때 ICT를 활용한 협력 학습 환경을 구성하여 서로 질문을 주고받으면 비판적, 창의적 사고 역량을 기르도록 한다. 또한 모바일 또는 태블릿 기기를 활용해 학습활동을 수행한다. 마지막으로 'Enhancement' 단계에서 학습 내용을 확산시키고 새로운 과제에 도전하게 되는데, 아이디어를 구체화하고 실생활에 적용하는 프로젝트 작업 등을 수행한다.

Crescent Girls' School에서는 학생, 교사, 지역사회 전문가 모두 VGLF(Virtual Global Learning Faculty) 웹 포털을 사용하여 필요한 자료와 도구들을 함께 사용하도록 지원한다. 구체적으로 단문 메시지 서비스(SMS), 인터넷 메신저, 토론 포럼, 블로그, 디지털 아트, 음악, 비디오, 게임 등의 기술 도구들을 포함한다. Hwa Chong Institution에서는 ICT 기반교실, 무선 인터넷 구축 등을 바탕으로 다른 국가에 있는 학생과 가상플랫폼을 활용하여 협업을 진행하기도 하였다.

2.2.2. 말레이시아 활용 사례

말레이시아 교육부는 1BestariNet 플랫폼을 구축하여 24,000여 개의 디지털 자료를 탑재하고 계속해서 새로운 자료를 업데이트하고 있다. 학습자는 이 플랫폼에 접속하여 [Ready-made Lessons → Learn in one place → Automark Homework → Track Progress → Gamified Revision]의 과정으로 학습을 진행하게 된다.

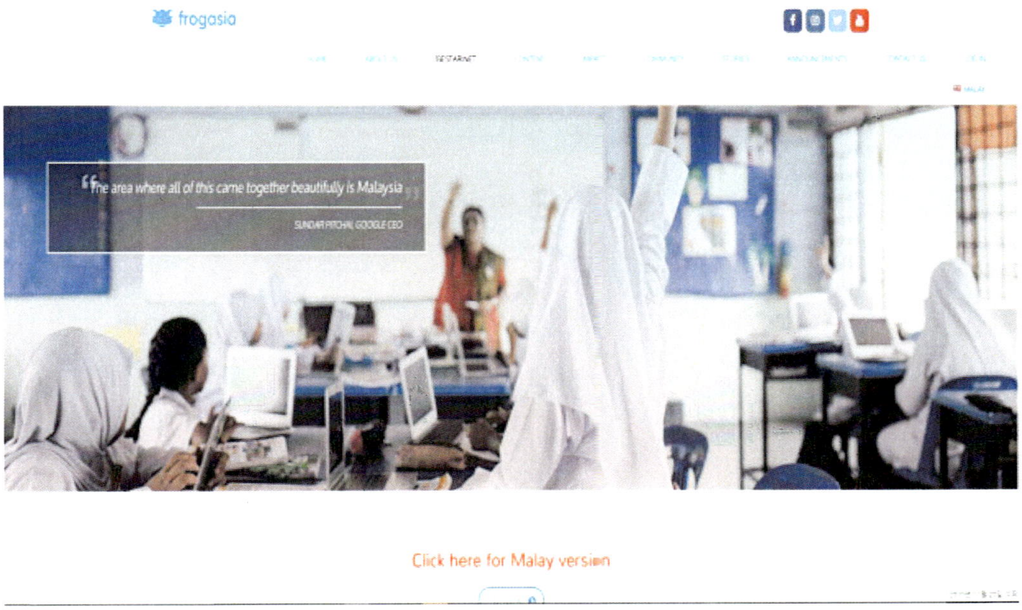

[그림 72] 말레이시아의 1BestariNet 플랫폼 (한국교육학술정보원, 2020)

한편 말레이시아 정부는 학생들이 독자적으로 학습하고 탐구할 수 있는 가상 학습 환경(VLE: Virtual Learning Environment) 구축을 강화하고 있다. 구체적으로 영국에서 최초 개발된 가상 학습 환경 플랫폼인 프로그 에듀케이션(Frog Education)을 적용하고 있다. 또한 e-Bahn과 같은 공유학습 플랫폼을 통해 학생들의 학습을 관리하고 자신의 속도에 맞게 학습할 수 있도록 하고 있다.

2.2.3. 일본 활용 사례

일본은 '교육 클라우드 플랫폼'을 구축하여 교수 · 학습 및 활동 이력을 다양한 수치자료와 텍스트자료로 제공하고 있다. 우리나라의 위두랑과 같은 LMS(Learning Management System)에 해당한다고 볼 수 있다. 인상적인 부분은 교사용과 학생용이 별도로 구분되어 있다는 점이다. 교사는 학급 전체, 학생별 학습상황을 확인할 수 있고 과제제출 현황을 파악할 수 있다. 또한 제작한 콘텐츠를 교내 및 전국의 교사와 공유할 수 있는 기능이 있다.

구분	내용	홈페이지
학생용	- 교사 및 학생과의 연락 및 교류 기능(게시판, SNS 등) - 다양한 교육용 앱 표시(로그인 연계) - 자신의 학습이력 확인 - 자신의 행동이력 확인	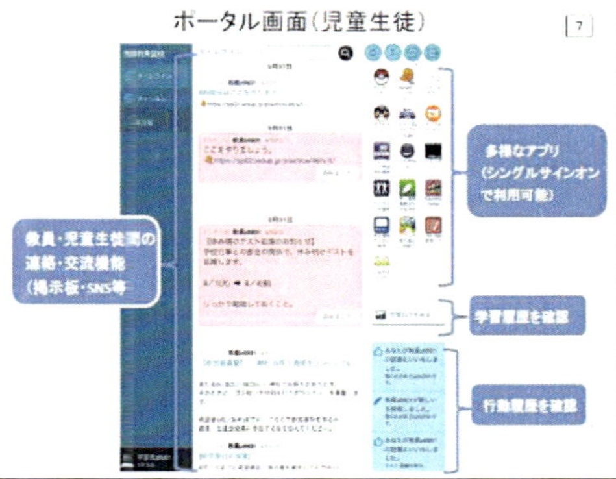
교사용	- 과제 지시 배포 횟수 현황 표시 - 제작한 콘텐츠의 교내 및 전국의 교사와 공유 기능 표시 - 메시지 확인 학생, 과제 제출 학생 목록 파악 기능 표시 - 학급 전체, 학생별 학습상황 확인 가능	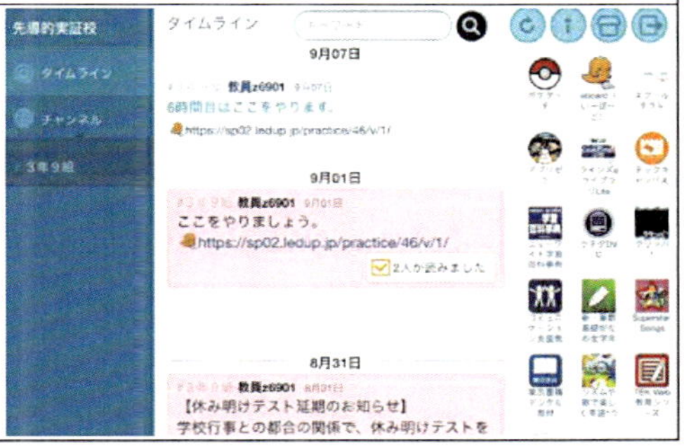

[그림 73] 일본의 교육용 클라우드 플랫폼 구조 개요 (한국교육학술정보원, 2020)

일본은 디지털 교과서를 초등학교 1학년부터 고등학교 3학년까지 전학년을 대상으로 적용하고 있다. 디지털 교과서 활용 비율은 전체 학교의 48.4%였으나 학생용 디지털 교과서를 수업에 활용한 교사는 지극히 소수에 해당하며, 교사용 디지털 교과서의 경우 주로 제시용으로 활용됨을 알 수 있었다.

디지털 교과서 기본화면의 경우 우리나라와 유사하나, 하단에 기능 목록들이 제시되어 있는 우리나라와 달리 화면 좌우에 기능들이 배치된 점이 차이라 할 수 있다.

・拡大機能

・書き込み機能 等

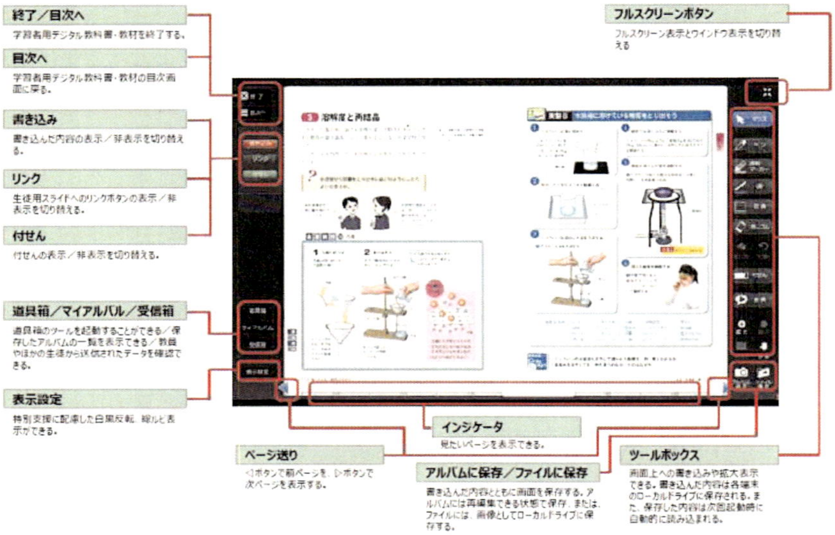

[그림 74] 일본의 디지털 교과서 기본화면 (한국교육학술정보원, 2020)

한편 일본의 디지털 교과서 제작 가이드라인에 제시된 디지털 교과서의 자료에는 애니메이션, 참고자료 등이 있으며, 기능에는 확대, 음성재생, 기입, 그림 작성, 문구, 보존, 정답비교 등이 있다. 현재 우리나라에서 개발된 디지털 교과서에 대부분 존재하는 자료와 기능들이다. 다만 학생용 디지털 교과서와 전자칠판이 연동된다는 점, 영상을 통해 원어민의 입모양을 살펴보며 영어 발음을 연습할 수 있다는 점, 디지털 교과서상에 파일을 삽입하여 활동지를 직접 작성할 수 있는 기능을 제공한다는 점 등은 현재 우리나라의 디지털 교과서에서는 제공하지 않는 기능으로, 향후 미래형 디지털 교과서 개발 시 참고할 수 있을 것이다.

<table>
<tr><td>애니메이션(동영상) 기능</td><td>활동지 기능</td></tr>
<tr><td>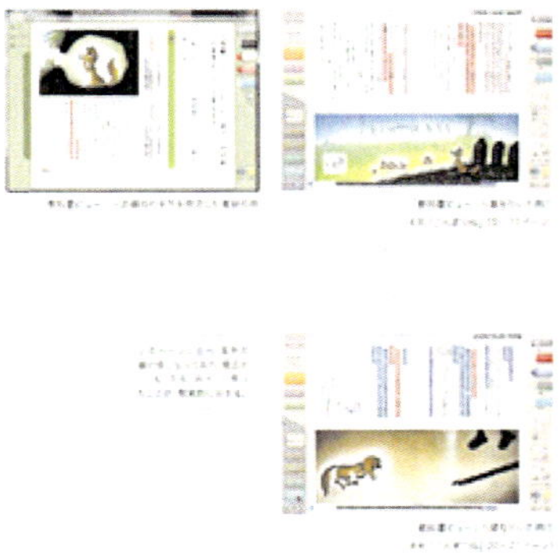</td><td>
</td></tr>
<tr><td>학생용 디지털교과서와 전자칠판 연동</td><td>영어 발음 연습</td></tr>
<tr><td colspan="2">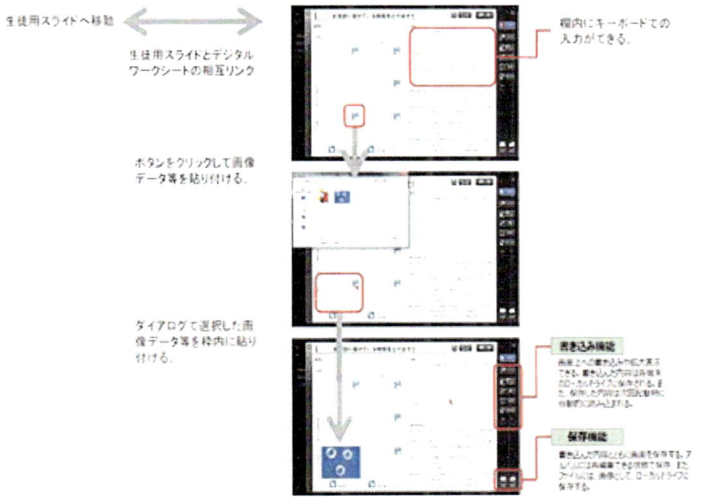
</td></tr>
<tr><td colspan="2">활동지 기능</td></tr>
</table>

[그림 75] 일본 디지털 교과서의 주요 기능 (한국교육학술정보원, 2020)

2.2.4. 기타 활용 사례

중국은 현재 디지털 교과서 도입을 위한 연구 · 시범 운영 단계에 있다. 통신회사, 하드웨어 제조업체, 소프트웨어 개발업체, 콘텐츠 제공업체 등과 협력하여 학습매체 개발 및 기술 환경 지원 방안 등을 마련하여, 상하이의 일부 학교 학생을 대상으로 시범 운영 중이다.

호주 빅토리아주의 멜버른 공립고등학교에서는 학기 시작 전 주까지 학교가 권장하는 태블릿 PC를 학생이 직접 준비할 것을 의무화하고 있다. 또한 태블릿 PC에 교육활동에 필요한 각종 소프트웨어를 설치하도록 하고 있으며, 디지털 교과서는 출판사 웹사이트에서 일괄적으로 구매하여 제공한다.

캐나다 앨버타주에서는 교사의 선택에 따라 기존 서책형 교과서와 디지털 교과서를 병행하여 사용하는 것을 허용하고 있는데, 특히 디지털 교과서를 우선순위로 선택할 것을 권장하고 있다. 디지털 교과서 사용에 따라 평가 방식 역시 변화했다. 주 단위 성취도평가와 수학능력시험에서 온라인 시스템을 활용한 디지털 마킹방식을 포함하도록 한 것이다. 이에 따라 2017년도부터 모든 시험이 컴퓨터 기반 평가 방식으로 치러지고 있다.

학생들은 슈퍼넷(SuperNet)이라는 초고속 연결망을 이용해 어디서나 간편하게 학습 자원 센터 홈페이지에 접속할 수 있다. 여기에서 학년별, 교과별, 주제별로 온라인 데이터베이스상에 저장되어 있는 디지털 교과서를 파일 형태로 내려받게 된다.

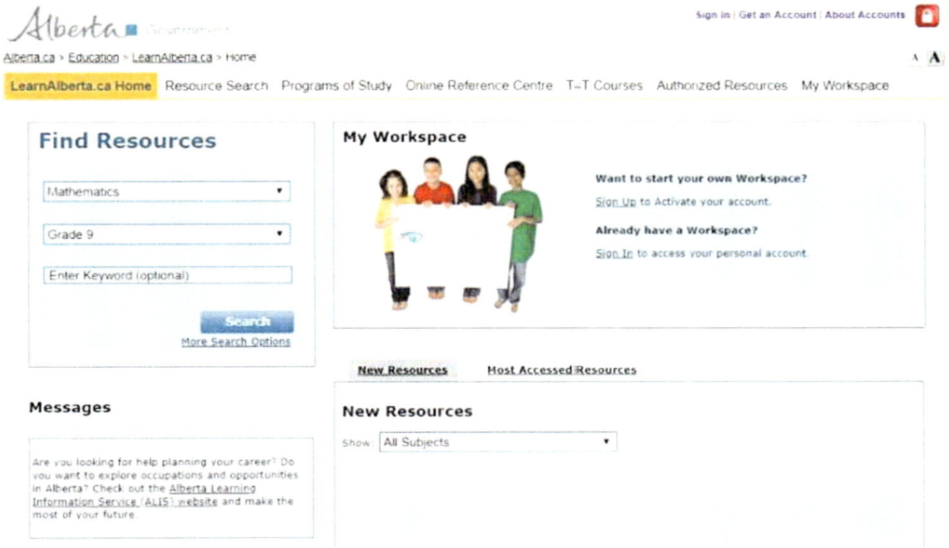

[그림 76] 캐나다 앨버타주의 디지털 교과서 온라인 시스템
(한국교육학술정보원, 2020)

지금까지 국외 디지털 교과서의 개발 및 활용 사례를 분석하였다. 국내 개발 및 활용 현황과 비교하였을 때, 국외 디지털 교과서의 개발 수준이 대체로 낮다는 것을 도출할 수 있었다. 대부분의 국가들은 스마트기기의 보급, 시중에 개발된 디지털 교육 콘텐츠를 구입하여 활용하는 데 집중하였다. 다만 일본의 경우 우리나라와 유사하게 디지털 교과서 체계를 구축하고 있었다. 특히 교사용, 학생용 디지털 교과서가 구분되어 있다는 점, 일부 기능은 현재 국내 디지털 교과서에서 제공하지 않는다는 점은 미래형 디지털 국어 교과서 개발 방향 수립 시 고려 및 반영할 필요가 있을 것이다.

3. 디지털 국어 교과서 관련 요구 분석

코로나19로 인한 재난 상황을 겪으면서 전국의 교사와 학생들이 디지털 교과서의 필요성에 대해 체감하였으며, 특히 가까운 미래에는 서책형 교과서만으로 진행되는 수업은 더 이상 상상할 수 없다는 것에 동의하게 되었다. 이 장에서는 본 연구팀이 디지털 국어 교과서에 대해 실시한 설문 결과를 바탕으로[1] 디지털 교과서 모형 개발의 시사점을 도출하였다.

3.1. 디지털 교과서 전반에 관한 요구

디지털 교과서 전반에 관한 요구는 크게 디지털 교과서 구동 환경의 최적화, 개발 단계별 구현 내용 체계화, 온·오프라인 수업의 연계 고려, 교사용·학생용 디지털 교과서의 분리 개발, 서책형 교과서와의 연계로 요약할 수 있다.

---

1) 설문은 2021년 8월 23일~9월 3일 동안 서울·경기지역의 초등교사 164명을 대상으로 진행되었으며, 디지털 교과서 전반에 대한 요구와 디지털 국어 교과서에 대한 요구, 자유 응답의 설문 영역으로 구분하여 진행되었다.

3.1.1. 구동 환경의 최적화

디지털 교과서에 대한 선호와 비선호 응답은 비슷한 비율로, 디지털 교과서 활용에 대한 선호와 비선호 의견이 팽팽하게 대립하는 것으로 나타났다.[2] 디지털 교과서의 활용을 선호하지 않은 교사들이 가장 우려하는 것은 '기기 및 프로그램의 오작동 가능성'으로 나타났다. 김아영 · 안경자(2020)에서 실시한 설문 조사 결과에서도 유사한 응답 결과를 확인할 수 있는데, 디지털 교과서 활용에 반대하는 가장 주된 이유는 '컴퓨터 오작동 등 디지털 환경에 영향을 받는 특성, 전자파의 유해함, 집중력 저하' 등 컴퓨터, 인터넷 환경 기반이라는 디지털 교과서의 본질적 특성에 기인한 것이었다.

이러한 디지털 교과서 활용에 따른 우려는 디지털 교과서의 활용을 위해 우선 해결되어야 할 문제가 무엇인지를 분명히 보여준다는 점에서 면밀히 살펴볼 필요가 있다. 아무리 많은 양의 예산을 투입하여 디지털 교과서를 개발하였다 하더라도 실제 수업에서 활용할 수 있는 환경이 갖추어져 있지 않다면 무용지물이기 때문이다. 그러므로 '기기 사용과 인터넷 접속'이라는 '디지털(digital)' 본연의 특성에 기인한 단점을 최소화하기 위해 디지털 교과서 구동 환경 최적화를 위한 노력이 선행되어야 할 것이다.

3.1.2. 개발 단계별 구현 내용 체계화

디지털 교과서의 개발은 피할 수 없는 미래 교육의 방향이며, 이는 단기간의 기술 개발로 종결되는 과제가 아니다. 그러므로 장기적인 관점에서 개발 모형을 설계하고 기술 및 기타 환경에 대한 지원이 구현 가능한 시점별로 차별화된 목표를 세워 접근할 필요가 있다. 설문 응답 내용에서 교사들이 언급하였듯[3], 1인 1기기의 도입 등 디지털 교과서를

---

2) 디지털 교과서 활용에 대한 선호도 설문 결과, '선호하지 않음(전혀 선호하지 않는다, 별로 선호하지 않는다)'의 응답은 51.9%, '선호함(어느 정도 선호한다, 매우 선호한다)'의 응답은 48.2%로 선호와 비선호 의견이 팽팽하게 대립하는 것으로 나타났다.

3) 디지털 교과서의 단점에 대한 설문 결과, '기기 및 프로그램의 오작동 가능성(25.9%), 수업 집중력 저하(23.4%), 조작의 어려움(18.9%)' 등 디지털 교과서 구동 환경 및 조작과 관련된 요인에 대한 우려가 높은 것으로 나타났다. 또한 자유서술형 설문 응답 중 발췌한 주요 내용은 다음과 같다.

"디지털 국어 교과서에 있어서 가장 필요한 것은 접근성이라 생각됩니다. 지금 사회과나 과학과에서 나오는 디지털 교과서는 학생들이 접근하기에 쉽지 않습니다. 특히, 중학년 수준의 학생들

활용할 수 있는 환경이 충분히 구축되어야 디지털 교과서를 원활히 활용할 수 있을 것이다. 현재 각 학교에 태블릿pc 보급, 무선 인터넷 환경 구축 등의 시스템 구축이 이루어지고 있으나, 1인 1기기 보급을 통한 원활한 디지털 학습이 가능한 환경의 구축까지는 상당한 시간이 소요될 것이다. 그러므로 '단기적, 중기적, 장기적' 등 단계를 설정하고 개발 단계별 구현 내용을 체계화, 상세화하는 계획적 접근이 필요하다.

3.1.3. 온 · 오프라인 수업의 연계

수업 형태에 따른 디지털 교과서 활용 방안을 체계화하여야 한다. 설문 응답 결과에 따르면[4], 교사들이 디지털 교과서의 가장 큰 장점으로 꼽은 것은 '블렌디드 수업에의 용이함'이었다. 이는 코로나19 방역 단계에 따라 대면 수업과 비대면 수업이 수시로 전환되는 상황에서 디지털 교과서가 있었기 때문에 수업 운영이 용이하였다는 의미로 해석할 수 있다.[5] 한편, 이러한 장점은 뒤집어서 생각해보면, "온라인 수업이 사라지면 디지털 교과서의 활용은 유효하지 않은가?" 하는 의문으로 이어질 수 있다. 그러나, 감염병 확산으로 인해 대면 수업이 불가능한 상황이 발생하지 않더라도 디지털 교과서의 활용가능성은 무궁무진하며 디지털 시대로의 대전환이 일어나고 있는 다양한 분야의 발전과 맞물려 디지털 교과서의 개발은 가속화될 것이다. 그러므로 디지털 교과서를 개발할 때, 디지털 교과서의 사용 맥락, 수업의 형태 등에 대한 고려가 필요하다. 즉, 온라인 오프라인 수업 각각에서 디지털 교과서의 활용가능성을 탐색하고, 온라인과 오프라인 수업을 연계하여 수업의 연속성을 높일 수 있는 도구로서 디지털 교과서의 활용을 모색할 필요가 있다.

에게는 교사의 개별적인 지도가 필요합니다. 또한 컴퓨터, 태블릿 등의 디지털 기기를 통한 접속은 인터넷 서핑과 게임과 같은 학습 방해 요소의 접근이 용이하기 때문에 학습에 집중하기 어렵습니다. (…) 아무리 좋은 컨텐츠가 제공되어도 학습자가 사용하기 어렵다면 그 의미가 퇴색되기 쉬운 것 같습니다. 직관적으로 간단한 형태의 디지털 교과서가 탄생하여 학생들이 즐겁고 편리하게 공부할 수 있으면 좋겠습니다."

4) 디지털 교과서의 장점에 대한 설문 결과, '블렌디드 수업에 활용이 쉬움'이 53%로 디지털 교과서 선호의 주요 요인으로 나타났다.

5) 실제 학교 현장에서 디지털 교과서(혹은 전자저작물 형태의 서책형 교과서)가 있었기 때문에, 학생들이 서책형 교과서를 집으로 가지고 가지 못한 경우 디지털 교과서로 접속하도록 하거나, 교사가 서책형 교과서를 실물화상기로 촬영한 화면을 송출하는 방법 대신 디지털 교과서를 활용하여 화면 필기로 수업을 진행하는 것이 가능하였다.

이처럼 온오프라인 수업과 연계하여 디지털 교과서를 개발해야 충분히 활용가능성 높은 디지털 교과서를 개발할 수 있을 것이다.

3.1.4. 교사용 · 학생용의 분리

현시점에서 배포된 디지털 교과서는 교사용과 학생용이 따로 분리되어 있지 않다. 동일한 디지털 교과서로 교사가 수업을 하고 학생이 수업을 듣는다. 그러나, 교과서를 활용할 때 학생에게 필요한 자료 · 기능과 교사에게 필요한 자료 · 기능이 다르므로 교사용과 학생용 디지털 교과서는 분리되어 개발함이 타당하다.[6] 또한 '교수학습자료'로서 교과서는 '수업 중'에만 활용되는 것이 아니라, 수업의 전반적인 과정에 개입하며 역동적으로 작용한다. 그러므로, 디지털 교과서를 활용한 수업을 계획하기 위해서는 교사가 수업을 준비하고 실현하는 모든 과정이 디지털 교과서를 활용하여 이루어질 수 있도록 교사용 디지털 교과서를 별도로 개발할 필요가 있다. 즉, 현재의 디지털 교과서는 '수업 중'에만 유효하며, 수업을 구상하고 계획하는 과정에서는 그 쓸모가 유효하지 않다.[7] 그러므로, 수업을 구상, 계획, 실현, 평가하는 과정이 유기적으로 이루어지기 위해서는 교사용 디지털 교과서의 분리 개발이 필요하다 할 수 있다.

3.1.5. 서책형 교과서와의 연계

디지털 교과서에 대한 교사의 요구 중 자유 응답에서 가장 많은 우려를 표한 것이 '서책형 교과서와 디지털 교과서의 적절한 연계 방안'이었다. 많은 교사들이 모든 학습 내용을 디지털 교과서로 옮기는 것이 능사가 아니며, 반드시 서책형 교과서로 배워야 하는 학습

---

6) 이수진(2018:49)에서는 디지털 교과서가 교사용인지 학생용인지 명확하게 구분되지 않는 것이 학교 현장에 혼란을 가중시키고 있음을 지적하고 있다.

7) 이수진(2018)에서는 다음과 같이 디지털 교과서 사용의 의미를 설명하고 있다. "디지털 교과서를 사용한다는 의미는 단순히 교수 · 학습 자료를 디지털 형태로 제시한다는 의미가 아니다. 학습을 위한 새로운 의사소통 방식과 커뮤니티의 구성, 디지털에 최적화된 새로운 학습 경험 지원과 관리까지 교육의 방식이 완전히 새로운 차원으로 접어드는 것이다. 이는 현재의 교실과 수업 운영에 대대적인 변화를 예고할 것이다.(이수진, 2018:39-40)"

내용에 대한 교육적 고려가 우선되어야 한다고 응답하였다.[8] 특히, '국어과'는 과목의 특성상, 글씨 쓰기, 활자 읽기 등 초기 문식성 단계에서 서책형 교과서가 필수적인 활동이 있으므로, 서책형 교과서와 디지털 교과서의 적절한 연계 방안에 대한 고민이 필수적이다. 따라서 서책형 교과서와 디지털 교과서 각각의 강점을 체계적으로 파악하여 수업 상황, 형태에 따른 다양한 연계 방안을 고안할 필요가 있다. 예를 들어, 필요한 단원을 구분하여 디지털 교과서와 서책형 교과서로 나누어 가르치는 방법, 현재 사용되고 있는 〈국어〉와 〈국어활동〉 교과서의 관계와 같이 '주교과서', '부교과서'로 기능과 역할을 분담하는 방법 등 다양한 연계 방안에 대한 고민이 선행되어야 할 것이다.

3.2. 디지털 국어 교과서 관련 요구

앞서 언급하였듯, 디지털 교과서는 장기적인 관점에서 개발되어야 하므로, 교사들의 요구 및 선호가 높은 자료와 기능을 우선적으로 개발하여 구현할 필요가 있다. 이 절에서는 개발 우선순위에 관한 교사들의 선호를 반영하여 선호도가 높은 순으로 내용을 구성하여 디지털 국어 교과서 개발의 시사점을 도출하였다.

3.2.1. 디지털 국어 교과서 '자료' 관련 요구

디지털 국어 교과서의 '자료'[9]관련 요구로는 '멀티미디어 자료 제공, 실감형 콘텐츠 제

8) 자유서술형 설문 응답 중 이와 관련된 주요 내용은 다음과 같다.
- "국어 교과서만은 종이책으로 남았으면 합니다. 여러 가지 환경 변화에 발 맞춰가는 것이 꼭 필요하지 않을 수 있음을 연구자분들께서 인지하시어, 디지털 교과서 개발에 임해주시기 바랍니다."
- "디지털 국어 교과서와 서책형 국어 교과서의 지도 시 균형성 또는 구체적인 균형적인 지도 방안이 궁금합니다."

9) 국어과 디지털 교과서 모형(정혜승 · 옥현진, 2012) 및 선행연구의 시사점을 종합하여 자료와 기능의 두 가지 관점으로 나누어 설문조사를 실시하였으며, 제2부 3.1.에서 제시한 디지털 교과서 모형 또한 '자료'와 '기능'이라는 큰 틀에 바탕을 두고 있다

공, 평가 문항 제공'이 우선적으로 고려되어야 할 것으로 나타났다.

3.2.1.1. 멀티미디어 자료

가장 많은 교사들이 우선적으로 개발되어야 할 자료로 선택한 것은 '멀티미디어 자료' 이다.[10] 서책형 국어 교과서는 종이에 활자의 형식으로만 자료를 담을 수 있었던 반면, 디지털 교과서는 음성 자료, 이미지, 영상 자료 등 다양한 형식의 많은 자료를 담을 수 있기 때문에 이에 대한 교사들의 기대가 높은 것으로 볼 수 있다. 이는 디지털 교과서의 장점을 묻는 설문 결과[11]와도 일치하는 것으로, 디지털 교과서 개발에서도 다양한 멀티미디어 자료의 제공이 우선적으로 고려되어야 함을 시사한다.

3.2.1.2. 실감형 콘텐츠

실감형 콘텐츠는 주로 문학 작품의 세계 속 등장인물을 만나는 데에 활용될 수 있을 것으로 보인다. 특히, 저학년의 경우 학생들의 문학적 상상력을 자극하고 작품의 세계에 몰입하는 데에 실감형 콘텐츠 자료가 활용될 수 있을 것이다. 또한 문학 영역 외에도 가상의 인물과 대화를 하거나 연극 무대를 구현하는 등, 실감형 콘텐츠는 국어과 하위 영역의 경계를 막론하고 다양하게 활용될 수 있을 것이다.

3.2.1.3. 평가 문항

코로나19로 대면 수업과 비대면 수업이 혼재되면서 평가의 형식과 방법도 다양해졌다. 이에 따라 온라인에서도 수행할 수 있는 평가 방법과 도구에 대한 요구가 높아지고 있다. 실질적으로 초등학교에서 각 담임 교사가 모든 과목의 다양한 영역에 대한 수행평가 문항을 혼자서 높은 타당도와 신뢰도를 유지하며 개발하기에는 상당한 어려움이 있으므로, 교사용 디지털 교과서 개발 시에 풍부하고 많은 양의 평가 문항 제공에 대한 고려가 이루어져야 할 것이다. 대면 수업과 비대면 수업 각각에서 활용할 수 있는 다양한 평가 방법 및 구현 방법에 대한 논의도 깊이 있게 이루어져야 할 것이다.

---

10) 멀티미디어 자료를 개발의 1순위로 꼽은 응답은 164개 중 108개로, 약 65.8%의 비중을 차지하였다.

11) 디지털 교과서의 장점에 관한 설문 결과, '풍부한 학습 자료 제공'이 45.1%의 비율로 '블렌디드 수업에의 용이함(53%)'에 이어 2순위를 차지하였다.

3.2.2. 디지털 국어 교과서 '기능' 관련 요구

디지털 국어 교과서의 '기능' 관련 요구로는 '실시간 협업 기능, 학습 포트폴리오 기능, 학습 커뮤니티 기능, 학습 진단 및 처방 기능, AI 튜터 기능, 교재 재구성 기능'의 순으로 우선순위를 점하고 있는 것으로 나타났다.

3.2.2.1. 실시간 협업 기능

'실시간 협업' 기능은 현재 온라인 수업 도구로 활발하게 활용되는 구글 프레젠테이션, 구글 문서, 패들렛[12] 등 다양한 에듀테크 도구의 핵심 기능으로, 여러 명이 동시에 작업하고 공유할 수 있다는 점이 특징이다. 특히, 디지털 국어 교과서에서는 실시간 협업 기능이 더욱 유용하게 활용될 수 있을 것이다. 먼저, 학생들이 글 쓰는 과정과 결과를 실시간으로 공유하고 협의할 수 있다는 장점이 있다. 또한 모둠 간 글짓기나 대본 쓰기 등의 협업 작업을 할 때에도 유용하게 활용될 수 있을 것이다. 이러한 교사들의 요구를 반영하여 추후 디지털 국어 교과서 개발 시에 '실시간 협업'의 기능을 최우선적으로 고려하는 것이 필요하다. 또한 학습 목표 도달을 위해 필요한 다양한 학습 활동 중, '실시간 협업 기능'을 활용하여 그 효과를 높일 수 있는 학습 활동을 개발하고 연구하는 것이 필요하다.

3.2.2.2. 학습 포트폴리오 기능

디지털 국어 교과서에서 '학습 포트폴리오' 기능이 활용될 수 있는 사례는 무궁무진하다고 할 수 있다. 우선 학생들의 다양한 글쓰기 자료를 누적하여 보관[13]함으로써 그 발전 과정을 평가할 수 있고 이는 보다 신뢰도 높은 과정 중심 평가를 가능하게 한다. 또한 학습 산출물을 자동으로 기록 · 보관 가능하게 됨으로써 교과서를 교사가 물리적으로 걷어서 채점하는 등의 번거로움이 해소되고 보다 세밀한 평가 환류 계획을 수립할 수 있을 것이다. 특히 학습 산출물에 관한 교사의 평가와 환류 계획, 응답 등이 자동으로 기록되고 학생들에게 전달되는 기능이 고도화된다면 학생과 교사의 상호작용성[14]을 높일 수 있는

12) 패들렛(https://ko.padlet.com/)
13) 쓰기 자료뿐 아니라 말하기 자료, 영상 자료 등을 누적하여 보관할 수 있다면 다양한 국어 사용 능력을 향상시키는 데에 매우 유용하게 활용할 수 있을 것이다.

유용한 기능이 될 것이다.

다음으로 '학습 포트폴리오' 기능은 개별화 학습을 도울 수 있다. 학습자는 누적 및 체계적으로 분류 · 정리된 학습 산출물을 통하여 스스로 학습 성과를 점검하고 이후의 학습 계획을 수립할 수 있다. 이처럼 정규 수업 과정에서 다루어지는 내용을 풍부하게 하고 다양한 기능을 추가하는 것 외에도, 학습자가 혼자 학습할 때에도 유용하게 활용할 수 있도록 개별화 학습을 촉진하는 측면을 고려하여 디지털 교과서를 개발할 필요가 있다.

3.2.2.3. 학습 커뮤니티 기능

3순위로 요구도가 높은 기능은 학습 커뮤니티(게시판) 기능이었다. '학습 커뮤니티 기능'은 학습한 내용을 학급 친구들과 공유하고 공개적인 공간에서 게시 및 소통하는 기능을 의미한다. 현재 개발된 사회과, 과학과 등의 디지털 교과서에도 학습 커뮤니티 기능이 있으나, 위두랑 사이트로 옮겨가서 활동하게 된다는 단점이 있다. 추후 디지털 국어 교과서 개발 시, 다른 사이트로 이동하지 않고 디지털 교과서 기능 내에서 학습 산출물을 게시하고 공유하는 기능이 구현된다면 학습 커뮤니티 기능이 보다 활발하게 활용될 수 있을 것이다.

3.2.2.4 학습 진단 및 처방 기능

'학습 진단 및 처방 기능'은 정규 수업에서 이루어지는 수행평가 외에 학생이 스스로 학습을 점검하고 싶을 때 활용하는 기능이다. 이는 다음에 제시된 AI 튜터와 연계하여 활용할 수 있는 기능으로, 학생의 개별화 학습을 촉진하기 위한 기능이다. 현재 대면 수업이 이루어지는 교실에서는 학생들이 학습의 결과를 점검하고 싶을 때마다 교사가 일일이 평가 자료를 제공하여 진단하고 처방까지 해야하므로 실시하는 평가 횟수에 물리적 한계가 있다. 그러므로, 정규 수업에서 다루어지는 평가 외에 학생들이 스스로 학습을 점검받고 싶을 때 디지털 교과서를 활용하고, 진단 및 처방 후 개선된 학습 결과가 교사에게 주기적으로 전송될 수 있도록 구현한다면 자기주도학습과 정규 수업이 상승효과를 낼 수

14) 김희라 외(2021)에서는 쌍방향 소통 온라인 수업의 기본 원리 중 하나로 '상호작용성'을 제시하며, 온라인 학습에서의 일대일 소통의 중요성을 강조하고 있다. 디지털 교과서의 활용은 교사와 학생의 일대일 상호작용성을 강화할 수 있다는 강점이 있다.

있을 것이다.

3.2.2.5. AI 튜터 기능

'AI 튜터 기능'은 학생의 개별화 학습을 돕기 위한 기능의 하나로, 정규 수업 과정 외에 학생이 스스로 학습하는 중에 생긴 의문점을 해소하기 위한 인공지능 선생님으로서의 역할을 수행한다. AI 튜터의 활용은 교사의 학생 개별 지도를 위한 추가 수업 자료 준비 등에 대한 부담을 덜고 물리적 공간의 한계를 뛰어넘어 소통할 수 있다는 점에서 교사와 학생 양쪽 모두에게 도움을 줄 수 있는 기능이다.

3.2.2.6 교재 재구성 기능

'교재 재구성 기능'[15]은 디지털 교과서를 사용자의 기호 및 특성에 맞게 일정 부분 재구성할 수 있도록 유연성을 제공하는 기능이다. 예를 들어, 교사는 이 기능을 활용하여 기존 교과서에 수록된 활동의 순서를 조정하거나, 학급 학생의 수준 및 시의성 등을 고려하여 같은 활동이지만 다른 제재의 글로 수업을 진행할 수 있다. 또한 학생은 이 기능을 활용하여 나의 학습창 디자인하기, 나의 캐릭터 만들기 등 외적인 측면에서의 재구성이 가능할 것이다. 또한 자신의 학습 스타일에 맞게 학습창 내에서 선호하는 활동을 즐겨찾기에 추가하여 학습의 동기를 높일 수 있을 것이다.

---

15) 이수진(2018)에서는 현대 교육에서는 '열린 교재관'을 지향해야 함을 강조하며, 디지털 교과서가 다양성과 개인의 창의성을 추구하기에 이상적인 형태이며, '닫힌 교재관'의 단점을 극복하는 대안이 될 수 있을 것으로 기대하였다.

제3부
디지털 국어 교과서 개발의 실제

1. 디지털 교과서의 설계 원리

디지털 국어 교과서의 개발을 위해서는 개발 방향을 결정지을 설계 원리가 필요하다. 디지털 국어 교과서의 설계 원리는 디지털 교과서에 흔히 이용되는 일반적 설계 원리에 국어과 특성을 반영하여 설정할 수 있다. 여기에서는 '보편적 학습설계(UDL)' 및 '어포던스(affordance)'의 개념을 살펴보고, 이를 반영한 디지털 국어 교과서의 설계 원리에 대해 탐색해 보기로 한다.

1.1. 보편적 학습설계(UDL)를 반영한 디지털 교과서 설계 원리

최정임 · 신남수(2009)에서는 보편적 학습설계(UDL)[1]를 반영한 디지털 교과서 설계 원리를 제시하고 있다. 보편적 학습설계는 보편적 설계에서 지향하는 유연성(flexibility)의 개념을 단순히 물리적인 시설뿐만 아니라 교육과정(교수목적, 교수방법, 교수자료, 교수평가 등을 모두 포함하는 계획적인 활동) 및 교수 · 학습 방법으로 확대 적용하고자 하는 접근이다(Burgstahler, 2008; Rose & Meyer, 2002, 최정임 · 신남수(2009)에서 재인용).[2]

---

1) 보편적 학습설계(Universal Design for Learning: UDL)는 건축학에서 시작된 보편적 설계(Universal Design: UD)의 개념에서 출발하였다. 보편적 설계(UD)란 '나이나 장애 유무와 상관없이 최대한 모든 사람들이 사용할 수 있도록 건물이나 서비스, 환경의 사용성을 극대화하려는 노력'을 말한다(Bowe, 1999; Burgstahler, 2008; The Access Center, 2002, 최정임 · 신남수(2009)에서 재인용)

보편적 학습설계 원리는 원래 특수교육을 위해 개발된 것으로, CAST(The Center for Applied Special Technology)(CAST, 2002; The Access Center, 2004)에서 제시한 다음의 전략이 대표적이다.

〈표 49〉 보편적 학습설계(UDL) 전략 (최정임 · 신남수, 2009)

UDL 설계 원리	Orkwis & McLane(1998)	Pisha & Coyne(2001)	Rose & Meyer(2002)
다양한 정보제시 방법 제공	A. 지각적 장애를 제거하기 위한 대안 · 텍스트, 오디오, 이미지/그래픽 B. 인지적 장애를 제거하기 위한 대안 · 핵심 개념 제시 · 배경 지식 제시	· 핵심 내용을 단순하고, 명료하게 제시하라. · 핵심 내용에 대한 개요를 제공하라.	· 다양한 예를 제공하라. · 결정적인 특징을 하이라이트 하라. · 다양한 매체와 형태를 제공하라. · 배경지식에 대한 보조를 제공하라.
다양한 표현방법 제공	A. 표현을 위한 신체적 장애를 제거하기 위한 대안 · 글쓰기, 말하기, 그리기 B. 표현을 위한 인지적 장애를 제거하기 위한 대안 · 명시된 전략 제공 · 스캐폴딩 제공	· 개요를 전략적으로 사용하도록 격려하라. · 선택된 참고 자료에 쉽게 접근할 수 있게 하고, 참고 자료의 사용을 촉진하라.	· 숙련된 수행을 보여주는 유연한 모델을 제공하라 · 도움을 받으면서 연습을 할 수 있는 기회를 제공하라. · 즉각적이고 관련성 있는 피드백을 제공하라. · 기술을 시연할 수 있는 유연한 기회를 제공하라.
다양한 참여방법 제공	· 보조(support)와 도전 고려 · 신기성과 친숙성 고려 · 발달적, 문화적 관심 고려 · 유연한 교수학습 자료 제공	· 가상 국회토론과 같은 과제를 통한 몰입을 제공하라.	· 내용과 도구에 대한 선택권을 제공하라. · 조절가능한 수준의 모험을 제공하라. · 보상에 대한 선택권을 제공하라. · 학습 상황에 대한 선택권을 제공하라.

2) 보편적 학습설계 원리는 특수교육분야에서 시작되었기 때문에 교수 · 학습적인 측면에서의 이론적 기반이 부족하고, 장애아가 아닌 일반 학생들을 위한 설계전략을 제시하는 데에도 한계가 있다고 보아 최정임 · 신남수(2009)에서는 이를 수정한 설계 전략을 제시하고 있다.

최정임 · 신남수(2009)에서는 Rose & Meyer의 원리를 장애인뿐 아니라 일반 학생들을 위한 디지털 교과서 개발에 적용할 수 있도록 그 설계 원리를 수정, 보완하여 다음과 같이 제시하였다.

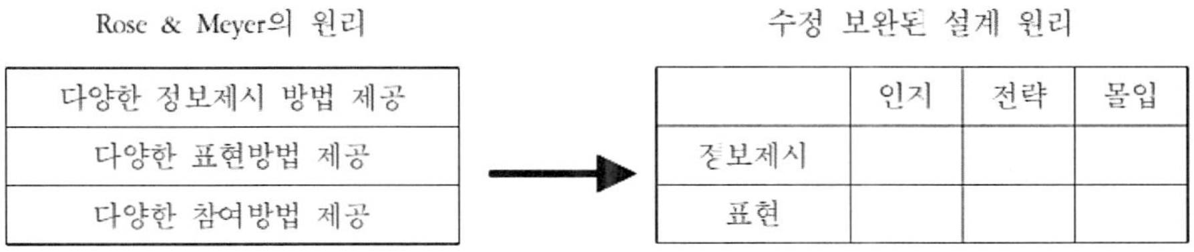

[그림 77] 최정임 · 신남수(2009)에서 수정 보완한 설계 원리

한편, 손지영 · 차현진(2021)에서는 보편적 학습설계(UDL)의 관점에서 디지털 교과서 개발 과정의 개선 방안을 탐색하기 위해 기존 디지털 교과서를 분석하기 위한 기준을 제시한 바 있다. 이들은 먼저 UDL의 세 가지 설계 원리를 9가지 세부 영역으로 나누어 선행 연구를 분석한 후, 독자적인 분석 기준을 제시하였는데 그 내용은 다음과 같다.

〈표 50〉 보편적 학습설계(UDL) 원리에 따른 디지털 교과서 분석 기준 (손지영 · 차현진, 2021)

UDL 설계 원리	UDL 세부 영역	디지털 교과서 분석 기준
정보제시의 다양한 방식	1. 인식을 위한 선택 제공	1.1 정보 제시 방법의 학습자 조절 1.2 청각적 정보에 대한 대안 제공 1.3 시각적 정보에 대한 대안 제공
	2. 언어와 상징을 위한 선택 제공	2.1 어휘와 기호에 대한 설명 제공 2.2 글의 구조 제시 2.3 어휘나 기호의 해독을 위한 지원 2.4 다양한 매체를 통한 의미 제시
	3. 이해를 위한 선택 제공	3.1 배경지식 활성화 3.2 핵심내용 이해를 돕기 위한 안내 3.3 정보처리과정을 돕는 지원 3.4 전이와 일반화를 돕는 지원

활동 및 표현의 다양한 방식	4. 신체적 행동의 선택 제공	4.1 응답방법과 탐색방식의 다양화 4.2 보조공학 기기의 활용 최적화
	5. 표현적 기술과 유창성을 위한 선택 제공	5.1 의사소통을 위한 다양한 매체 사용 5.2 다양한 과제수행과 저작을 위한 도구 제공 5.3 연습과 수행 및 유창성 지원
	6. 실행 기능을 위한 선택 제공	6.1 학습수립에 대한 선택 제공 6.2 학습계획 수립 및 전략수립의 선택 제공 6.3 정보와 자원관리 촉진 6.4 학습과정 점검 지원
참여의 다양한 방식	7. 흥미를 끌기 위한 선택 제공	7.1 개별적 선택과 자율성 지원 7.2 학습자와의 관련성, 가치, 현실성 향상 지원 7.3 주의산만 감소 지원
	8. 노력과 지속성 유지를 위한 선택 제공	8.1 학습목표 및 목적 강조 8.2 도전과 지원수준 다양화 8.3 협력적 상호작용 제공 8.4 숙달을 위한 피드백 제공
	9. 자기조절의 선택 제공	9.1 학습동기 향상을 위한 기대수준 설정 9.2 문제를 극복할 수 있는 정서적 지원 9.3 자기평가와 성찰

또한, 자기 주도적 학습이 가능한 디지털 교과서의 역할과 기능 탐색 및 설계 원리를 도출한 주형미 외(2013)에서도 보편적 학습설계를 반영하여 세 가지 설계 원리와 이를 실현할 수 있는 구체적인 전략을 다음과 같이 제시한 바 있다.

〈표 51〉 보편적 학습설계(UDL) 원리에 따른 디지털 교과서의 설계 전략 (주형미 외, 2013)

UDL 설계 원리	설계 전략
1. 정보제시의 다양한 방식 제공 (인지망 지원) → 동영상 및 음성 파일 등 시각적, 청각적 자료 지원 제공 및 그래픽, 애니메이션과 같은 멀티미디어 형태의 자료를 효과적으로 배치하여 학습자의 인지망을 지원하는 것.	첫째, 인지에 도움이 되는 선택 사항들을 제공. 예) 디지털 교과서가 가지고 있는 정보의 제시 방식을 학습자의 수준과 특성에 맞게 제시하는 방법으로 제공하고, 청각적 및 시각적 정보를 제공하는 방식을 다양화. 둘째, 언어 및 상징을 명확히 하기 위한 선택 사항을 제공. 즉, 언어와 상징 및 문법과 구조를 명확히 하며, 텍스트와 상징을 효과적으로 해독(decoding) 및 분석. 또한, 언어 간의 의미에 대해 이해를 증진시키며, 다양한 멀티미디어를 활용하여 효과적인 묘사를 하는 것. 셋째, 이해를 위한 선택 사항들을 제공하는 설계 전략을 포함. 이는 배경 지식을 활성화하고, 패턴, 중요한 특징, 주요 아이디어 및 관계 등에 대한 설명을 강조하는 전략. 또한, 정보 처리과정, 시각화, 실험 및 실습을 효과적으로 안내하며, 전이와 일반화를 극대화하는 전략을 활용하는 것이 이에 해당. 예를 들면, 중요한 어휘나 용어의 구성 원리에 하이라이트 기능을 제공하여 학습자의 인지 전략을 지원하고자 하였다. 한편, 배경 지식 활성화를 위한 다양한 방법을 제공하였는데, 쓰기 활동 시에 단어 맵을 통해 아이디어를 연결하는 인터페이스를 구현하였고, 수업 시작을 위한 warm-up 동영상 등을 제공.
2. 활동 및 표현의 다양한 방식 제공 (전략망 지원) → 학습 과제(진단, 형성, 총괄 평가 포함)에 대해 학습자 특성을 고려한 다양한 표현 수단(텍스트, 음성 녹음, 동영상 등)을 활용하여 학습 전략망을 지원하는 것.	첫째, 신체적 활동이 효과적으로 드러나도록 선택 사항을 제공. 반응 및 내비게이션 기능을 위한 방법을 다양화하는 전략을 포함하고, 도구 및 보조 테크놀로지에 접근하는 것이 용이하도록 최적화하는 전략. 둘째, 표현 및 의사소통을 위한 선택 사항을 제공. 즉, 커뮤니케이션을 위한 다양한 교수 미디어를 활용하고, 구성 및 작문들을 위한 다양한 도구를 제공하며, 실습 및 수행을 위한 전문가적인 지원을 효과적으로 지원하는 전략. 셋째, 실행 기능을 위하여 선택 사항을 제공. 이는 적절한 목표 설정을 위한 가이드라인을 제공하고, 계획 및 설계 개발을 지원하는 전략. 또한, 정보 및 자원을 관리하는 사항을 촉진하고, 모니

	터링 과정을 위한 역량을 증진시키는 설계 전략을 포함. 이를 위해 담화나 사운드의 소리 크기 및 속도를 다양화할 수 있도록 설계하였으며, 펜 또는 타이핑을 통한 글쓰기 입력 기능을 다양화하여 교사 및 학생의 다양한 특성을 반영.
3. 참여의 다양한 방식 제공 (정서망 지원) → 학습 동기를 포함한 학습자의 정의적 영역에 대한 다양한 지원 전략 제공 및 보충 및 심화 자료의 학습 선택권을 제공하는 인터페이스 설계 원리를 활용하여 학습자의 정서망을 효과적으로 지원하는 것.	첫째, 학습자의 관심 사항을 효과적으로 수집하기 위한 선택 사항을 제공. 예) 개인적 선택 및 자율성을 최대한 보장하고, 관련성, 가치 및 진정성을 최적화해서 나타낼 수 있도록 설계를 수행. 학습에 방해되는 요소들을 최소화시키는 전략. 둘째, 학습자의 노력 및 인내심 등을 지원할 수 있는 선택사항을 제공. 예) 학습 목적 및 목표의 중요점을 강조하고, 도전적인 사항들을 최적화하기 위해 요구 사항 및 자원을 다양하게 제공하는 전략을 활용. 또한, 협력과 학습 공동체를 지원하고, 전문가에 의한 형성적 피드백을 증가시키는 방법. 셋째, 자기조절 학습이 가능하도록 선택 사항을 제공. 학습동기를 최적화하는 기대 및 신념을 증진. 또한, 개인적 대처 기술 및 전략을 활성화하고, 자기 평가 및 반성 활동을 개발하고 제공하는 전략. 이를 위해 개인 학습활동을 다양한 방식으로 제공하고, 협력학습 활성화 전략 등 여러 가지 유형의 그룹 활동 기회를 증대시키고자 하였으며, 교사와 학습자 간 및 학습자 동료 간의 상호작용 기회를 극대화시키는 방향으로 설계 방향을 수립.

1.2. 행동유도성(affordance)을 반영한 디지털 교과서 설계 원리

행동유도성(affordance)[3]은 행위자에게 특정 행동을 유발하도록 하는 사물의 속성을 의미하며, 특정 행동이 행위자에게 지각되었을 때 의미를 가진다는 점을 강조한다(Gibson, 1986). 디지털 교과서의 설계는 교수자와 학습자에게 학습에 필요한 정보나 기능 등을 직관적으로 제공하도록 하기 위해 행동유도성(affordance)을 반영하여 이루어질

3) 어포던스(affordance)는 번역어보다는 그 자체로 지칭되는 경우가 많으나 이 책에서는 '행동유도성'으로 번역한 용어로 통일하여 사용하기로 한다.

필요가 있다.[4] 어포던스를 고려한 설계는 학습자들로 하여금 기대되는 학습 활동들을 보다 효과적으로 유도해 낼 수 있다(송해덕 · 박은아, 2015).

황윤자 · 성은모(2016)에서는 Hartson(2003)에서 제시한 어포던스의 세 가지 유형[5]을 디지털 교과서에 맞게 변형하여 다음과 같이 재정의하였다.

〈표 52〉 디지털 교과서의 행동유도성 유형(황윤자 · 성은모, 2016)

유형	설명
물리적 행동유도성	학습자가 디지털 교과서의 인터페이스를 인지하는 대로 물리적 행동을 취할 수 있도록 돕는 디자인 속성
인지적 행동유도성	학습자는 디지털 교과서를 직접 조작하여 행동으로 옮기기 전에 해당 정보에 대한 이해, 인식, 판단을 하도록 돕는 디자인 속성
감각적 행동유도성	학습자가 디지털 교과서의 구성요소에 대해 시각, 청각, 촉각 등의 감각을 통해 지각할 수 있도록 돕는 디자인 속성

또한, 송해덕 · 박은아(2015)에서는 디지털 교과서 설계에 적용될 수 있는 행동유도성 설계요소를 일곱 가지로 제시하고, 특정 교수 · 학습 모형에 적용한 예를 보였는데, 디지털 교과서에 적용할 수 있는 일곱 가지 설계요소[6] 및 그에 대한 설명은 다음과 같다.

---

4) 송해덕 · 박은아(2015)에서는 "어포던스는 학습자의 학습행위를 유발하는 정도로, 어포던스가 높을수록 사용성이 높은 교과서의 개발이 가능하다."고 설명한다.

5) Hartson(2003)은 HCI(Human Computer Interface) 설계를 적용할 수 있는 어포던스를 물리적, 인지적, 감각적 어포던스로 나누어 구체적이고 체계적으로 제시하였다. Hartson(2003)에서 제시한 어포던스의 유형은 다음과 같다.(황윤자 · 성은모, 2016)

유형	설명	예시
물리적 행동유도성	사용자들이 인터페이스로 물리적인 행우를 할 수 있도록 돕는 디자인 속성	사용자들이 정확하게 클릭할 수 있도록 충분한 크기의 버튼 제공
인지적 행동유도성	사용자에게 어떠한 것에 대해 알리도록 돕는 디자인 속성	사용자들이 그것을 클릭하면 어떤 일이 일어날지 알려주는 버튼
감각적 행동유도성	사용자들이 어떤 것을 감각적으로 지각할 수 있도록 돕는 디자인 속성	쉽게 읽을 수 있는 만큼 충분히 큰 크기의 글씨

〈표 53〉 디지털 교과서 행동유도성 설계요소 (송해덕 · 박은아, 2015)

설계 요소	설명
① 개별학습 공간의 구현	• 학습자에게 적극적으로 지식을 구성하는 것을 요구할 뿐만 아니라 학습자 개인이 습득한 정보를 관리하고 새로운 지식을 창출하는 등의 개별적인 학습 활동을 지원
② 학습자의 자유로운 콘텐츠 조작과 활용	• 학습자의 참여를 유도하여 적극적인 학습을 지원 • 학습자들이 새로운 내용을 만들거나 재구조화하는 데 관심이 있으므로, 효과적인 학습이 이루어지기 위해서는 단순히 콘텐츠를 수용하기보다는 적극적으로 학습자의 참여를 유도하고 학습자들이 다양한 콘텐츠를 자유롭게 조작하고 활용할 수 있도록 지원 • 유튜브(YouTube), 플리커(Flickr), 블로그, 위키, 팟캐스트 등
③ 멀티디바이스 간의 자유로운 연결	• 데스크톱 컴퓨터뿐만 아니라 스마트폰, PMP, 태블릿 PC 등을 사용해 동영상 강의를 듣고 언제든 인터넷에 접속해 필요한 정보를 검색하는 등 새로운 학습의 형태 고려 • 웹 환경이 제공되는 다양한 기기를 통해 학습할 수 있도록 가능한 소프트웨어 제공은 물론 인터페이스 구성에도 이를 고려하여 멀티디바이스 간 자유로운 연결이 가능하도록 지원
④ 정보의 공유와 분산 지원	• 학습자들은 학습의 과정과 결과 등 관련된 내용을 공유하며 서로 피드백을 받고 이를 바탕으로 자신의 장점과 부족한 영역에 대해 성찰 • 예를 들어 블로그 기능은 학습자들이 자신의 학습 내용 혹은 성찰을 기록할 수 있으며 이를 다른 학습자 혹은 교사에게 개방함으로써 피드백 수용
⑤ 학습자 간 유기적 상호작용	• Cook(2008)은 웹 2.0의 주요 기능으로 의사소통(Communication), 협동(Cooperation), 협력(Collaboration), 연결(Connection)이라는 이른바 4C를 제시 • 텍스트나 이미지, 비디오 등을 통해 서로 이야기를 나누고

6) 여기에서 제시한 행동유도성 요소는 웹 2.0 기반 디지털 교과서를 위한 학습지원도구 개발 방안이다. 송해덕 · 박은아(2015)는 "웹이 웹 2.0으로 진화함에 따라 교수 · 학습 지원도구에서도 활발한 변화가 나타나고 있다"며, "웹 2.0 테크놀로지는 AJAX나 Flash 등의 기술적 진보를 활용하여 학습자가 자발적으로 가치를 창조하고 사회적 공유를 통하여 협력적 지식을 창출하도록 함으로써 학습자들의 자발적 참여를 통한 지식구성과 사회적 공유를 통한 학습을 강조하는 형태로 학습의 관점을 변모시키고 있다."고 언급한다.

	(Communication), 여러 콘텐츠를 서로 교환하며(Cooperation), 문제를 해결하고(Collaboration), 개인이 다른 사람 혹은 콘텐츠와 관계를 맺는(Connection) 특징
⑥ 학습공동체 공간의 구현	• 학습자의 지식공유는 단순히 상호작용을 넘어서 그 결과 협력적인 지식 창출로 이어짐 • 검색, 링크, 사용자 권한 등이 향상됨으로써 더욱 생산적인 협력적 커뮤니케이션, 동시적 · 비동시적 협력학습이 가능한 학습 환경 지원
⑦ 집단지성의 촉진	• 학습공동체 공간의 제공은 궁극적으로 '집단지성의 촉진'으로 이어질 필요 • 지식의 대중화가 이루어진 시점에 사람들은 고급 지식을 얻게 되었으며 웹 환경은 이러한 고급 지식과 정보, 비판적 사고, 자유로운 의견 개진과 더불어 더 나은 방향으로의 고민과 성찰을 가능케 하는 담론의 장이 되어야 할 필요

또한, 같은 연구에서 이상의 설계 원리를 창의적 문제해결 학습 모형에 적용하여 창의적 문제해결 단계에 따른 디지털 교과서의 설계 전략을 다음과 같이 도출하였다.

〈표 54〉 창의적 문제해결 단계에 따른 학습자 활동, 학습지원도구, 행동유도성 전략 (송해덕 · 박은아, 2015)

단계	학습자 활동	학습지원 도구	어포던스 전략	구현 예시
자료 발견	과제해결에 필요한 다양한 자료의 탐색	-멀티미디어 검색도구	-멀티디바이스 간의 연결이 자유로워야 한다. -학습자를 위한 개별 학습 공간을 구현해야 한다.	-유튜브 링크 연결 -위키피디아 검색 지원
문제 발견	전 단계에서 생각한 아이디어를 구체적인 문제로 확장시켜나감	-모둠노트	-학습자들 간의 유기적인 상호작용을 지원해야 한다. -학습공동체 공간을 구현해야 한다.	-새로운 글 알림 -학습자 이미지 등록 -정서적 표현
창의적 아이디어 생성	문제발견단계에서 상세화한 문제 상황을 해결하기 위하여 다양한 아이디어를 표상	-브레인스토밍 도구 -모둠노트	-정보의 공유와 분산이 용이하도록 해야 한다. -학습자들 간의 유기적인 상호작용을 지원해야 한다. -집단지성의 촉진을 뒷받침해야 한다.	-브레인스토밍을 위한 채팅창 구축
문제 해결	모의실험 또는 시뮬레이션을 통해 아이디어의 실현가능성 확인	-모델링 도구 -모의실험 도구	-학습자가 자유롭게 콘텐츠를 조작하고 활용할 수 있도록 해야 한다.	-친구의 모델링을 가져오기 -모델링 자료 불러오기
적용	자료발견부터 문제해결 과정에서 도출한 문제해결 아이디어와 결과를 실생활에 적용	-교육용 게임	-학습자들 간의 유기적인 상호작용을 지원해야 한다. -학습자가 자유롭게 콘텐츠를 조작하고 활용할 수 있도록 해야 한다.	-실생활 적용 개인/단체용 게임. -다양한 게임 도구 구현

1.3. 그 외 디지털 교과서의 설계 원리

자기주도적 학습 지원을 위한 디지털 교과서의 대시보드 프로토타입을 개발하기 위한 연구인 함윤희 외(2020)에서는 자기주도학습, 영어교과의 특성, 대시보드의 설계 등과 관련된 선행문헌 검토 후 디지털 교과서 대시보드 설계와 관련된 원리들을 시각화 측면, 기능 선택의 측면으로 구분하여 제시하였다. 이들 각각의 측면과 관련된 내용을 중심으로 일반 설계원리를 도출하고, 각각의 설계 원리에 대한 하위 상세지침을 유목화하였는데,

해당 연구에서 제시한 설계 원리는 모두 7가지로 먼저 시각화 측면의 세 원리는 ① 학습 비교 제시의 원리, ② 정보 축약의 원리, ③ 전체-세부의 원리이고, 그 외 기능 선택 측면의 네 원리는 ④ 학습 추적의 원리, ⑤ 사회적 상호작용 촉진의 원리, ⑥ 맞춤형 선택의 원리, ⑦ 격려의 원리이다. 각 원리의 상세 지침의 내용은 다음 표와 같다.

〈표 55〉 디지털 교과서의 설계 원리 (함윤희 외, 2020)

설계 원리		상세 지침
시각화 측면	1. 학습 비교 제시의 원리	1.1 학습자가 자신과 다른 동료 학습자의 학습 상태를 쉽게 구분, 비교하여 자신의 학습을 지속적으로 점검할 수 있도록 하라.
		1.2 학습자의 학습활동과 모범학습자의 학습활동 및 패턴 분석 결과를 제시하라.
		1.3 학습자의 상대적 정보와 절대적 정보를 각기 다르게 활용하며, 제공하는 정보가 상대적 정보인지 절대적 정보인지 알게 하라.
	2. 정보 축약의 원리	2.1 숫자보다는 상징이나 메타포, 그래프를 활용하여 청크로 제시하라.
		2.2 제한된 화면에 꼭 필요한 요소만 간결하게 제시하라.
	3. 전체-세부의 원리	3.1 처음에는 전체적 현황(overview)을 제시하고, 사용자가 전체 현황 중에서 상세보기(details on demand)가 가능하도록 하라.
		3.2 영어학습 주요 네 가지 영역에서 듣기-말하기, 읽기-쓰기 간의 학습 정보를 통합하여 제시하라.
	4. 학습추적의 원리	4.1 학습자 학습활동의 현재 상태를 지속적으로 제공하라.
		4.2 학습자들의 학습 성장 과정을 시각화하여 제시하라.
	5. 사회적 상호작용 촉진의 원리	5.1 학습 구성원간 다양한 학습자료와 의견을 얼마나 적극적으로 공유하는지에 대한 정보를 제공하라.
		5.2 학습하는 동안 다른 사람들과 어떻게 상호작용하는지에 대한 정보를 시각화하여 제시하라.

		5.3 교수자 및 다른 학습자 간의 상호작용을 통해 학습전략에 대한 조언을 받도록 시각화하라.
	6. 맞춤형 선택의 원리	6.1 스스로 미래의 학습계획을 세우고 수행 준거에 기반한 구체적인 목표를 성취하도록 안내하라.
		6.2 학습자가 대시보드의 레이아웃을 변경할 수 있도록 하라.
		6.3 학습자가 대시보드의 기본 기능 외에 추가 정보를 선택할 수 있도록 하라.
	7. 격려의 원리	7.1 학습자의 과제 제출률이 낮을 때 부정정서가 유발되지 않도록 격려를 제공하라.
		7.2 학습자가 낮은 학업성취도를 보였을 때 부정정서가 유발되지 않도록 학습자에게 긍정적인 피드백을 제공하라.
		7.3 학습자가 높은 학업 성취도를 보였을 때 긍정적인 피드백을 제공하라.

1.4. 디지털 국어 교과서 개발 및 활용의 원리

이 절에서는 본 연구에서 개발하고자 하는 디지털 국어 교과서의 개발 및 활용에 적용할 수 있는 원리에 대해 탐색해 볼 것이다. 이 절에서 제안하는 개발 원리는 3부 1장에서 살펴본 보편적 학습설계(UDL) 및 어포던스의 이론적 탐색 결과에 기반하여 제시하였다. 두 원리는 각각 교수 · 학습 관점 및 기능 · 도구의 관점을 취하여, '교수 · 학습 관점의 보편적 학습설계 원리', '기능 및 도구 관점의 물리적, 인지적, 감각적 어포던스의 원리'로 명명하고, 원리가 적용된 구체적인 설계 전략을 제시하였다.

1.4.1. 디지털 국어 교과서의 개발 원리

먼저, 교수 · 학습의 관점에서 디지털 국어 교과서 개발 원리를 살펴보면, 보편적 학습

설계 원리를 적용하여 세 가지 설계 요소를 추출할 수 있다. 앞서 살펴본 선행연구의 아이디어에 기반하여 여기에서는 '다양한 정보 제시 방법 제공', '다양한 표현 방법 제공', '다양한 참여 방법 제공'의 세 가지를 설계 요소로 설정하였다. 각 요소에 따른 구체적인 설계 전략은 다음과 같다.

〈표 56〉 보편적 학습 설계에 기반한 디지털 국어 교과서의 개발 원리

관점	기반 원리	설계 요소	설계 전략
교수 · 학습	보편적 학습 설계(UDL)	다양한 정보 제시 방법 제공	**1. 개별화 학습을 위한 풍부한 자료 제공** • 심화 및 보충 학습을 위한 수업 외 별도의 자료 제공(단, 선수 학습과 선행 학습은 구분 필요) • 학습 목표 관련 지식 및 텍스트의 내용과 관련된 (배경) 지식을 위한 자료 제공 **2. 텍스트에 제시된 어휘에 대한 정보 제공** • 주요 어휘 및 어려운 어휘에 하이퍼링크 기능을 활용하여 추가 설명 • 어휘 설명 시 사진(그림) 자료 및 동영상 자료 등 다양한 형태의 정보 제공
		다양한 표현 방법 제공	**1. 글쓰기 및 말하기의 과정 강조** • 글을 쓰거나 말하기를 준비하는 과정에서 수시로 교사 및 동료 학습자로부터 피드백을 제공 받아 수정 가능 • 최종적인 텍스트가 생산되는 과정에서 만든 여러 버전의 텍스트를 저장할 수 있는 공간 제공 **2. 피드백** • 과정 중심(즉각적 피드백) 및 결과 중심 피드백 모두 필요
		다양한 참여 방법 제공	**1. 내용 및 도구의 선택권 제공 확대** • 학습자: 학습 현황판의 메뉴 구성 등 가능한 범위 내에서 학습자에게 주도권 제공 • 교사: 수업 재구성을 위한 활동 순서 재배치 및 활동 자료 수정 가능 **2. 퀴즈를 활용한 흥미 및 참여 유도** • 평가에 직접 반영되지 않는 퀴즈(목표 관련 내용 및 어

			휘 퀴즈)에 게임 요소 첨가(점수 대결, 캐릭터 꾸미기 등) **3. 주의산만 감소 지원** • 타이머, 시간표 사용

다음으로 기능 및 도구의 관점에서 물리적, 인지적, 감각적 어포던스를 적용한 디지털 국어 교과서의 개발 원리도 다음과 같이 제시할 수 있다. 이는 송해덕 · 박은아(2015)에서 제시한 일곱 가지 원리 중 국어과에 잘 부합하는 다섯 가지를 선택하여 교과 특성을 고려한 설계 전략을 제시하였다.

〈표 57〉 학습자의 어포던스에 기반한 디지털 국어 교과서의 개발 원리

관점	기반 원리	설계 요소	설계 전략
기능 및 도구	물리적, 인지적, 감각적 어포던스	개별 학습 공간 구현	▸ 검색 기능 강화 ▸ 도구: 국어사전, 백과사전, 인터넷 검색 등
		학습자 간 상호작용	▸ 토의 · 토론, 협동 작문, 모둠 협의 ▸ 도구: 게시판, 대화방, 실시간 화상 채팅, 공유 문서
		학습 공동체 공간 구현	▸ 모둠 협의 결과 기록 ▸ 도구: 모둠 노트
		자유로운 콘텐츠 제작과 활용	▸ 텍스트, 이미지, 동영상의 제작, 게시 및 공유를 위한 편의 기능 ▸ 도구: 학습자가 제작한 콘텐츠를 꾸준히 저장할 수 있는 포트폴리오

지금까지 살펴본 설계 요소 및 설계 전략을 아우를 수 있는, 본 연구에서 제안하는 디지털 국어 교과서의 개발 원리는 유연성의 원리, 과정 중심의 원리, 상호작용의 원리, 자기주도의 원리이다. 이러한 원리를 실현할 수 있는 디지털 국어 교과서는 구덕회(2018)에서 제시한 '플랫폼으로서의 디지털 교과서'에 해당된다. 이는 콘텐츠로서의 디지털 교과서 및 뷰어로서의 디지털 교과서를 모두 포함하는 개념으로, 현재 수준에서 당장 개발은 어렵더라도 중 · 장기적인 관점에서는 이러한 차원까지 발전이 이루어져야 한다고 본 것이

다. 그렇다면 각 원리를 어떻게 적용하고 실현할 수 있을지에 대해 살펴보도록 하자.

1.4.1.1. 유연성의 원리

유연성의 원리란 디지털 교과서를 이용하는 교사 및 학습자의 입장에서 개인의 특성이나 선호를 반영하는 것, 그리고 수업 상황의 측면에서는 여러 상황에서 모두 활용할 수 있는 디지털 교과서를 개발해야 하는 원리를 말한다. 디지털 교과서의 사용자가 디지털 교과서의 일부 기능이나 구조를 개인의 선호에 맞게 선택할 수 있다면 디지털 교과서에 대한 사용자의 어포던스를 높일 수 있을 것이다. 디지털 국어 교과서의 주 사용자인 교사 및 학습자를 고려한 유연성의 원리를 적극 반영할 수 있다.

먼저 수업을 준비하는 교사 사용자에게는 '교재 재구성'의 관점에서 유연성의 원리가 반영될 필요가 있다. 수업 재구성을 위한 교재 재구성은 이상적으로 실현되어야 하는 교수・학습의 원리이지만 매 수업마다 교재를 재구성하여 수업에 적용하기란 현실적으로 쉽지 않은 일이다. 새로 개발되는 디지털 교과서는 교사가 재구성한 수업의 내용을 반영하여 간단한 조작을 통해 교재를 재구성할 수 있는 기능을 포함할 필요가 있다. 그 예로는 이미 제시된 교재의 활동 순서를 변경하거나, 제재를 교체하거나, 활동의 지시문을 수정하는 등의 조작을 가능하게 하고, 재구성된 교재를 학습자와 공유하면서 수업 재구성을 실현하는 데 도움을 제공할 수 있을 것이다.

학습자의 입장에서 유연성의 원리는 학습 화면의 도구 모음, 또는 학습 현황판의 메뉴 구성 등을 스스로 구성할 수 있도록 유연성을 부여하는 것으로 실현될 수 있다. 학습자 개인의 선호가 반영된 디지털 교과서를 활용하면 활용성을 높이는 데 도움이 될 뿐 아니라 개인차를 반영한 학습자 친화적 교재를 제공한다는 점에서 의의가 있다.

또한, 교수・학습 상황의 측면에서 디지털 국어 교과서는 대면 수업 및 비대면 수업 상황 모두에 대비하는 유연함이 필요하다. 이는 보편적 학습설계와도 관련되는 것으로, 교수・학습의 다양한 상황에 모두 적합한 디지털 교과서로 개발할 필요가 있음을 의미한다. 즉, 대면 수업뿐 아니라 비대면 수업에서 모두 효율적으로 활용할 수 있도록 개발될 필요가 있는데, 대면 수업의 경우도 디지털 교과서의 소유 주체에 따라 교사와 학생이 모두 디지털 교과서를 구비한 상황과 함께 교사만 디지털 교과서를 구비하고 학생은 서책형 교과서를 구비한 상황 등 다양한 유형이 있으므로 이러한 여러 유형에 유연히 적용될 수 있는 개발 방향을 모색할 필요가 있다.

1.4.1.2. 과정 중심의 원리

디지털 국어 교과서 개발 시 고려해야 할 과정 중심의 원리란 과정 중심의 국어과 교수 · 학습 및 평가를 실현하는 데 효율적으로 활용될 수 있도록 개발해야 함을 의미한다. 이는 각 영역별 교수 · 학습의 측면과 함께 평가 측면에서 적용될 수 있는 원리이다.

먼저 교수 · 학습의 측면에서 과정 중심 국어 교육의 원리가 구현 가능하도록 해야 한다. 예를 들어 쓰기 영역의 경우 텍스트 생산의 회귀적 특성을 고려하여 글을 쓰는 과정에서 지속적인 고쳐쓰기가 가능하도록 다양한 버전의 글쓰기 결과물을 효과적으로 관리할 수 있는 기능이 필요하다. 또한, 교사나 동료 학습자의 피드백이 텍스트 생산 과정에 제공될 수 있도록 공유 기능 및 피드백 전달 기능도 활성화될 필요가 있다.

평가 측면에서도 과정 중심의 원리를 적용함으로써 과정 중심에 초점을 둔 학습 지향적 평가가 가능하도록 설계해야 한다. 이를 위해 형성 평가 활용, 피드백 강화, 수행평가의 내실화 및 실생활과의 연계, 평가 결과 공유 등과 같은 요소7)가 잘 실현될 수 있도록 기능 및 자료를 구성할 필요가 있다.

1.4.1.3. 상호작용의 원리

상호작용의 원리는 디지털 국어 교과서를 사용하는 사용자 간 상호작용, 그리고 디지털 국어 교과서의 내부 콘텐츠와 외부 자원이 유기적으로 상호작용될 수 있도록 개발하는 데 요구되는 원리이다.8)

먼저 디지털 국어 교과서를 활용하는 교육 주체 간 상호작용이 활발히 이루어질 수 있는 시스템이 필요하다. 학습자와 교사, 그리고 학습자 간 소통을 활성화하기 위해 실시간 대화 및 다양한 형태의 게시판 기능을 디지털 교과서에서 쉽게 활용할 수 있도록 할 필요가 있다.

또한, 상호작용의 원리는 디지털 국어 교과서를 둘러싼 다양한 자원을 효과적으로 연계

---

7) 이 요소는 1부에서 살펴본 최숙기(2015)에서 제시한 학습 지향적 평가의 요소를 참고한 것이다.
8) 1부에서 살펴본 바와 같이 오은하(2013), 이재기(2013), 최원호(2016) 등에서도 이러한 상호작용의 원리가 강조된 바 있다.

하는 데에도 적용될 수 있다. 즉, 교사나 학습자가 디지털 교과서에 제시된 기능이나 자료를 활용할 뿐 아니라 외부의 검색을 통한 자료 탐색이나 각종 도구의 활용에 있어서도 각 자료 및 기능 간 효과적인 상호작용이 가능하도록 할 필요가 있다.

1.4.1.4. 자기주도의 원리

자기주도의 원리는 디지털 국어 교과서를 사용하는 학습자들이 주체적으로 학습에 참여할 수 있도록 디지털 교과서의 자료 및 구조를 설계해야 하는 것을 말한다.[9] 학습자의 자기주도 원리를 실현하기 위한 설계는 크게 플랫폼, 자료, 기능의 세 측면에서 고려될 수 있다.

먼저 플랫폼 측면에서 학습자가 자신의 국어 학습 전반에 대해 관리할 수 있는 '국어 학습 현황'이 담긴 대시보드가 개발될 필요가 있다. 교수 · 학습 계획 및 포트폴리오, 학습 현황, 평가 결과 및 피드백 등을 한눈에 확인하면서 학습자는 스스로 학습을 관리할 수 있게 된다.

또한, 자료 측면에서는 디지털 교과서 사용자들의 다양한 정보를 수합한 통계 자료(빅데이터)를 활용하여 학습자들이 객관적 데이터에 비추어 자신의 실력을 확인할 수 있도록 할 필요가 있다. 이와 함께 학습자가 스스로 활용할 수 있는 보충, 심화 자료를 학습자의 수준에 맞게 제공해 줌으로써 주도적인 학습에 도움을 줄 수 있다.

끝으로 개별 학습자의 수준과 특성을 고려하여 맞춤형 피드백을 제공할 수 있는 AI 챗봇 기능을 활성화하여 학습자의 자기주도적 학습에 도움을 줄 수 있다. AI 챗봇의 역할은 학습 관리에서부터 학습 내용에 대한 맞춤형 피드백에 이르기까지 다양할 수 있다. 이때 챗봇은 교사의 역할을 모두 대신하는 것이 아니라 학습자가 주드적으로 학습해 나가는 데 있어 꼭 필요한 비계를 제공한다는 점에 중점을 두어 그 기능을 설계할 필요가 있다.

---

9) 1부에서 제시한 바와 같이 김혜정 · 임희석(2013)에서는 학습자를 위한 디지털 교과서의 확장 기능 중 '자기주도적 학습 지원 요소'를 '학습자들이 자신의 지식 정도를 확인하기 위한 퀴즈기능, 포트폴리오, 성찰노트 등'이라 제시하였다. 또한, 자기주도적 학습을 위한 디지털 교과서 검사 도구(김현우 · 강성주, 2015)의 영역 및 항목에 대해서도 본 연구의 1부에서 확인할 수 있다.

1.4.2. 디지털 국어 교과서의 활용 원리

여기에서는 디지털 국어 교과서를 활용할 때 적용할 수 있는 원리에 대해 살펴보기로 한다. 이는 디지털 국어 교과서를 수업 시간에 사용하면서 서책형 교과서와의 관계나 시수 및 교육과정 편제, 그리고 대면 · 비대면 수업 등과 같은 요인을 어떻게 고려할 것인가의 문제를 말한다. 이와 같은 요인을 고려하여 디지털 국어 교과서를 활용할 때에는 시수, 목표, 내용, 방법, 평가의 측면에서 다음과 같이 활용함을 전제로 한다.

〈표 58〉 디지털 국어 교과서의 활용 원리

시수	• 서책형 국어 교과서와 디지털 교과서에 배정된 시수는 동일함.
목표	• 서책형 교과서 및 디지털 교과서의 각 단원에 배정된 교육과정의 성취기준 및 단원 목표는 동일함. • 서책형 교과서와 마찬가지로 디지털 교과서 또한 교사의 재구성이 가능함.
내용	• 학습용으로 제시되는 자료는 기본적으로 동일함. • 디지털 교과서에서는 보충 및 심화 자료를 수준에 따라 선택할 수 있도록 다양한 방법으로 제시함. 다만, 보충 및 심화의 수준은 성취기준이 정하고 있는 내용 수준의 범위 내에서 이루어질 수 있도록 함. 예를 들면, 요약하기 기능을 가르칠 경우 보충 학습은 한 문단만 요약해 보도록 하고, 심화 학습은 글 전체를 요약해 보게 하는 활동이 있을 수 있음.
방법	• 디지털 교과서는 대면 수업 및 비대면 수업 모두에서 활용될 수 있음을 전제로 함. • 대면 수업의 경우도 학습자가 1인 1기기를 가지고 전체가 디지털 교과서로 수업하는 경우와 교사만 디지털 교과서를 사용하고 학습자는 서책형 교과서를 사용하는 경우로 나눌 수 있으며, 이 경우 모두에서 활용될 수 있음을 전제로 함.
평가	• 서책형 교과서를 사용하는 경우 평가 방법은 주로 상호 평가 및 자기 평가를 활용할 수 있음. 디지털 교과서의 경우 서책형 교과서에서 사용하는 평가 방법을 기본으로 포함하되, 디지털 교과서에 수록된 평가 자료로 '수준별 평가', '과정중심 평가' 등을 추가로 시행할 수 있음.

2. 디지털 국어 교과서 모형

앞선 디지털 국어 교과서의 설계 원리를 바탕으로 이 장에서는 실제적인 디지털 국어 교과서 모형을 제시해 보고자 한다. 먼저 디지털 국어 교과서 모형 개발의 방향을 자료와 기능 영역으로 나누어 모색한다. 이어 모형 개발 방향을 적용한 교사 전용 자료와 기능, 차시 활용 자료와 기능, 교수 · 학습 도움 기능, 본문 내 기능, 학습창 등을 예시 화면과 함께 구현하여 제시한다. 이를 통해 디지털 국어 교과서의 구현 모습을 구체적으로 살펴볼 수 있을 것이다.

2.1. 모형 개발 방향

디지털 국어 교과서의 개발 방향은 크게 자료와 기능 영역으로 이원화가 가능하다. 이 절에서는 디지털 국어 교과서에 수록되어야 하는 자료와 기능의 종류를 먼저 구체적으로 정리한 뒤에, 자료 및 기능 개발 방향을 살펴보도록 한다. 이때 디지털 교과서의 4가지 개발 원리에 따른 구체적인 개발 방향을 제시한다. 또한 자료 개발 방향의 경우 국어과의 각 영역의 특성을 고려하여 영역별 개발 방향을 함께 제시한다. 이러한 과정을 통해 앞서 분석한 현재의 디지털 교과서의 문제점을 개선하고 미래형 교과서 체제에 적합한 개발 방향을 제시하는 데 기여할 수 있을 것이다.

2.1.1. 디지털 국어 교과서 자료 개발 방향

디지털 국어 교과서에는 기본적으로 현재 디지털 교과서에서 제공하는 자료 형태, 즉 멀티미디어 자료, 용어사전 자료, 보충 · 심화 학습 자료, 평가 자료, 실감형 콘텐츠 자료가 동일하게 수록되어야 할 것이다. 여기에 현재 디지털 교과서에서는 제공되지 않고 전자저작물에만 수록된 교사용 수업 자료가 새롭게 추가될 필요가 있다.

첫 번째 이유는 기존 디지털 교과서의 자료는 전자저작물에 비해 교사의 수업 운영 및 지원을 위한 자료가 상대적으로 부족하기 때문이다. 또한 학생들이 교실에서 자신의 스마트기기를 갖고 디지털 교과서로 수업하는 상황, 코로나19 상황처럼 비대면 원격수업 상황 등에서 디지털 교과서는 교사의 기본 수업 도구로 활용되기에, 디지털 교과서 내 수업 준비 및 운영 지원 기능의 추가가 필요하다.

두 번째 이유는 교사의 수업 준비 및 운영의 효율성 제고를 위해서이다. 현재는 교사가 수업을 위해 usb 형태로 제공되는 전자저작물과 디지털 교과서를 병행하여 활용하고 있다. 전자저작물과 디지털 교과서에 수록된 자료의 종류와 활용 범위의 차이가 크기 때문이다. 교사의 수업 준비 부담이 가중되고 수업 도구의 이원화로 인해 효율성도 떨어지는 것이다. 따라서 미래형 디지털 교과서는 전자저작물의 자료를 통합하여 교사가 디지털 교과서만으로도 수업 준비 및 운영이 가능하도록 개편될 필요가 있다. 이에 따라 전자 저작물의 교사용 수업 자료를 통합한 디지털 국어 교과서 자료의 종류를 제시하면 다음과 같다.

〈표 59〉 디지털 국어 교과서에 수록되어야 할 자료의 종류

상위 영역	하위 영역
멀티미디어 자료	듣기 자료
	그림/사진/지도 등 시각 자료
	표/그래프 등 통계 자료
	동영상 자료
	애니메이션 자료

용어사전	용어사전 자료
보충 · 심화 학습 자료	읽기 자료
	탐구학습 자료
	놀이학습 자료
평가 자료	도입 평가 문항
	마무리 평가 문항
	차시별 형성 평가 자료*
	단원 평가 자료(지필, 서술형, 수행평가)*
실감형 콘텐츠 자료	가상현실(VR) 자료
	증강현실(AR) 자료
	360° 사진 및 영상 자료
수업 준비 자료*	연간 수업 계획*
	단원 안내 자료*
	차시별 교수 · 학습 과정안*
수업 활용 자료*	PPT 자료*
	활동지 자료*
수업 참고 자료*	교육과정*
	교사용 지도서*
	교사용 읽기 자료*
	참고 누리집 목록*

위의 표에서 별표(*) 표시된 부분은 기존 중등 국어과 전자 저작물의 교사용 교수 자료에 수록되었던 자료로서, 디지털 교과서에 새롭게 포함되어야 할 부분이다. 구체적으로 평가 자료 중 차시별 형성 평가 자료와 단원 평가 자료, 연간 수업 계획과 단원 안내 자료, 차시별 교수 · 학습 과정안을 포괄하는 수업 준비 자료, PPT와 활동지 자료로 구성된 수업 활용 자료 등이 이에 해당한다. 교육과정과 교사용 지도서, 기타 교사용 읽기 자료와

참고 누리집 목록 등의 수업 참고 자료 역시 디지털 교과서에서 통합하여 제공하여 교사의 수업 준비 및 운영을 지원할 수 있을 것이다.

이렇게 교사용 교수 자료를 포함한 디지털 국어 교과서의 자료는 활용 주체가 누구인지에 따라서도 구분 가능하다. 1차적으로 자료의 성격에 따라 구분한 후, 2차적으로 교사용 교수 자료, 학생용 학습 자료, 교사와 학생 모두 이용 가능한 공통 교수·학습 자료로 구분할 수 있다.

〈표 60〉 활용 주체에 따른 디지털 국어 교과서 자료 분류

영역	세부 항목	교수	학습	공통
멀티미디어 자료	듣기 자료			○
	그림/사진/지도 등 시각 자료			○
	표/그래프 등 통계 자료			○
	동영상 자료			○
	애니메이션 자료			○
용어사전	용어사전 자료			○
보충·심화 학습 자료	읽기 자료			○
	탐구학습 자료			○
	놀이학습 자료			○
평가 자료	도입 평가 문항			○
	마무리 평가 문항			○
	차시별 형성 평가 자료*	○		
	단원 평가 자료 (지필, 서술형, 수행평가)*	○		
실감형 콘텐츠 자료	가상현실(VR) 자료			○
	증강현실(AR) 자료			○
	360° 사진 및 영상 자료			○

교사용 수업 자료	수업 준비 자료*	연간 수업 계획*	○		
		단원 안내 자료*	○		
		차시별 교수 · 학습 과정안*	○		
	수업 활용 자료*	PPT 자료*	○		
		활동지 자료*	○		
	수업 참고 자료*	교육과정*	○		
		교사용 지도서 *	○		
		교사용 읽기 자료*	○		
		참고 누리집 목록*	○		

이제 자료의 종류별로 국어 교과의 특성을 반영한 디지털 국어 교과서 개발 방향을 모색할 차례이다. 각 자료의 개발 방향을 국어과 공통 또는 듣기 · 말하기, 읽기, 쓰기, 문법, 문학 등 각 영역별로 제시해 보고자 한다.

자료의 종류는 상위 영역을 기준으로 멀티미디어 자료, 용어사전 자료, 보충 · 심화 학습 자료, 평가 자료, 실감형 콘텐츠 자료, 교사용 수업 자료 총 6가지로 구분 가능하다. 수업 준비 자료, 수업 활용 자료, 수업 참고 자료는 모두 교사를 위한 수업 자료로서 하나로 묶어 제시한다. 교사용 수업 자료의 경우 기존의 전자저작물에 수록된 자료를 디지털 교과서에도 포함하는 것이므로, 개발 방향보다는 어떻게 통합하여 디지털 교과서에 구현되도록 할 것인지를 중심으로 설명하고자 한다. 또한 국어과의 5가지 영역에 보편적으로 적용될 수 있는 내용의 경우 공통 항목으로, 각 영역의 특수하게 적용될 수 있는 내용은 듣기 · 말하기, 읽기, 쓰기, 문법, 문학[1]으로 구분하였다. 이렇게 각 영역별 개발 방향을 제시한 뒤에는 4가지 디지털 교과서 개발 원리에 근거한 자료 개발 방향을 추가적으로 밝히도록 한다.

1) 새롭게 고시 예정인 2022 교육과정의 경우, 국어과에 매체 영역이 새롭게 신설될 예정이다. 현재는 교육과정이 고시 전이기 때문에, 매체 영역의 개발 방향은 추후 개정판에서 반영하여 다루도록 한다.

2.1.1.1. 멀티미디어 자료 개발 방향

가장 먼저 멀티미디어 자료의 개발 방향을 공통과 영역별로 제시하면 다음과 같다.

〈표 61〉 멀티미디어 자료의 개발 방향

세부 항목	자료 개발 방향(공통/영역별)
듣기 자료	공통) 남성과 여성, 아이와 노인 등 성별이나 연령별로 다양한 듣기 자료를 상황에 따라 제공하여 몰입도를 높인다.
	읽기) 저학년 띄어 읽기 학습에서 다양한 띄어 읽기 자료를 제공하여 이해를 돕는다.
	문학) 시, 시조 등 음악성을 띠는 운문 작품에 대한 낭송 자료를 제공하여 문학 감상을 돕는다. 문학) 연극 대본에서 실감나는 듣기 자료를 제공하여 자신이 맡은 역할을 연습할 때 참고할 수 있도록 한다.
	문법) 연음 현상, 겹받침의 발음 등 정확한 언어 정보 제공을 위한 듣기 자료를 충분히 제공한다.
그림/사진/지도 등 시각 자료	읽기) 과학, 역사, 지리 등 전문적인 지식이 필요한 텍스트의 경우 서책형 교과서 외에 풍부한 시각 자료를 추가적으로 제공하여 이해를 돕는다.
	문학) 서책형 교과서에서 지면상의 제약으로 문학 텍스트의 삽화를 생략한 경우, 온전한 삽화를 제공한다.
표/그래프 등 통계 자료	듣기 · 말하기) 토의, 토론 등의 근거로 활용 가능한 다양한 통계 자료를 제공한다.
	쓰기) 제안하는 글, 주장하는 글 등의 근거로 활용 가능한 다양한 통계 자료를 제공한다.
동영상 자료	공통) 붙임 딱지를 활용한 활동이나 모둠 활동, 놀이 등 각종 활동 안내 영상을 제공하여 이해를 돕는다.
	문학) 연극 단원에서 서책형 교과서에 수록된 극본을 바탕으로 한 실제 연극 무대 영상을 제공한다.
	문법) 관용표현이나 고유어 등이 실제 사용된 영화, 드라마, CF 등 영상 자료를 제공한다.
애니메이션 자료	공통) 서책형 교과서의 삽화 자료를 애니메이션 자료로 제공하여 실제성과 몰입감을 높인다.

멀티미디어 자료는 2부에서 살펴본 것과 같이, 교사들이 디지털 교과서에서 가장 많이 활용하고 동시에 선호하는 자료이다. 디지털 국어 교과서를 개발하는 데 있어서도 서책형 교과서라는 매체의 특성상 제공하지 못하는 듣기 자료, 영상 자료 등을 풍부하게 제공하여 학습자의 실제적인 언어 이해 및 표현 활동을 돕는 것이 중요하다.

2.1.1.2. 용어사전 개발 방향

다음으로 용어사전 자료의 개발 방향을 공통과 영역별로 제시하면 다음과 같다.

〈표 62〉 용어사전의 개발 방향

세부 항목	자료 개발 방향(공통/영역별)
용어사전	공통) 문학, 비문학 텍스트의 용어 외에도 활동에 필요한 개념 어휘나 도구 어휘에 대한 용어사전을 풍부히 제공한다. 공통) 용어사전에서 설명만으로 이해하기 어려운 경우, 그림이나 사진, 동영상 등의 자료를 함께 제시하여 이해를 돕는다.
	문학) 옛이야기나 외국 문학 작품처럼 학습자에게 상대적으로 낯선 시대적, 공간적 배경의 텍스트인 경우 용어사전에 충분한 보충 설명을 포함한다.
	문법) 어문규정 관련해서는 서책형 교과서의 설명 외에도 한글맞춤법, 표준발음법 등 어문 규정을 용어사전을 통해 함께 제시한다.

용어사전 자료는 기본적으로 현재 사회, 과학과 등의 디지털 교과서에서처럼 단순히 뜻풀이 정보만을 제공하는 수준을 넘어서, 풍부한 시각자료와 보충 설명을 통해 학습자의 용어 이해를 도와야 할 것이다.

2.1.1.3. 보충 · 심화 학습 자료 개발 방향

보충 · 심화 학습 자료의 개발 방향을 공통과 영역별로 제시하면 다음과 같다.

〈표 63〉 **보충 · 심화 학습 자료의 개발 방향**

세부 항목	자료 개발 방향(공통/영역별)
읽기 자료	공통) 서책형 교과서에 실린 텍스트와 유사한 주제나 내용의 다른 텍스트를 추가적으로 제공하여 이해와 감상의 폭을 넓힌다.
	문학) 해당 성취기준과 학습목표에 알맞게 작품의 일부만 실려 있는 서책형 교과서와 달리, 텍스트 원문을 제공하여 문학 작품을 온전하게 감상할 수 있도록 한다.
탐구학습 자료	공통) 보통 서책형 교과서에는 텍스트의 이해를 돕기 위한 3~4개의 사실적, 추론적 질문이 읽기 후 활동으로 제시가 되는데 추론적, 확산적 질문을 추가적으로 제공하여 보충 · 심화 학습이 이루어지도록 한다. 공통) 분류하기, 선 연결하기, 순서 배열하기 등 다양한 조작활동을 해볼 수 있는 탐구학습 자료를 제공하여 학습자의 흥미와 몰입도를 높인다.
	문법) 발음과 표기가 다른 낱말, 음운 축약과 같은 언어 현상 등을 다양한 활동을 통해 직접 분류하며 규칙성을 찾게 할 수 있다.
놀이학습 자료	공통) 1학년 한글 익히기 단계에서 다양한 말놀이를 활용하여 음운 현상에 대한 이해 능력을 기르도록 돕는다.
	문법) '되와 돼', '안과 않' 등 틀리기 쉬운 맞춤법을 OX 퀴즈나 알맞게 연결하기와 같은 재미있는 놀이 활동을 통해 익숙해질 수 있도록 한다.

서책형 교과서와 비교하여 디지털 교과서가 갖는 가장 큰 장점 중 하나는 지면상의 제약이 없다는 점이다. 지면상의 제약으로 인해 작품의 일부분만 실리거나 참고 작품을 제시하기 어려운 서책형 교과서와 달리, 디지털 교과서에서는 유사한 주제의 참고 작품을 추가로 제공하거나, 서책형 교과서에 실린 작품의 원문 전체를 제공할 수 있을 것이다.

2.1.1.4. 평가 자료 개발 방향

평가 자료의 개발 방향을 공통과 영역별로 제시하면 다음과 같다.

〈표 64〉 평가 자료의 개발 방향

세부 항목	자료 개발 방향(공통/영역별)
도입 평가 문항	공통) 단원, 차시 학습주제와 관련하여 사전지식을 점검하고 배경지식을 활성화할 수 있는 도입 평가 문항을 제공한다.
	문학) 시나 소설 등 문학 작품을 감상하는 수업인 경우, 작품의 배경과 관련된 경험 말하기, 떠오르는 낱말 적기 등 상상력을 발휘할 수 있는 열린 질문을 제공한다.
마무리 평가 문항	공통) 차시 학습주제에 대한 이해도를 점검하는 문제를 내어 배운 내용을 정리하고 복습할 수 있도록 돕는다. 또는 학습 내용을 적용하는 문제를 내어 심화 학습의 효과를 거둘 수 있다.
	읽기) 요약하며 읽기, 추론적 읽기, 비판적 읽기 등 다양한 읽기 방법에 대한 학습인 경우, 서책형 교과서와 다른 텍스트로 평가 문항을 제시하여 적용 능력을 평가할 수 있도록 한다.
차시별 형성 평가 자료	공통) 2~3문항 정도 디지털 교과서 뷰어 상에서 간단하게 평가할 수 있는 도입, 마무리 평가 문항과 달리 1장 분량의 평가지 파일로 제공되어 교사가 출력하여 제공할 수 있도록 한다.
단원 평가 자료	공통) 지필, 서술형, 수행평가 등 다양한 형태의 평가 자료를 제공하여 단원 이해도를 종합적으로 평가할 수 있도록 한다.

차시별 형성 평가 자료와 단원 평가 자료 개발의 경우 국어과 영역에 관계없이 보편적으로 적용될 수 있는 방향에 해당하므로 영역별 지시 없이 공통 항목으로 제시하였다. 기존 사회, 과학과의 도입, 마무리 평가 문항은 거의 정답이 정해져 있는 단답형 문제가 많았는데 국어과 디지털 교과서의 평가 문항은 학습자의 비판적, 창의적 사고 역량을 키울 수 있는 다양한 형태의 열린 문제를 제공할 필요가 있다.

2.1.1.5. 실감형 콘텐츠 개발 방향

실감형 콘텐츠 자료의 개발 방향을 공통과 영역별로 제시하면 다음과 같다.

〈표 65〉 실감형 콘텐츠 자료의 개발 방향

세부 항목	자료 개발 방향(공통/영역별)
가상현실 (VR) 자료	공통) 학습자가 직접 경험하기 힘들거나 공감하기 어려운 학습 소재, 상황에 대해 가상현실 자료를 통한 간접적인 체험의 기회를 제공한다.
	듣기 · 말하기) 서책형 교과서에서 보통 삽화나 영상 자료로 제공되는 대화 장면의 경우 학습자가 대화 상황에 참여하기 어려워 실제성이 부족하다. 따라서 마치 시뮬레이션 게임처럼 가상현실로 구현된 상황 속에서 학습자가 직접 대화에 참여해 보도록 할 수 있다.
	문학) 시나 소설 등 문학 작품의 시간적, 공간적 배경을 가상현실로 구현하여 학습자가 작품을 보다 잘 이해하고 몰입할 수 있도록 할 수 있다. 특히 옛이야기처럼 학습자가 직접 경험해보기 어려운 과거 시점을 다루고 있거나 낯선 장소를 배경으로 할 경우 가상현실 체험을 통해 간접 경험의 기회를 제공할 수 있다.
증강현실 (AR) 자료	공통) 가상현실 자료처럼 배경이 중요하기보다는 구현되어야 할 대상이나 장면 자체가 중요한 경우에는 학습자 눈앞에서 바로 구현되도록 하는 증강현실 자료가 효과적이다.
	읽기) 작품 속 등장하는 인물이 증강현실을 통해 학습자 눈앞에 바로 등장하도록 하여 등장인물의 입장을 들어보도록 하거나 질문하고 답하는 등 인물과 대화를 나눠보며 작품의 이해와 감상을 높일 수 있다.
360° 사진 및 영상 자료	공통) 실제로 존재하는 장소의 경우 3D로 구현된 가상현실과 증강현실보다는 360° 사진 및 영상 자료를 통해 학습자가 자기주도적으로 장소를 둘러보고 체험해보도록 할 수 있다.
	쓰기) 기행문 감상의 경우 학습자가 기행문 속 여행지를 방문한 적이 없다면 텍스트에 몰입하기 어렵다. 따라서 실제 여행지의 360° 사진 및 영상 자료를 제공하여 여정에 따라 가상현실 체험을 하며 텍스트를 보다 잘 이해하도록 할 수 있다. 기행문 쓰기의 경우에도 과거에 방문한 여행지를 바탕으로 쓰는 데에서 나아가, 360° 사진 및 영상 자료로 여행지를 방문하여 간접 경험을 바탕으로 기행문을 써 보게 할 수도 있다.

실감형 콘텐츠 자료는 앞선 디지털 교과서 자료 분석에서 살펴본 것처럼 이미 사회, 과학과 디지털 교과서에서 직접 체험이 어렵거나 텍스트로 이해하기 어려운 경우, 실제적인 간접 체험 자료로서 효과적으로 활용되고 있다.

국어과의 경우에도 실감형 콘텐츠 자료는 텍스트의 이해를 돕고 보다 실제적인 언어 학습 상황을 제공할 수 있다는 점에서 매우 유의미한 자료이다. 특히 읽기, 문학 텍스트의 경우 학습자가 관련 배경지식이 없는 경우 텍스트 이해에 어려움이 큰데, 실감형 콘텐츠로 간접 경험해 봄으로써 텍스트 이해 및 감상에 도움을 얻을 수 있을 것이다.

2.1.1.6. 교사용 수업 자료 개발 방향

수업 준비 자료, 활용 자료, 참고 자료는 모두 교사를 위한 전용 자료로서 기존의 전자저작물에 수록된 자료이기도 하다. 따라서 위의 다른 자료들처럼 공통, 영역별로 구분하여 자료 개발 방향을 구체적으로 제시하기보다는, 디지털 교과서 수록 및 구현 시의 적용 방향에 초점을 두고 설명하고자 한다.

〈표 66〉 교사용 수업 자료의 개발 방향

자료의 종류	자료 개발 방향
수업 준비 자료	• 교사의 수업 준비에 필요한 연간 수업 계획, 단원 안내 자료, 차시별 교수·학습 과정안을 파일 및 뷰어 형태로 제공한다.
수업 활용 자료	• 전자저작물에서 제공하는 것과 같이 수업 중에 필요한 PPT 자료, 활동지 자료를 파일 및 뷰어 형태로 제공한다.
수업 참고 자료	• 성취기준을 중심으로 교사가 수업을 재구성하는 데 필수적으로 필요한 교육과정, 교사용 지도서를 파일 및 뷰어 형태로 제공한다. • 그 외 교사용 읽기 자료와 참고 누리집 목록을 제공하여 교사의 수업 재구성에 도움을 제공한다.

수업 준비 및 활용 자료의 경우 디지털 교과서의 기능 개발에서 다룰 '공유하기' 기능과 연계하여 위키피디아와 같은 방식으로 교사들이 서로 자료를 추가 공유할 수 있도록 할 필요가 있다. 이를 통해 기존에 제공되는 소수의 자료뿐만 아니라 교사들 간의 협력을

통해 보다 다양한 자료를 활용할 수 있을 것으로 기대된다. 또한 교사용 수업 자료를 파일 및 뷰어 형태로 동시에 제공하여, 파일로도 출력하여 활용할 수 있고 뷰어 형태로 수업 중에 바로 활용 가능하도록 할 수 있다.

2.1.1.7. 디지털 교과서 개발 원리를 적용한 자료 개발 방향

앞서 디지털 교과서의 개발 원리를 크게 유연성의 원리, 과정 중심의 원리, 상호작용의 원리, 자기주도의 원리의 4가지로 구분하였다. 각각의 원리를 적용한 자료 개발 방향을 정리하면 다음과 같다.

〈표 67〉 디지털 교과서 개발 원리를 적용한 자료 개발 방향

개발 원리	자료 영역	개발 방향
유연성의 원리	교사용 수업 자료	• 수업 목적과 의도에 따라 교사용 자료를 수업 상황에 선택적으로 활용 가능하도록, 자료의 효과 및 유의점, 활용 팁 등을 함께 제시한다.
	멀티미디어 자료	• 학습자가 자신의 흥미와 관심사 또는 과제 해결에 필요한 멀티미디어 자료를 선택하여 활용할 수 있도록 풍부한 멀티미디어 자료를 제공한다.
과정 중심의 원리	보충 · 심화 학습 자료	• 도입, 마무리 평가 문항뿐 아니라 보충 · 심화 학습 중에서도 평가가 이루어지도록 학습 자료에 평가 문항을 포함하도록 한다.
	평가 자료	• 지식 확인을 목적으로 한 객관식 평가 문항뿐만 아니라, 활동 과정상의 기능을 평가할 수 있는 서술형 문항이나 자기평가, 동료평가 등의 문항 등을 함께 제시한다.
상호작용의 원리	용어사전 자료	• 위키피디아, 우리말샘[2]처럼 용어사전에 관한 시각 자료, 보충 자료를 교사, 학습자가 추가, 수정할 수 있도록 한다.
	실감형 콘텐츠 자료	• 온라인 메타버스 플랫폼처럼 실감형 콘텐츠 안에서의 상호작용이 가능하도록 하여, 학습자 간 소통과 협력을 통한 문제해결이 가능하도록 한다.

자기 주도의 원리	멀티미디어 자료	• 학습자가 수업 상황 전, 후로 자기주도적으로 학습할 수 있도록 풍부한 멀티미디어, 보충 · 심화 학습 자료를 제공하도록 한다.
	보충 · 심화 학습 자료	

먼저 유연성의 원리를 적용하여 교사용 수업 자료, 멀티미디어 자료 등에서 사용 주체가 의도나 기호 등에 따라 자료를 선택할 수 있도록 한다. 다음으로 과정 중심의 원리에 따라 보충 · 심화 학습 자료, 평가 자료 등에서 과정 중심 평가가 가능하도록 문항을 구성한다. 상호작용의 원리에 따라 실감형 콘텐츠 활동 과정에서 학습자 간 소통과 협력이 이루어지도록 하고, 용어사전 자료를 학습자가 직접 참여하여 수정할 수 있도록 한다. 마지막으로 자기주도의 원리를 반영하여 학습자가 수업 상황 외에 디지털 국어 교과서로 예습, 복습을 할 수 있도록, 멀티미디어 자료 및 보충 · 심화 학습 자료를 풍부하게 제공하도록 한다.

2.1.2. 디지털 국어 교과서 기능 개발 방향

앞서 디지털 교과서의 기능을 크게 교수 · 학습 지원 기능과 교수 · 학습 관리 기능, 외부 자료 연계 기능 등 크게 세 가지로 구분하였다. 먼저 교수 · 학습 지원 기능의 경우 부가 편의 기능과 본문 자료 연계 기능으로 나누어 각 영역별 세부 기능들을 살펴보았다. 또한 교수 · 학습 관리 기능은 진도 및 이력 기능과 추가 관리 기능 등 두 가지 하위 영역으로 나누어 각 영역별 세부 기능들을 범주화하였다. 마지막으로 외부 자료 연계 기능은 커뮤니티 연계, 외부자료 검색, 외부자료 연결 기능 등 세 가지 하위 영역으로 범주화하였다.

여기에서는 디지털 국어 교과서 기능 개발 방향을 제시한 다른 선행 연구 사례들을 살펴보고, 이를 바탕으로 디지털 국어 교과서에 새롭게 추가되어야 할 기능 및 각 기능의 개발 방향을 구체적으로 제시하고자 한다.

먼저 한국교육학술정보원(2020)에서는 디지털 교과서의 현황 분석을 바탕으로 향후 정

2) 위키피디아처럼 사용자가 직접 용어의 뜻과 용례 등을 추가, 수정할 수 있는 온라인 개방형 사전.

책 추진 방향을 제시하였는데, 이 중 디지털 교과서의 기능 개발 방향은 다음과 같다.

첫째, 디지털 매체의 장점인 유연함과 확장성이 반영될 수 있어야 한다는 점이다. 여기에서 유연함과 확장성은 외부 자료 연계 기능과 연결 지을 수 있다. 기존의 학습 커뮤니티 위두랑, 외부 URL삽입, 검색 기능 외에 보다 다양한 외부 자료를 연계하여 디지털 국어 교과서의 유연함과 확장성을 도모할 필요가 있다.

둘째, 교사들에게 학습 내용을 재구성할 수 있는 자율성이 주어져야 한다는 점이다. 현재의 디지털 교과서는 기존의 서책형 교과서를 그대로 구현하고 여기에 추가적인 자료가 제시되고 기능을 활용할 수 있도록 되어 있는데, 교사의 수업 재구성이 어려운 여건이다. 미래형 디지털 국어 교과서는 교사가 서책형 교과서의 흐름과 자료의 순서를 재구성할 수 있는 자유로운 인터페이스 기능이 구현되어야 할 것이다.

정영식(2008)에서는 디지털 교과서의 기능을 교수 · 학습 기능, 자원 연계 기능 상호작용 기능, 학습 관리 기능, 학습 보조 기능 등 총 5가지로 정리하여 제시하였다. 이 중 현재 디지털 교과서에서 취약한 기능을 꼽으라면 상호작용 기능을 들 수 있다. 물론 지금도 학습 커뮤니티인 위두랑의 게시판을 활용하여 교사-학생, 학생-학생 간 소통과 협력이 가능하지만, 디지털 교과서 안에서의 실시간 쌍방향 소통은 불가능하다. 따라서 미래형 디지털 국어 교과서에는 기존의 교수 · 학습 지원 및 관리 기능 외에 상호작용 기능을 새롭게 추가할 필요가 있다.

김혜정 · 임희석(2013)에서도 학생을 위한 디지털 교과서의 확장 기능으로 상호작용 기능과 함께 협동학습 지원 요소를 강조하고 있는데 구체적으로 위키피디아와 같이 학습자들이 공동으로 활동을 수행할 수 있는 협력학습 지원 도구를 예로 들었다. 이 연구에서는 상호작용 및 협동학습 지원 요소 기능을 포괄하여 소통 및 협력 기능을 새롭게 제시하고자 한다.

한편 김혜정 · 임희석(2013)은 교사를 위한 디지털 교과서의 기능도 제시하였는데, 교사의 학습내용 재구성을 위한 콘텐츠 선택 및 조절 기능, 참고자료 연결 및 공유 기능을 이 연구에서도 수업 지원 기능 항목을 신설하여 구체적인 세부 기능에 포함하였다.

이상 앞선 연구의 사례들을 바탕으로, 미래형 디지털 국어 교과서에 새롭게 포함되어야 할 기능들을 영역별로 제시해 보고자 한다. 먼저 기존의 교수 · 학습 지원 기능과 교수 · 학습 관리 기능, 외부 자료 연계 기능 등 세 가지 상위 영역은 그대로 두었다. 하위 영역의 경우 교수 · 학습 지원 기능에 수업 지원 도구를 비롯해 학습 필기구, 상호작용, 과정중심 학습 기능을 추가하였다. 그리고 교수 · 학습 관리에 학습 진단 및 처방 기능을 추가하였다.

수업 지원 도구와 학습 진단 및 처방 기능의 경우 에듀넷-티클리어에서 제공하는 기능에도 그대로 소개되어 있으나, 앞선 디지털 교과서 분석 결과에서 알 수 있듯 실제 디지털 교과서에서 수업 지원과 학습 진단 및 처방을 위한 구체적인 기능을 찾기는 어렵다. 따라서 수업 지원 도구와 학습 진단 및 처방 기능 역시 새롭게 추가되어야 할 기능으로 분류하였다. 미래형 디지털 국어 교과서 개발 시 하위 영역에 새롭게 포함되어야 할 기능들을 정리하면 다음과 같다.

〈표 68〉 디지털 국어 교과서에 새롭게 포함되어야 할 주요 기능 설명

상위 영역	하위 영역	설명
교수 · 학습 지원 기능	수업 지원도구	• 교사의 디지털 교과서 활용 수업 재구성 등을 지원하고 학습자별, 자료별 통계자료를 제공하여 수업 준비 및 활용에 도움을 제공함. • 중등 국어과 전자저작물에 포함되어 있는 보상 스티커, 발표자 선택 도구, 타이머 등 보편적인 수업 상황에서 교사가 활용 가능한 기능들을 지원함.
	학습 필기구	• 디지털 교과서를 활용한 학습 전반에 필요한 기능들을 한 데 모음. 하이라이트, 펜쓰기, 녹음, 책갈피 등 기존에 있던 기능들뿐만 아니라 연습장, 나만의 단어장 등 새로운 기능들이 추가되어 학습을 지원함.
	상호작용 기능	• 교사-학생, 학생-학생 간 자유로운 실시간 쌍방향 소통 및 협업이 가능하도록 지원하는 기능
	과정중심 학습 기능	• 문자화, 과정기록, 생각그물 등의 기능을 통해 과정중심학습이 가능하도록 지원하는 기능
교수 · 학습 관리 기능	학습 진단 및 처방 기능	• 디지털 교과서를 활용한 학습 상황에서 학습 과정 및 결과를 분석하여 진단하고 학습자에게 필요한 보충 · 심화 학습 및 평가 자료 등 개별 처방을 제공하는 기능

위와 같이 디지털 국어 교과서에 새롭게 추가될 하위 영역뿐만 아니라 기존 하위 영역에 추가되어야 할 세부 기능들을 모두 포괄하여 제시하면 다음과 같다.

〈표 69〉 디지털 국어 교과서의 기능 범주화

<table>
<tr><th>상위 영역</th><th>하위 영역</th><th colspan="2">세부 항목</th></tr>
<tr><td rowspan="20">교수 · 학습
지원 기능</td><td rowspan="14">부가 편의 기능</td><td rowspan="2">차례</td><td>교과서 차례</td></tr>
<tr><td>콘텐츠 차례</td></tr>
<tr><td colspan="2">이전/다음</td></tr>
<tr><td colspan="2">단면/양면</td></tr>
<tr><td colspan="2">페이지 이동</td></tr>
<tr><td colspan="2">페이지 확대/축소</td></tr>
<tr><td colspan="2">페이지 링크 복사</td></tr>
<tr><td colspan="2">본문 검색</td></tr>
<tr><td colspan="2">본문 복사</td></tr>
<tr><td colspan="2">북마크</td></tr>
<tr><td colspan="2">간편 메뉴</td></tr>
<tr><td colspan="2">인쇄</td></tr>
<tr><td colspan="2">도움말</td></tr>
<tr><td colspan="2">화면 캡처</td></tr>
<tr><td rowspan="6">본문 자료
연계 기능</td><td colspan="2">나타내기/숨기기</td></tr>
<tr><td colspan="2">자료 확대</td></tr>
<tr><td colspan="2">자료의 영상화</td></tr>
<tr><td colspan="2">자료의 조작화</td></tr>
<tr><td colspan="2">읽어주기</td></tr>
<tr><td colspan="2">입력하기</td></tr>
</table>

교수 · 학습 자료 공유 기능	나눔 마당	디지털 교과서 판서 자료
		학습자료 나눔 공간
수업 지원 도구*	모니터링*	
	통계자료*	학습 진도율
		문항 정답률
		자료 이용률
		자료 추천율
	평가하기*	점수 매기기
		별점 매기기
		추천하기
		직접 입력
	피드백*	표시하기
		채점하기
		댓글달기
	설문/퀴즈*	설문조사
		퀴즈 출제
	재구성*	순서 조정
		자료 추가
		자료 수정
		자료 삭제
	자료 공유*	자료 검색하기
		자료 내보내기
		자료 가져오기
	활동 도우미*	칠판
		개별/보상 스티커

			발표 도구
			타이머
			주사위
			주의 집중
	학습 필기구*	강조(하이라이트)	
		펜쓰기	
		녹음	
		책갈피	
		연습장* (기존 노트 기능 보완)	
		단어장*	
		포스트잇*	
	상호작용 기능*	대화하기*	
		공동 작업*	
		내 활동 복사*	
	과정중심 학습기능*	문자화*	
		과정 기록*	
		생각그물*	
		자동 검사*	맞춤법 검사
			띄어쓰기 검사
교수 · 학습 관리 기능	교수 · 학습 진도 및 이력 기능	내 서재	교과서 구독 및 열기
			위두랑 자료보기
			나의 학습기록
		내 자료함	메모 목록
			자료연결 목록
			하이라이트 목록
			책갈피 목록

			녹음 목록
			펜쓰기 목록
			진도 저장 목록*
		디지털교과서 클래스	열람시간 보기
			학습 데이터 열람
	학습 진단 및 처방 기능*	도움봇*	묻고 답하기
			도움말 제공
			바로가기 제공
		맞춤형 학습*	학습 진단
			맞춤형 학습자료 제공
			개선점 처방
	부가 관리 기능	설정 기능	뷰어 설정
			바로가기 설정
		동기화	
		초기화	
외부 자료 연계 기능	커뮤니티 연계	위두랑 바로가기	
		위두랑 앱 열기	
		게시판*	
	외부 자료 검색	에듀넷 티클리어	
		e학습터	
		지식백과	
		표준국어대사전 등*	
	외부 자료 연결	URL 연결	
		파일 연결	
		QR코드 연결*	
		자료 삽입*	

위에서 제시된 세부 기능들 중, 본 연구에서 도출한 '디지털 국어 교과서 개발 원리'를 적용한 핵심 기능의 개발 방향은 다음과 같다.

2.1.2.1. '유연성의 원리'를 적용한 기능 개발 방향

'유연성의 원리'는 디지털 교과서를 사용 주체가 그 의도와 기호에 따라 교과서를 부분적으로 재구성할 수 있도록 구현하는 원리를 의미한다. 유연성의 원리를 반영하여 개발해야 할 주요 기능은 수업 지원 도구 중 '재구성 기능'과 부가 관리 기능 중 '설정 기능'이며, 자세한 내용은 아래 표와 같다. 더불어, '나의 학습창'에서의 '설정' 기능도 자신의 학습창과 캐릭터를 설정할 수 있다는 점에서 '유연성의 원리'를 고려하여 개발되어야 할 것이다.

〈표 70〉 '유연성의 원리'를 적용한 기능 개발 방향

영역	기능	세부 항목	개발 방향
수업 지원 도구	재구성	순서 조정, 자료 추가, 자료 수정, 자료 삭제	교사 전용 기능으로서, 활동의 순서를 조정하거나 차시 학습의 순서 등을 조정할 수 있다. 또한 기존 교과서에서 학급 학생들의 수준에 부적절한 자료는 삭제하고 보다 적절한 자료를 교사가 직접 추가할 수 있다.
부가 관리 기능	설정 기능	뷰어 설정, 바로가기 설정	'설정' 기능은 교과서의 뷰어나 바로가기 등 자주 사용하는 기능을 사용자의 기호와 편의에 맞게 재구성할 수 있도록 고안된 기능이다. '설정' 기능이 보다 개별 맞춤형으로 구현된다면 디지털 교과서에 대한 학생들의 애착과 참여도를 높일 수 있을 것이다.

2.1.2.2. '과정 중심의 원리'를 적용한 기능 개발 방향

'과정 중심의 원리'는 디지털 교과서가 국어 활동의 결과물뿐 아니라 '과정'을 기록할 수 있도록 구현되어야 함을 뜻한다. '과정 중심의 원리'를 반영하여 개발해야 할 주요 기능으로는 '과정 중심 학습 기능', '피드백 기능' 등이 있으며 자세한 개발 방향은 아래 표와 같다.

〈표 71〉 '과정 중심의 원리'를 적용한 기능 개발 방향

기능	세부 항목	개발 방향
과정 중심 학습 기능	문자화, 과정 기록, 생각그물	학습의 과정을 기록할 수 있는 기능으로서, '문자화'는 학생들이 나누는 대화와 같은 음성 언어를 자동으로 문자화하여 학습 과정을 기록으로 남길 수 있도록 구현한다 '과정 기록'은 글쓰기의 과정을 기록할 수 있도록 제시된 기능이며, '생각그물'은 과정중심 글쓰기의 '쓰기전' 단계와 같이 아이디어를 생산하고 조직하는 활동의 과정을 기록할 수 있는 방향으로 개발되어야 한다.
피드백	표시하기, 채점달기, 댓글달기	'피드백'은 교사가 학생들의 학습 단계별 결과물에 구체적인 피드백을 제공할 수 있도록 하는 기능으로, 피드백 또한 과정 및 단계별로 누가하여 기록될 수 있도록 구현함으로써, 학생들이 피드백을 반복적으로 수용하고 발전 과정을 살펴볼 수 있도록 개발해야 한다.

2.1.2.3. '상호작용의 원리'를 반영한 기능 개발 방향

'상호작용의 원리'는 디지털 교과서가 학습 주체 간, 그리고 학습 활동 간의 상호작용이 활발하게 일어날 수 있도록 구현되어야 함을 뜻한다. '상호작용의 원리'에 중점을 두고 개발되어야 할 기능은 '상호작용 기능', '커뮤니티 연계 기능' 등이 있으며, 자세한 개발 방향은 다음과 같다.

〈표 72〉 '상호작용의 원리'를 반영한 기능 개발 방향

기능	세부 항목	개발 방향
상호작용 기능	내 활동 복사, 대화하기, 공동작업	이는 학생 개인이 교과서에 학습한 활동을 다른 사람과 공유하고 상호작용하기 위한 주요 기능으로, '내 활동 복사'는 나의 활동을 스크린 샷의 형태로 복사하여 전달 및 공유하도록 하는 기능이다. 또한 '대화하기'는 모둠원들과 채팅을 할 수 있도록 구현된 기능으로서, '협의하기'와 같은 글쓰기 활동에 많이 활용될 수 있다. '공동 작업'은 실시간으로 동시에 모둠원들이 함께 작용할 수 있도록 구현된 기능이다.

커뮤니티 연계	게시판	커뮤니티 연계는 학생들이 각자 속한 모둠, 학급, 학교 등 다양한 단위와 형태로 상호작용할 수 있도록 고안된 기능이다. '게시판'의 범위는 단위 학교의 학년만으로 한정되지 않고 다른 학교와의 교류 등도 가능하도록 개발되어 상호작용의 대상을 다양화하고 학습 상황에 따라 선택 및 조정할 수 있도록 설계될 필요가 있다.

2.1.2.4. '자기주도의 원리'를 반영한 기능 개발 방향

'자기주도의 원리'는 디지털 교과서가 교사와 함께하는 본 차시 학습 이외에도 학습자가 스스로, 혼자서도 학습할 수 있도록 설계되어야 함을 뜻한다. '자기주도의 원리'를 반영하여 개발되어야 할 기능은 '내 서재 기능', '도움봇 기능', '맞춤형 학습 기능' 등이 있으며, 자세한 개발 방향은 다음과 같다.

〈표 73〉 '자기주도의 원리'를 반영한 기능 개발 방향

영역	기능	세부 항목	개발 방향
교수·학습 진도 및 이력 기능	내 서재	내 학습 기록	'내 서재'는 내가 학습한 활동을 모아서 볼 수 있는 기능으로서, 특히 단원의 계열성을 고려하여 이전에 학습한 내용을 복습할 때 유용하게 활용할 수 있을 것이다.
학습 진단 및 처방 기능	도움봇	묻고 답하기, 도움말 제공	'도움봇'은 학습자가 혼자 학습할 때 부딪히는 어려움을 해소하고 학습에 대한 흥미를 잃지 않도록 하기 위해 고안된 기능이다. 학습 내용에 대한 질문뿐만 아니라 학습 습관 등에 대한 고민도 나눌 수 있도록 개발된다면 자기주도학습의 동반자로서 매우 활용도가 높은 핵심 기능이 될 것이다.
	맞춤형 학습	맞춤형 학습자료 제공, 개선점 처방	학습자의 목표 도달 및 성취 수준에 따라 보충 및 심화 학습 자료를 제공하고 개선점을 처방할 수 있도록 고안된 기능이다. '도움봇'과 연계하여 활용할 수 있다.

2.2. 모형 구성

이 절에서는 앞서 논의한 개발 방향을 바탕으로 설계한 디지털 국어 교과서의 모형을 제시한다. 디지털 국어 교과서의 기능 및 자료 단추(아이콘)[3]는 '교사 전용 자료', '교사 전용 기능', '차시 활용 자료 및 기능', '교수 · 학습 도움 기능', '본문 내 기능'의 5개 영역[4]으로 나누어져 있으며, 각각은 서로 다른 배경색으로 구분하였다.

〈표 74〉 디지털 교과서 모형의 5개 영역

순서	명칭	위치	배경색	특성		
				사용 주체	자료-기능	고정-유동
1	교사 전용 자료	좌상단		교사 전용	자료	고정
2	교사 전용 기능	우상단		교사 전용	기능	고정
3	차시 활용 자료 및 기능	좌우		교사, 학생	자료, 기능	유동
4	교수 · 학습 도움 기능	하단		교사, 학생	기능	고정
5	본문 내 기능	본문 내		교사, 학생	기능	유동

교사 전용 자료의 경우, 교사에게만 노출되며, ①, ②, ④영역의 경우 모든 단원에 공통적으로 배치되는 자료 및 기능이지만(고정적), ③, ⑤의 경우는 차시 및 단원에 따라 필요한 자료 및 기능 단추만 활성화되어 나타난다(유동적). 또한 교과서 본문 내 활동에 커서

3) 모형 구성에 활용된 아이콘은 공유저작물 누리집인 flaticon에서 가져와 활용하였다.(https://www.flaticon.com)

4) 영역별 자료 및 기능 단추에 관한 내용은 각 절에서 자세히 다룬다.

(마우스)를 갖다 대면, 관련 있는 자료 및 기능의 단추가 깜빡거리며 활성화될 수 있도록 구현한다. 마찬가지로, 각 자료 및 기능의 단추에 커서(마우스)를 대면, 교과서 본문 내 관련 활동이 깜빡이며 활성화된다. 디지털 국어 교과서의 모형이 구현된 화면의 예시는 아래 그림과 같다.

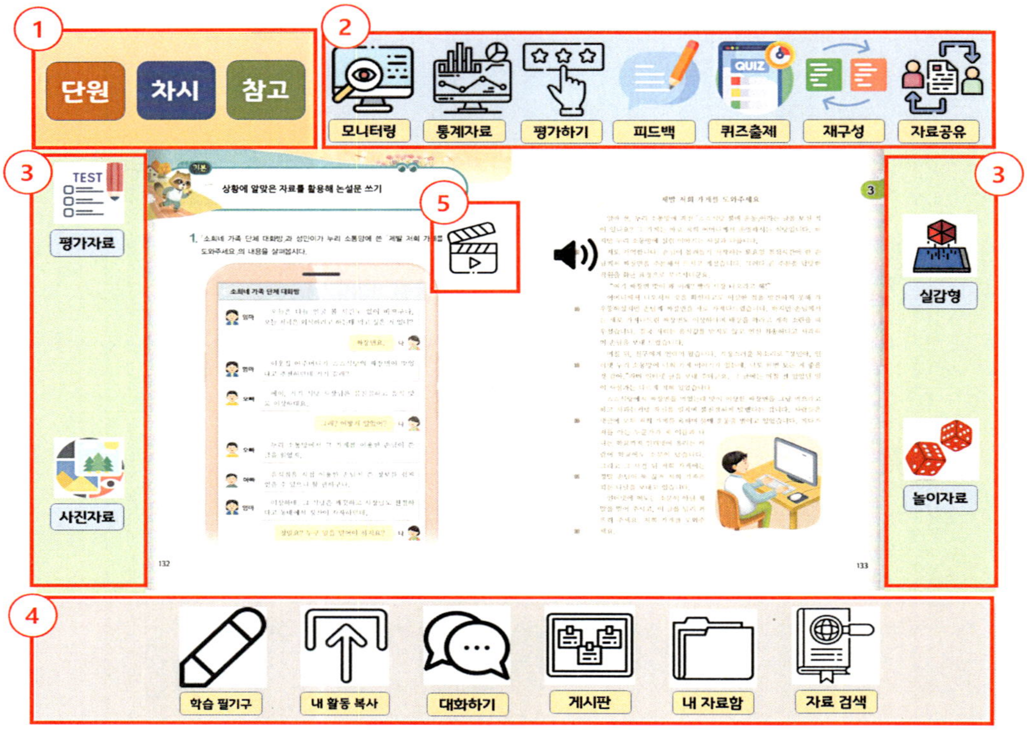

[그림 78] 디지털 국어 교과서 모형 구현 화면(예시)

2.2.1. 교사 전용 자료

교사 전용 자료는 좌상단에 위치하고, 단원 공통 자료, 차시 학습 자료, 참고 자료의 세 가지로 나누어지며 자세한 내용은 아래 표와 같다.

〈표 75〉 ① **교사 전용 자료(좌상단)**

아이콘	이름	설명
단원	단원 자료	본 단원 지도에 필요한 단원 안내 자료, 단원 평가 자료 등을 모아볼 수 있음.
차시	차시 자료	해당 차시 지도에 필요한 차시별 학습지, ppt, 평가 자료 등을 제공함.
참고	참고 자료	교육과정, 지도서, 수록본 단원의 학습 외에 국어교육학적 지식 등의 교사용 참고 자료를 제시함.

2.2.2. 교사 전용 기능

교사 전용 기능은 우상단에 위치하고, 모니터링, 통계자료, 평가하기, 피드백, 퀴즈 출제, 재구성, 자료공유의 7개의 기능을 포함하며 자세한 내용은 아래 표와 같다.

〈표 76〉 ② **교사 전용 기능(우상단)**

아이콘	이름	설명
	모니터링	학습자의 학습 활동을 실시간으로 모니터링하고 학습자의 학습 활동 정도를 관찰할 수 있음.
	통계자료	학습자별 과제 수행 정도, 수업 이수 정도를 수치화하여 통계를 구축함. 이를 바탕으로 학급 내 학생들의 학습 성취 수준을 파악할 수 있고, 학습자의 수준에 맞게 자료를 제공할 수 있음.

	평가하기	학습자가 제출한 과제를 평가 계획의 성취 수준에 따라 평가함. 평가 결과는 학습자 개개인별로 누적되어 기록되며 이를 바탕으로 과정중심 평가 구현 가능.
	피드백	학습자가 작성한 글에서 수정이 필요한 부분에 대해 교사가 피드백을 제공함. 모둠 채팅과 같은 소집단회의에 대한 피드백도 제공함.
	퀴즈 출제	매단원, 매차시별 형성 평가를 위한 퀴즈 출제가 가능함. 단답형, 서술형 등 다양한 문제 형식과 내용을 선택하여 퀴즈 출제가 가능하도록 구현함.
	재구성	교사가 디지털 교과서 학습의 흐름을 재구성할 수 있음. 각 학급 학생들의 학습 수준에 맞게 학습 활동의 순서를 조정하거나 학습 활동을 추가, 생략할 수 있음.
	자료공유	디지털 교과서에 탑재된 교사용 자료 이외에 교사들이 직접 제작한 자료를 위키피디아 형식으로 활용할 수 있음. 외부 커뮤니티 사이트로 이동하지 않고, 교과서 연계 활동 자료를 검색하여 즉시 공유 및 적용 가능함.

2.2.3. 차시 활용 자료 및 기능

차시 활용 자료는 교과서 좌우에 위치하며, 평가 자료, 사진 자료, 예시 자료, 실감형 자료, 영상 자료, 놀이 자료, 표/그래프 자료, 읽기 자료의 8가지 자료로 구성되어 있다.

〈표 77〉 ③ 차시 활용 자료(좌우)

아이콘	이름	설명
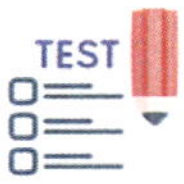	평가 자료	도입, 마무리, 자기 평가 문항 등 학생이 활용할 수 있는 다양한 평가 자료가 제공됨.
	사진 자료	학생의 학습 활동이 도움이 될 수 있는 교과서 활동 관련 있는 사진 자료가 추가로 제공됨.
	예시 자료	학습자가 참고할 수 있는 학습 활동의 예시 답안 및 활동 결과를 확인할 수 있음.
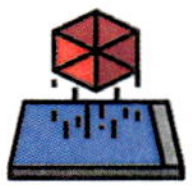	실감형 자료	가상현실(AR), 증강현실(AR), 360° 사진 및 영상 자료와 같은 실감형 콘텐츠가 제공됨.
	영상 자료	서책형 교과서에 제시되지 않은 멀티미디어 자료 중 영상 자료가 제공되어 학습자의 학습 활동을 지원.
	놀이 자료	디지털 교과서에서 학습자가 활용할 수 있는 놀이 형태의 자료가 제공됨.
	표/그래프 자료	학습자가 참고할 수 있는 표, 그래프 등의 통계 자료가 제시됨.
	읽기 자료	보충, 심화 학습을 위한 자료로 본문 내용과 관련된 추가 읽기 자료를 제시함. 일부만 제시된 본문의 전체 글을 제시하는 경우도 있고, 관련되는 다른 글을 제시할 수도 있음.

차시 활용 기능 또한 교과서 좌우에 위치하며 공동작업, 도움봇, 맞춤형 학습, 문자화, 과정 기록, 생각그물의 6가지 기능으로 구성되어 있다.

〈표 78〉 ③ 차시 활용 기능(좌우)

아이콘	이름	설명
	공동 작업	학생들 간 동시 협업 작업을 지원하는 기능으로 동시 입력, 수정, 삭제 등이 가능함.
	도움봇	AI 튜터가 활동 수행에 필요한 도움말 등을 제공하고, 학습자의 질문에 빅데이터 기반 답변을 통해 자기주도적 학습을 지원함.
	맞춤형 학습	학습자의 성취수준, 학습태도 등을 진단하여 맞춤형 보충·심화학습 자료 제공, 개선점 처방 등을 통해 맞춤형 학습을 지원함.
	문자화	학습자가 말한 내용을 녹음 후 자동으로 문자화하여 제공하는 기능.
	과정 기록	활동 중간중간에 과정 기록을 누르면 임시 버전으로 저장되어 최종 결과물만이 아니라 쓰기 과정 전반을 확인할 수 있음.
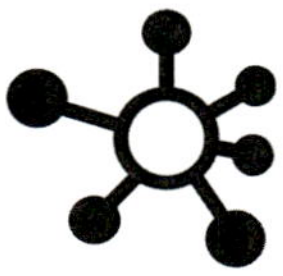	생각그물	과정중심쓰기의 계획하기, 조직하기 단계에서 아이디어를 자유롭게 조직하고 확산할 수 있도록 생각그물 기능을 지원함.

2.2.4. 교수 · 학습 도움 기능

교수 · 학습 도움 기능은 하단에 위치하며, '학습 필기구, 내 활동 복사, 대화하기, 게시판, 내 자료함, 자료 검색'의 6가지 기능으로 구성된다.

〈표 79〉 ④ **교수 · 학습 도움 기능(하단)**

아이콘	이름	설명
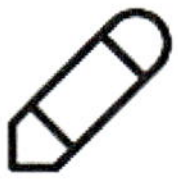	학습 필기구	필기를 위한 기능. 학생들이 전자펜을 이용하여 디지털 교과서에 필기한 내용. 강조(하이라이트), 펜쓰기, 녹음, 책갈피 등으로 구성.
	내 활동 복사	학습한 페이지의 전체 내용을 이미지화하여 복사함. 복사한 후, 채팅하기 또는 게시판, 선생님께 보내기 등이 가능하도록 구현.
	대화하기	친구들과 회의할 수 있는 기능. 협의하기 등 모둠 회의가 필요할 때 활용할 수 있으며, 교사가 도둠을 세팅할 수 있도록 구현.
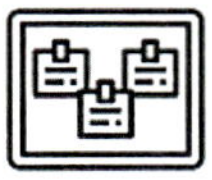	게시판	작성한 글이나 녹음된 자료, 영상 등을 친구들과 공유할 수 있는 공간. 게시판 안에 폴더 생성 등을 교사가 설정할 수 있도록 구현. 게시판에 개별 과제를 제출할 수 있도록 구현.
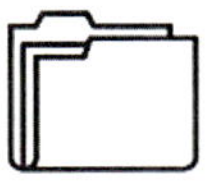	내 자료함	내가 디지털 교과서에서 공부한 기록을 모아볼 수 있는 기능. '강조(하이라이트), 필기, 녹음, 책갈피, 받은 자료'로 구성됨. '강조'는 형광펜 친 부분.
	자료 검색	국어 교과의 특성에 맞게 '표준국어대사전', '관용어/속담 사전', '신어 사전', '우리말 다듬기' 등과 자동 연동되어 새로 웹사이트에 접속할 필요가 없도록 구현.

2.2.5. 본문 내 기능

본문 내 기능은 교과서 본문 내에 위치하며, '자료 확대, 영상화, URL 연결, 자료 삽입, 읽어주기, 조작화'의 6가지 기능으로 구성된다.

〈표 80〉 ⑤ **본문 내 기능(본문 내)**

아이콘	이름	설명
	자료 확대	교과서 속 사진 및 그림 자료를 확대하여 보여주는 기능이다. 학습자가 해당 아이콘을 클릭하면 확대된 자료를 확인할 수 있다.
	영상화	교과서 본문에 제시된 멀티미디어 자료를 재생해 주는 기능이다. 학습자가 해당 아이콘을 클릭하면 탑재된 영상을 실시간으로 시청할 수 있다.
	URL 연결	교과서 본문에 학습자가 직접 링크를 삽입할 수 있는 기능이다. 해당 아이콘을 클릭하면 링크 주소를 하이퍼링크로 만들 수 있게 함으로써 다른 학습자에게 웹페이지를 공유하거나 글의 출처를 제시할 때 활용할 수 있다.
	자료 삽입	교과서 본문에 학습자가 미디어 자료를 탑재할 수 있는 기능이다. 해당 아이콘을 클릭하면 학습자가 생성한 사진, 동영상 등의 멀티미디어 파일을 교과서 페이지에 탑재할 수 있다.
	읽어주기	교과서 본문 내용이 음성화되어 오디오로 들을 수 있는 기능이다.
	조작화	학습자가 직접 옮기거나 붙이는 등 조작 활동을 통해 학습 활동에 참여할 수 있는 기능이다.

2.3. 학습창 구성

학생들이 디지털 교과서에 접속하면 가장 먼저 만나게 되며, 학습과 관련된 전반적인 내용을 종합하여 보여주는 '대시보드'의 기능을 하는 것이 '나의 학습창'이다. 크게 '홈', '내 학습 모음', '더 공부하기', '설정'의 네 가지 학습창으로 구성하였으며, 왼쪽 상단의 바(bar)에서 각 학습창으로의 이동이 가능하다. '설정' 학습창은 디지털 교과서 및 나의 학습창의 스타일을 개별 기호에 맞게 재구성할 수 있는 기능을 구현한다. 예를 들어 학습창의 스타일, 색상, 글꼴 등을 재구성할 수도 있고, 평가 결과를 자신의 평가 결과만 확인할 것인지, 같은 반 또는 학년 내에서의 상대 분포도 확인할 것인지 등에 대하여 선택적으로 구성할 수 있다.

2.3.1. 홈(메인 화면)

나의 학습창의 '홈'은 디지털 교과서에 접속했을 때 학생들이 만나게 되는 첫 화면으로, '캐릭터', '나의 다짐', '내 학급 정보', '새로운 알림', '과제 제출 현황', '오늘의 속담' 등 6개의 항목으로 구성된다.

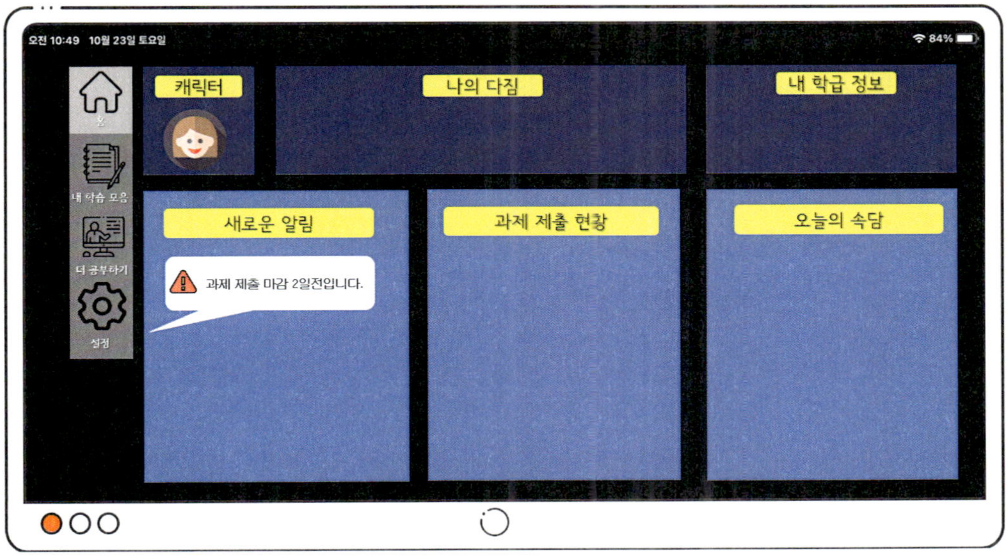

[그림 79] 나의 학습창 구성 예시- '홈'

캐릭터는 학생들의 얼굴을 캐릭터화하여 온라인 환경에서 활용할 수 있도록 구현한다. 디지털 교과서에 접속할 시 메인 화면으로 나타나는 나의 학습창 '홈'에 본인의 캐릭터가 구현됨으로써 보다 학습에 참여할 동기를 강화하고 흥미를 불러일으킬 수 있을 것이다. 나아가 메타버스(meta-verse)[5]에 기반한 학습 활동을 수행할 때 본인의 캐릭터로 참여할 수 있도록 구현된다면 학습의 연계성을 높이는 요소로도 활용될 수 있을 것이다.

나의 다짐은 학습에 임하는 본인의 다짐과 계획을 기록하고 주기적으로 성찰하도록 함으로써 학습에의 주도성을 높이고 학습 동기를 강화하기 위하여 설계되었다. **내 학급 정보**는 소속된 학교, 학년, 반, 번호 등의 기본정보를 표시한다. **새로운 알림**은 과제 제출 일정, 과제 제출 마감 등 주요 일정과 관련된 알림을 제공하여 학생 스스로 학습을 관리하고 조정하는 자기주도 학습 능력을 키울 수 있도록 구성되었다. **과제 제출 현황**은 제출해야 할 과제 중 빠트린 것은 없는지 개인의 과제가 제출되었는지 등의 현황을 나타내며, 나아가 학급 전체의 과제 제출 현황을 공유하도록 설정할 수도 있다. **오늘의 속담**은 속담 및 관용 표현을 정기적으로 학습하고 생활화할 수 있도록 구성된 항목이다. 고학년의 교육 내용으로 등장하는 속담 및 관용어의 의미를 정확히 이해하고 활용하기 위해서는 다양한 상황에서의 속담 활용을 반복적으로 학습할 필요가 있다. 따라서 디지털 교과서 메인 학습창에서 관용 표현과 활용되는 상황을 제시한다면 학생들이 보다 익숙하게 속담 및 관용어에 대해 접근할 수 있을 것이다.

---

5) 메타버스(Metaverse)는 1992년에 미국 닐 스티븐슨(Neal Stephenson)의 공상과학 소설(SF: Science Fiction)인 스노우 크래쉬(Snow Crash)에서 처음 사용하였다. '가공, 추상'을 뜻하는 그리스어 메타(Meta)와 '현실 세계'를 뜻하는 유니버스(Universe)의 합성어다. 메타버스는 아바타(avatar)를 통해 실제 현실과 같은 사회, 경제, 교육, 문화, 과학 기술 활동을 할 수 있는 3차원 공간 플랫폼으로서, 메타버스에서는 현실과 가상의 결합이 현실 세계가 되어 그 안에서 상호작용하고 활동할 수 있다(정보통신용어사전, 한국정보통신기술협회).

2.3.2. 내 학습 모음

‘내 학습 모음’은 두 번째 학습창으로, ‘교과서 학습 현황’, ‘평가 결과’, ‘내 활동 모음’, ‘선생님 말씀 모음’, ‘자주 틀리는 문제 모음’ 등 5개의 항목으로 구성된다.

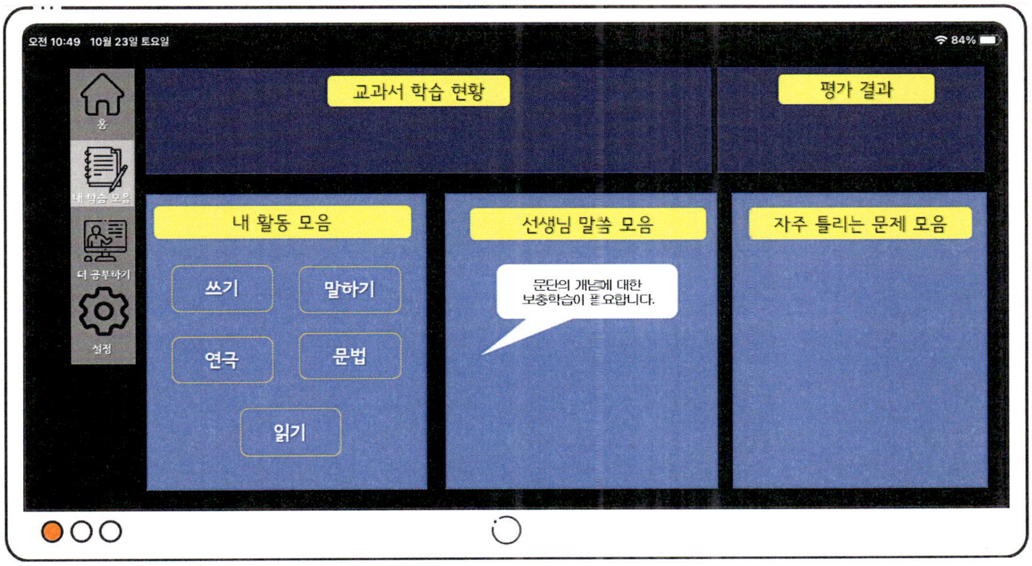

[그림 80] 나의 학습창 구성 예시 - ‘내 학습 모음’

교과서 학습 현황은 현재 학습 중인 교과서 단원과 차시, 쪽수 등의 내용을 알려준다. 학생들이 현재 학습 중인 단원을 지속적으로 상기할 수 있도록 함으로써 단원 및 차시 학습 목표를 분명히 인지하도록 돕기 위하여 구성되었다. 평가 결과는 교과서 모형에서 상단 교사용 기능 탭의 ‘평가하기’ 기능을 통해 평가받은 학습 활동의 결과를 알려준다. 상황에 따라 ‘통계자료’ 기능을 바탕으로 구현된 평가 결과의 데이터(상대분포 등)를 노출하여 평가 결과를 기반으로 한 다양한 정보를 제공할 수 있다. 내 활동 모음은 국어과 하위 영역별로 학습한 주요 내용을 모아봄으로써 국어 능력의 발전 및 성장 과정을 확인할 수 있다. 예를 들어, ‘쓰기 영역’ 탭에 들어가면

쓰기 영역의 하위 성취기준별로 쓴 글이 모아져 있어 해당 단원과 연계하여 복습이 가능하다. '논설문 쓰기'에 대한 단원에 들어가기 전에 이전 학기에서 관련 단원을 학습하면서 쓴 글을 쉽게 찾아 볼 수 있다. **선생님 말씀 모음**은 최근 학습 내용 혹은 평가 내용과 관련된 주요 피드백을 제공한다. 피드백이라는 외국어 사용을 피함으로써 학습자의 접근성을 높이고 디지털 교과서를 보다 쉽게 활용할 수 있도록 하였다. **자주 틀리는 문제 모음**은 정기적인 진단평가 결과 자주 틀리는 문제를 모아서 제시하는 오답노트 성격의 기능이다. '더 공부하기' 학습창의 기능과 연계하여 추후 자주 틀리는 유형에 대한 보충학습을 실시할 수 있다.

2.3.3. 더 공부하기

'더 공부하기'는 교사와 함께하는 본차시 학습 이외에 자기주도적 보충 · 심화학습을 할 수 있도록 구현된 학습창 페이지이다. '더 공부하기' 학습창은 '스스로 공부해요', '튜터와 함께 공부해요', '튜터가 들려주는 이야기' 등 세 개의 항목으로 구성하였다.

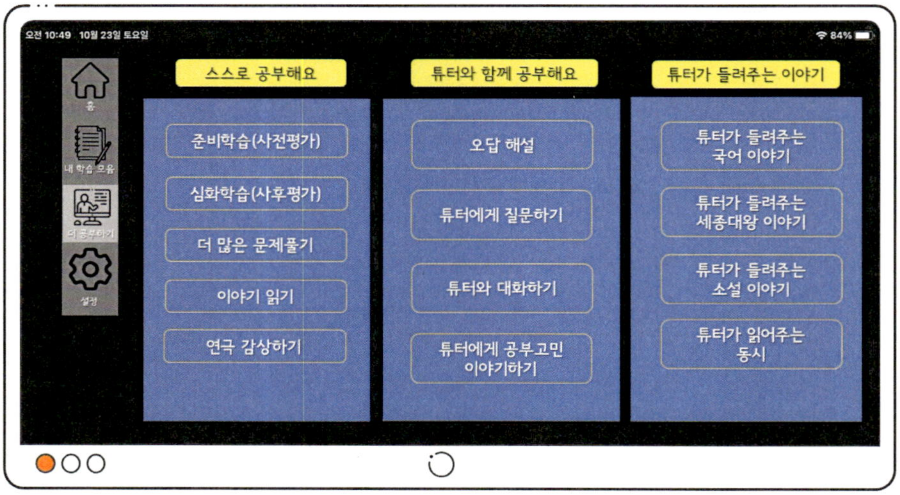

[그림 81] 나의 학습창 구성 예시 - '더 공부하기'

스스로 공부해요 에서 '준비학습'과 '심화학습'은 단원의 계열성을 고려한 자기주도적 학습을 위해 구성하였다. 단원 학습 시작 전과 후에 스스로 활용할 수 있다. 단원학습 전, 중, 후에 스스로 진단평가를 실시할 수 있도록 '더 많은 문제풀기'의 하위 항목도 구성하였다. '이야기 읽기'와 '연극 감상하기'는 스스로 읽고 감상하는 활동으로 '튜터가 읽어주는' 활동과는 구분된다. 교사가 학생들에게 추천하고 싶은 이야기가 있으나 시간의 제약으로 본 차시 학습에서 다루지 못하는 이야기들을 제공할 수 있다. 또한 연극 단원에서 시나리오 작성, 역할 구성 등 각 단계의 활동을 수행하기 전에 실제 연극 배우들의 영상을 참고하여 학습할 수 있도록 구성하였다. **튜터와 함께 공부해요** '스스로 공부해요'에서 학습한 활동의 결과를 AI 튜터와 함께 점검하는 항목으로 구성하였다. 스스로 실시한 평가의 오답을 해설해주고, 튜터에게 모르는 학습 내용에 관해 질문할 수 있다. 또한 학습 내용뿐만 아니라 학습 태도, 습관, 어려움 등 학습에 관련된 고민을 나눌 수 있는 항목도 구성하였다. **튜터가 들려주는 이야기** 는 학생들의 '듣기'능력을 활성화하고 '국어' 관련 다양한 제재의 글들을 특화하여 제공하기 위해 구성하였다. '한글의 역사', '한글 창제의 원리', '세종대왕과 관련한 역사적 이야기' 등 본 차시 학습만으로는 충분히 다루기 어려웠던 제재를 선정하여 관련 내용을 튜터가 읽어준다. 또한 튜터가 이야기를 낭독, 시를 낭송해주는 것을 듣는 활동을 통해 문학적 감수성을 기를 수 있다.

3. 디지털 국어 교과서 모형 적용

3.1. 디지털 교과서 단원 사례(1)[1]

3.1.1. 단원의 개관

디지털 교과서 모형 구현을 위하여 선정한 단원은 2015 개정 교육과정에 따른 4학년 1학기 1단원[2] '생각과 느낌을 나누어요'이며, 단원 목표는 '시나 이야기를 읽고 생각이나 느낌을 나눌 수 있다'이다. 이 단원은 성취기준 '〈문학〉 4국05-04 • 작품을 듣거나 읽거나 보고 떠오른 느낌과 생각을 다양하게 표현한다.'와 '〈읽기〉 4국02-05 • 읽기 경험과 느낌을 다른 사람과 나누는 태도를 지닌다.'가 통합된 단원이다.

이 단원은 총 8차시의 학습으로 구성되어 있으며 각 차시의 학습 목표는 1~2차시(이해

---

1) 디지털 교과서 단원 사례(1)은 3~4학년군 '문학'과 '읽기' 영역을 중심으로 모형을 적용하여 제시하였다.

2) 4학년 1학기 지도서에 제시된 본 단원의 선수학습과 후속학습의 계열은 아래 표와 같다.

선수 학습	본학습	후속 학습
• 인물의 마음을 상상하며 시를 읽을 수 있다. (2학년 1학기 1단원) • 시나 이야기를 읽고 장면을 떠올리며 생각이나 느낌을 말할 수 있다. (2학년 2학기 1단원)	• 시나 이야기를 읽고 생각이나 느낌을 나눌 수 있다.	• 작품에 대한 생각이나 느낌을 여러 가지 방법을 표현할 수 있다. (4학년 2학기 9단원)

학습, 생각이나 느낌이 서로 다른 까닭 알기), 3~4차시(적용 학습, 시를 읽고 생각이나 느낌 나누기), 5~6차시(적용 학습, 이야기를 읽고 생각이나 느낌 나누기), 7~8차시(실천 학습, 시나 이야기에 대한 생각이나 느낌을 여러 가지 형식으로 표현하기)이다.

3.1.1. 단원의 차시별 자료 및 기능 구조

본 단원의 디지털 교과서 구현에서 활용한 자료와 기능의 구조도는 아래 표와 같다.

〈표 81〉 4-1. 1단원의 차시별 자료

차시	쪽수	자료	아이콘	위치
1~2	〈도입면〉 1~2	단원 자료	단원	좌상단
		참고 자료	차시	좌상단
		평가 자료		좌우
		예시 자료		좌우
	3~4	사진 자료		좌우
	5~6	실감형 자료		좌우
3-4	7~8	실감형 자료		좌우
	9~10	예시 자료		좌우

5-6	11~12	사진 자료		좌우
	13~14			
	15~16			
7-8	17~18	차시 자료		좌상단
	19~20	실감형 자료	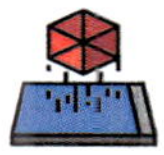	좌우
	21~22	읽기 자료		좌우
	23~24			
	25~26			

〈표 82〉 4-1. 1단원의 차시별 기능

차시	쪽수	기능	아이콘	위치
1~2	〈도입면〉 1~2	재구성		우상단
		읽어주기		본문 내
		대화하기		하단
	3~4	문자화		좌우
		대화하기		하단

		자료 확대		본문 내
		게시판		하단
	5~6	읽어주기		본문 내
		학습 필기구		하단
		모니터링		우상단
		문자화		좌우
		도움봇		좌우
3-4	7~8	읽어주기		본문 내
		대화하기		하단
	9~10	학습 필기구		하단
		내 활동 복사		하단
		게시판		하단

		대화하기		하단
		생각그물	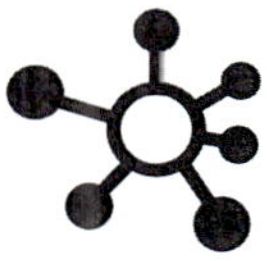	좌우
		공동작업		좌우
		자료 삽입		본문 내
		평가하기		상단
5-6	11~12	생각그물		좌우
		읽어주기		본문 내
	13~14	읽어주기		본문 내
		자료 검색		하단
		내 자료함	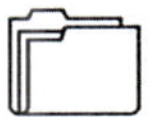	좌우

	15~16	읽어주기		본문 내
		자료 삽입		본문 내
		학습 필기구		하단
		내 활동 복사		하단
		게시판		하단
		대화하기		하단
7-8	17~18	대화하기		하단
	19~20	읽어주기		본문 내
	21~22	퀴즈 출제		우상단
	23~24	재구성		우상단
		문자화		좌우

		자료 삽입		본문 내
		공동작업		좌우
	25~26	내 활동 복사		하단
		게시판	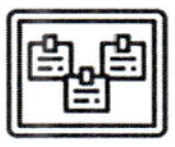	하단
		맞춤형 학습		좌우
		도움봇		좌우

3.1.2. 차시별 디지털 교과서 구현

본 단원의 차시별 · 쪽수별[3] 구현 모습을 제시하면 다음과 같다.

◈ 1-2차시(이해): 생각이나 느낌이 서로 다른 까닭 알기(1~2쪽)

[그림 82] 모형 구현 사례 (4학년 문학 1~2쪽)

1. 자료 - '단원 자료', '참고 자료'

교사는 '단원 자료'를 이용하여 본 단원의 지도에 필요한 안내 자료, 평가 자료 등을 미리 확인하여 단원 지도 계획을 세우는 데 도움을 얻을 수 있다. 또한 '참고 자료'를 이용하여 전자화된 교육과정, 지도서를 실시간으로 확인하고 단원 지도에 필요한 이론적 지식

3) 디지털 국어 교과서로 구현된 단원의 쪽수는 설명의 편의를 위하여 1쪽부터 본 단원이 끝나는 26쪽까지로 쪽번호를 부여하였다.

을 얻을 수 있다.

2. 자료 - '평가 자료'

이번 단원 학습에 필요한 선행 지식을 도입 평가 문항을 통해 확인해 볼 수 있다. 예를 들어 이번 단원은 시나 이야기를 읽고 생각이나 느낌을 나누는 것이므로, 시의 운율이나 이야기의 3요소 등 시와 이야기의 갈래 특성에 대한 문항을 제공할 수 있을 것이다.

3. 기능 - '재구성'

반드시 서책형 교과서에 수록된 작품으로 단원 도입 활동을 해야 하는 것은 아니다. 따라서 교사는 '재구성' 기능을 이용하여 다른 시나 이야기 작품을 가져와 도입 활동을 대체할 수 있다.

4. 기능 - '읽어주기'

교과서에 제시된 시를 '읽어주기' 기능으로 낭송하여 들려준다. 운율을 살린 낭송을 들으며 학습자들은 시 감상에 보다 몰입할 수 있다.

5. 기능 - '대화하기'

시를 읽고 어떤 생각이나 느낌이 들었는지에 대한 나의 감상을 대화하기 기능을 이용하여 실시간으로 다른 학습자들과 공유할 수 있다. 원격수업 상황에서 유용하게 활용될 수 있다.

6. 자료 - '예시 자료'

시를 읽고 어떤 생각이나 느낌이 들었는지에 대한 예시 자료를 통해 학습자가 자신의 생각과 느낌을 정리하는 데 도움을 얻을 수 있다.

◈ 1-2차시(이해): 생각이나 느낌이 서로 다른 까닭 알기(3~4쪽)

[그림 83] 모형 구현 사례 (4학년 문학 3~4쪽)

〈활동 1〉

1. 자료 - '사진 자료'

보는 관점에 따라 다르게 보이는 '사진 자료'를 교과서에 수록된 자료 외에 추가적으로 제공한다. 이처럼 보다 다양한 사진 자료를 직접 확인하며 학습자는 그림이 다르게 보이는 까닭이 관점에 영향을 받기 때문이라는 사실을 인지할 수 있다.

2. 기능 - '문자화'

교실 수업 상황인 경우 친구들과 이야기한 내용을 '문자화' 기능을 이용하여 녹음 후 바로 문자화하여 텍스트 자료로 제공한다. 이를 통해 학습자들이 쓰기 활동보다 말하기 본연의 활동에 집중할 수 있도록 한다.

3. 기능 - '대화하기'

실시간 쌍방향 원격수업 상황인 경우 대화하기를 이용하여 학습자 간 생각을 공유할 수 있으며, 자율학습 상황일 경우 '내 활동 복사' 후 '게시판'에 활동 내용을 공유할 수 있다.

〈활동 2〉

1. 기능 - '자료 확대'

교과서에 제시된 그림을 '자료 확대' 기능을 이용하여 지면상의 제약 없이 작품을 자세히 감상할 수 있도록 돕는다.

2. 기능 - '대화하기'

실시간 원격수업 상황인 경우 그림을 보고 어떤 느낌이 드는지에 대해 '대화하기' 기능을 이용하여 학습자 간에 실시간으로 의견 공유를 할 수 있다.

3. 기능 - '게시판'

과제수행형 원격수업 상황인 경우 '게시판' 기능을 이용하여 자신의 생각을 학급 커뮤니티에 올려 서로 공유할 수 있다.

◈ 1-2차시(이해): 생각이나 느낌이 서로 다른 까닭 알기(5~6쪽)

[그림 84] 모형 구현 사례 (4학년 문학 5~6쪽)

〈활동 3〉

1. 기능 - '읽어주기'

교과서에 수록된 시 '꽃씨'를 '읽어주기' 기능을 이용하여 학습자에게 들려주고, 운율을 살린 낭송을 통해 작품을 보다 몰입하여 감상할 수 있도록 한다.

2. 자료 - '실감형'

작품 속 비 오는 날에 꽃씨를 땅에 심는 상황을 '실감형 콘텐츠' VR 자료로 제공하여 학습 상황을 간접적으로 체험해 볼 수 있도록 한다. 작품에 대한 간접적 체험을 통해 학습자는 작품에 대한 이해와 감상의 폭을 넓힐 수 있을 것이다.

3. 기능 - '학습 필기구'

학습 필기구의 여러 기능들 중 '형광펜' 기능을 이용하여 시어나 시구에 밑줄을 치거나 강조하도록 할 수 있다. 예를 들어 시를 감상할 때 시적 상황이나 화자의 생각이나 느낌이 드러난 부분 또는 인상적인 시어나 시구를 표시하도록 하여 학습자가 시를 보다 적극적으로 해석할 수 있도록 도움을 줄 수 있다. 또는 학습 필기구의 '메모장' 기능을 이용하여 시에 대한 감상이나 질문을 적어보도록 할 수도 있다.

4. 기능 - '모니터링'

교사는 학생들이 시를 감상할 때 어느 부분에 밑줄을 그었는지 어떤 메모를 하였는지 살펴보며 학습 현황 및 감상 태도를 평가하는 자료로 활용할 수 있다.

〈활동 4〉

1. 기능 - '문자화'

생각이나 느낌을 말하는 데 집중할 수 있도록 말한 '문자화' 기능을 이용하여 말한 내용이 텍스트로 전사되도록 한다. 예를 들어 짝, 모둠 내에서 대화한 내용을 '문자화'로 남긴 후에 다른 짝, 모둠들과는 문자화된 내용을 서로 읽어보도록 할 수 있다.

〈활동 5〉

1. 기능 - '도움봇'

이번 단원에서 학습할 주요 내용에 대한 설명 및 관련 교과서 쪽수로의 연결을 도움봇이 제공할 수 있다. 도움봇은 학생 스스로 디지털 교과서를 활용하여 예습, 복습하는 상황에서 각 단계별로 무엇에 중점을 두어야 하는지 조언할 수 있고 보충, 심화 학습에 필요한 추가 자료를 제공해 줄 수도 있다.

◈ 3-4차시(적용): 시를 읽고 생각이나 느낌 나누기(7~8쪽)

[그림 85] 모형 구현 사례 (4학년 문학 7~8쪽)

〈활동 1〉

1. 기능 - '읽어주기'

'활동1'은 시 '등 굽은 나무'를 읽으며 시에서 나타내고자 하는 내용을 짐작해보는 활동이다. 올바른 발음과 휴지로 시를 낭송하며 감상하는 경험이 필요하다. 그러므로 전문가의 시 낭송 자료를 들려주며 학생들이 시에 몰입할 수 있도록 한다.

2. 자료 - '실감형 자료'

시 '등 굽은 나무'의 3연에서는 시적 화자가 등 굽은 나무를 타면서 말을 타는 상상을 하는 장면이 펼쳐진다. 특히 말을 타면서 구름 위를 날며 멀리 집들이 작아 보이는 경험을 하게 되는데, 이를 증강현실 또는 가상현실 자료를 활용하여 체험해볼 수 있도록 자료를 제공한다. 특히 말을 타거나 비행기를 타본 경험이 없는 학생에게는 유용한 가상 체험 자료로 활용될 수 있을 것이다. 단, 학습자에게 지나치게 구체적인 체험을 제공하는 것은 오히려 학습자의 문학적 상상력을 방해할 수도 있으므로 시를 읽고 난 감상을 충분히 발표한 후에 활용하도록 한다.

3. 기능 - '대화하기'

시 낭송을 듣고 난 후에는, 학생들이 직접 시를 낭송해보도록 할 수 있다. 이때 시의 각 연을 읽으면서 그때그때 교사가 학생들의 느낌 혹은 경험을 물어보는 질문을 던질 수 있다. 이러한 질문에 대한 답을 '대화하기' 기능을 활용하여 문자 텍스트로 수합하면, 빠른 시간 안에 모든 학생들의 응답을 확보할 수 있다는 장점이 있다. 또한 빠르게 학생들의 공통적인 경험을 훑어보고, 그중 같이 공유해볼 수 있는 경험을 추출하여 수업을 수월하게 이끌어 나갈 수 있다는 장점이 있다.

◈ 3-4차시(적용): 시를 읽고 생각이나 느낌 나누기(9~10쪽)

[그림 86] 모형 구현 사례 (4학년 문학 9~10쪽)

〈활동 2〉

1. 기능 - '학습 필기구'

학생들은 하단의 '학습 필기구' 기능을 이용하여 디지털 펜이나 키보드를 이용하여 답안을 작성할 수 있으며, 학습 필기구로 기록된 내용은 자동으로 저장되기 때문에 교사는 학생의 학습 결과를 확인할 수 있다는 장점이 있다.

〈활동 3〉

1. 기능 - '학습 필기구'

하단의 '학습 필기구' 기능은 단순히 교과서 발문에 대한 응답을 문자로 기록하는 기능뿐만 아니라 음성 녹음, 캡처, 하이라이트, 그리기 등의 기능을 포함한다. '활동 3'에서는 학습 필기구 기능을 이용하여 그림을 그리고 색칠하여 시 속 주인공의 경험을 자신의 느낌대로 표현해 볼 수 있다.

2. 기능 - '내 활동 복사'

'내 활동 복사' 기능은 활동 단위별 또는 페이지 단위별로 내가 학습한 내용을 캡처하여 보낼 수 있는 기능이다. 일단 내 자료를 복사한 후에는 교사에게 전송하여 과제를 제출하거나 다른 친구들과 공유하며 학습 활동을 전개할 수 있다. '활동 3'에서는 작품을 친구들과 공유하는 데에 활용할 수 있다.

3. 기능 - '게시판'

게시판 기능을 활용하여 복사한 내 자료를 학급 친구들 모두와 공유할 수 있다. 학교별 또는 학년별로 게시판을 공유할 학생들의 범주를 설정하여, 해당 자료를 해당 학년 학생들과 모두 함께 공유할 수도 있을 것이다.

4. 기능 - '대화하기'

게시판에 업로드한 자료들을 감상한 후, 각자의 느낀 점을 정리하여 공유한다. 이때 '대화하기' 기능을 공유하여 서로의 자료에 대해 피드백을 해줄 수도 있고, 자신과 친구들의 감상의 공통점과 차이점을 발견하며 심화 감상 활동을 전개할 수 있다.

〈활동 4-(1)〉

1. 기능 - '생각그물'

'활동 4'의 첫 번째 소활동은 시를 읽은 후의 느낀 점을 표현하는 방법을 결정하는 것이다. 교과서에는 '오행시 짓기'와 '몸으로 표현하기'의 두 가지만 제시되어 있어 학생들이 다양한 표현 방법에 대해 브레인스토밍하는 활동이 필요하다. 이때 '생각그물' 기능을 활용하면 학생들이 시에 대한 감상을 표현하는 풍부하고 다양한 방법을 고민해볼 수 있으며, 각 방법의 장단점을 생각해보며 각 모둠에 가장 적합한 방법을 협력적으로 결정할 수 있다.

2. 기능 - '공동 작업'

'생각그물'을 한 명씩 돌아가면서 작성하면 시간이 오래 걸릴뿐더러 동시다발적으로 발산되는 학생들의 아이디어를 모두 수용하지 못하게 될 것이다. 그러므로 '공동작업' 기능을 실행한 상태로 '생각그물' 기능을 활용한다면 동시다발적으로 발산되는 아이디어를 수용하고 모둠 구성원들이 함께 협의할 수 있다는 장점이 있을 것이다.

〈활동 4-(2)〉

1. 기능 - '자료 삽입'

모둠원들과 '활동 4-(1)'의 활동을 수행한 후, 활동의 결과 혹은 과정을 동영상 파일, 그림 파일, 음원 파일 등으로 저장하여 기록할 수 있다. 디지털 교과서에서는 '자료 삽입' 기능을 이용하여 각자 수행한 과제를 교과서에 삽입할 수 있으며 이를 이용하여 모둠 활동의 내용을 발표할 수 있을 것이다.

2. 자료 - '예시 자료'

각 학급의 성향에 따라서 '활동 4-(1)'은 교사가 이끌어내기 어려움이 있는 활동일 수 있다. 예를 들어, 소극적인 성향의 학생들이 많은 경우 '몸으로 표현하기' 등의 표현 방법은 다소 막막한 느낌을 줄 수 있으며, '오행시 짓기'의 경우도 '오행시'의 감각을 잘 이해하지 못하는 친구에게는 막막하게 느껴져 부담을 줄 수 있다. 그러므로, 각 반의 성향에 따라 담임 교사가 활용할 수 있는 '예시 자료'를 활성화하여 제공할 수 있다. 이때, 예시 또한 수준별로 제공함으로써 학습자의 수준이 상대적으로 낮은 경우에는 쉬운 예시를 제시하여 활동에의 부담감을 줄이는 데 초점을 두고, 학습자의 수준이 상대적으로 높은 경우에는 다양한 표현 방법을 활용한 예시 자료를 제시하여 학습자의 표현활동을 풍부하게 하도록 하는 데에 초점을 둔다. 실제 서책형 교과서로 연구자가 수업하였을 때 나온 예시 자료는 아래 [그림 87]과 같다. 학습자의 수준이 꽤 높아 직접 짧은 극본을 쓰고 배경을 꾸며

손가락 인형극으로 감상을 표현하였다. 예시 자료는 그림 파일뿐만 아니라 동영상 파일로도 제공할 수 있도록 교과서를 구성한다.

[그림 87] 활동 예시 자료의 예

〈활동 4-(3)〉

1. 기능 - '평가하기'

'평가하기' 기능은 상단에 위치한 교사 전용 기능이다. 해당 단원의 목표는 시나 이야기를 읽고 생각과 느낌을 나누는 것이므로 [그림 86] 교과서 10쪽의 '활동 4-(2), (3)'은 특히 주요한 평가 대상이 되는 활동이라 할 수 있다. 학습자가 업로드한 '활동 4-(2)'의 결과를 통해 학습자가 시를 읽고 느낀 감상을 적절한 방법으로, 문학적 상상력을 동원하여 표현하였는지를 평가할 수 있다. 또한 '활동 4-(3)'에서는 학생들이 표에 작성한 내용을 바탕으로 각 학생들이 다양한 감상 표현 방법을 적절하게 이해하고 있는지를 평가할 수 있다. '평가하기' 기능을 통해 평가한 내용은 누적되어 기록되므로 과정중심평가의 중요한 근거 자료로 활용될 수 있다.

◈ 5-6차시(적용): 이야기를 읽고 생각이나 느낌 나누기(11~12쪽)

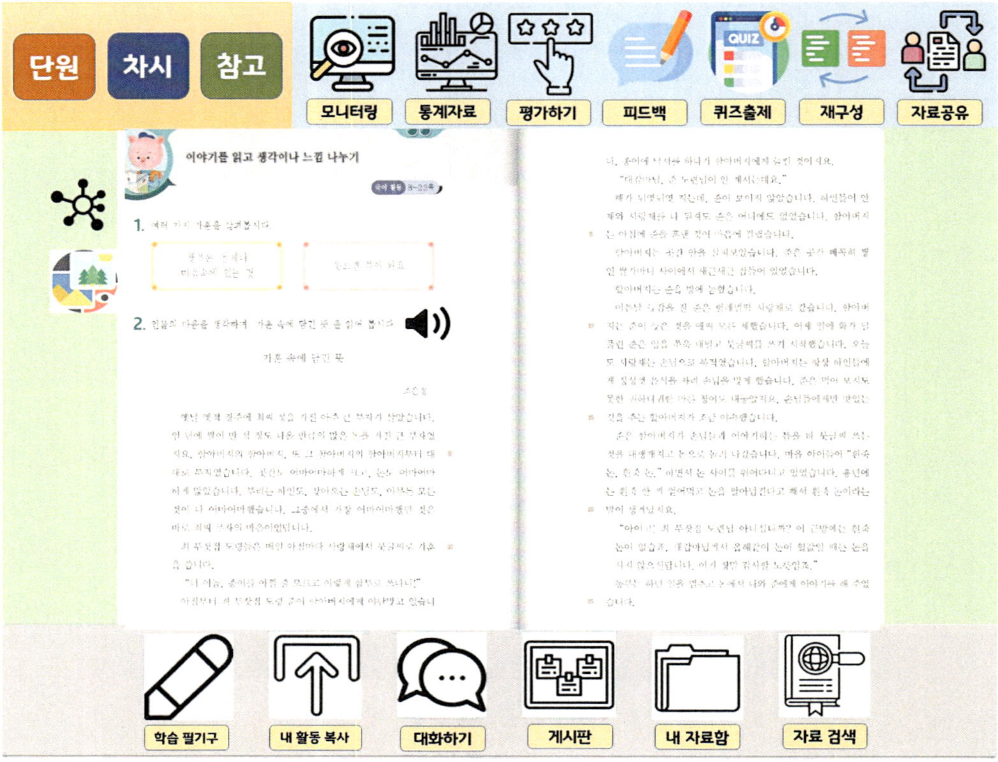

[그림 88] 모형 구현 사례 (4학년 문학 11~12쪽)

〈활동 1〉

1. 기능 - '생각그물'

'활동 1'은 '가훈 속에 담긴 뜻'이라는 이야기를 읽기 전 활동으로, '가훈'에 대한 배경지식과 경험을 떠올려보는 활동이다. 이 활동에서는 '가훈의 의미'에 대해서 이야기 나누어볼 수 있을 것이다. '생각그물'을 활용하여 각 학생이 들어본 가훈을 나열해보고 그중에 비슷한 것들끼리 묶어봄으로써 보통 우리가 알고 있는 가훈의 공통점은 무엇이 있는지 이야기 나누어볼 수 있다. '활동 1'이 중요한 이유는 '가훈'에 대해 배경지식이 부족한 학생들에게 읽기 전 배경지식을 제공할 수 있으며, '가훈'에 대한 경험을 공유함으로써 본 이야기글에 대한 흥미를 높여 읽기 동기를 불러일으킬 수 있기 때문이다. 그러므로 '생각그물' 기능을 활용하여 충분한 시간을 가지고 '활동 1'을 수행하는 것이 필요하다.

2. 자료 - '사진 자료'

학급별 학습자의 수준에 따라 '가훈'에 대한 경험이 풍부한 학급도 있을 수 있으나, 상대적으로 배경지식이 부족한 학생이 많은 학급이 있을 수도 있다. 이 경우, 교과서에 제시된 두 가지 가훈만으로는 읽기 전 활동으로서 '활동 1'을 충분히 수행하기 어렵다. 그러므로 유명한 드라마나 애니메이션에 등장한 '가훈' 사진 등을 자료로 제공함으로써 '가훈'에 대한 배경지식이 부족한 학생들에게 배경지식을 제공하여 흥미를 불러일으킬 수 있도록 해야 한다.

〈활동 2〉

1. 기능 - '읽어주기'

'활동 2'는 이야기 글로 학습자들이 돌아가면서 읽을 수도 있지만, 때에 따라서는 먼저 '읽어주기' 기능을 활용하여 읽은 다음 학습자들이 돌아가면서 소리내어 읽을 수도 있다. 또한, 본 단원이 4학년 1학기라는 것을 고려하였을 때 읽기 부진인 학생을 배제할 수 없다. 그러므로 '읽어주기' 기능을 활용하여 읽기 부진인 학생은 이야기를 먼저 들어보고 올 수 있도록 사전 지도한다면, 본 수업시간에 이 학생이 훨씬 수월하게 학습에 참여할 수 있을 것이다.

◈ 5-6차시(적용): 이야기를 읽고 생각이나 느낌 나누기(13~14쪽)

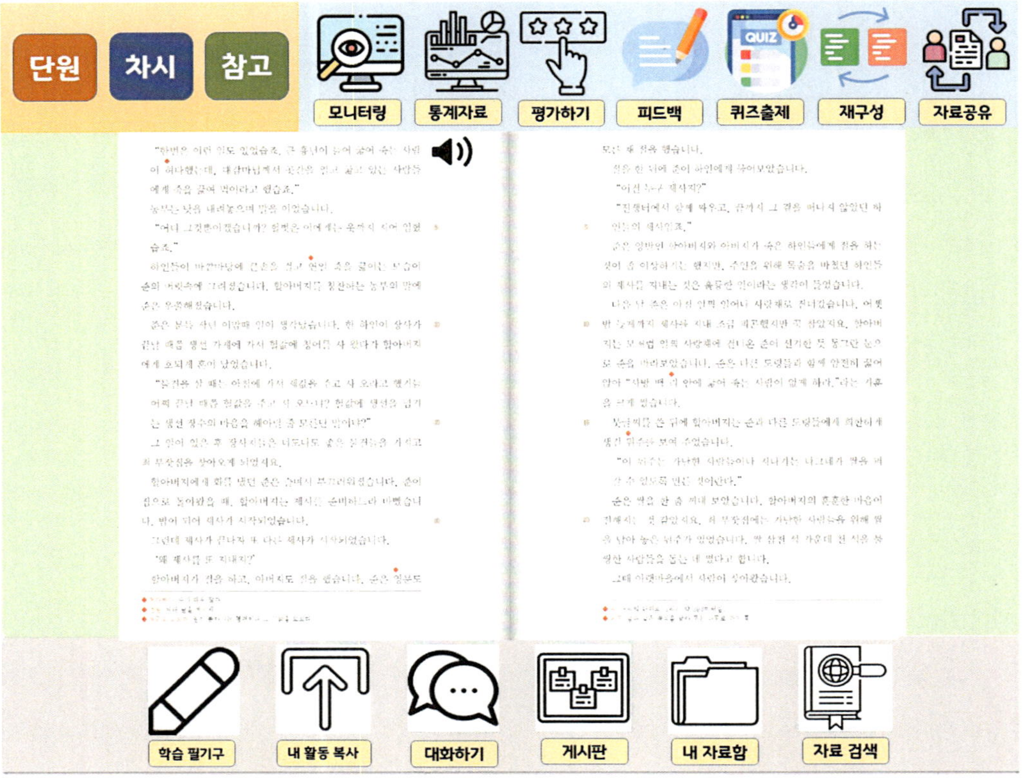

[그림 89] 모형 구현 사례 (4학년 문학 13~14쪽)

1. 기능 - '읽어주기'

이전 페이지에서와 마찬가지로 '읽어주기' 기능을 활용하여 이야기를 들어볼 수 있다. 전문 성우가 읽어주는 이야기를 들으면 더욱 실감나고 이야기에 몰입할 수 있다는 장점이 있으며, 인물의 대사에 집중하여 인물의 성격과 마음을 분석하는 데에 도움이 된다는 장점도 있다.

2. 기능 - '자료 검색'

[그림 89]의 교과서 13, 14쪽에는 학생들이 어려워할 수 있는 단어의 뜻이 아래에 제시되어 있다. 그러나, 이렇게 아래에 제시해둔 단어의 뜻을 읽었다고 해서 학생들이 이 단어

의 뜻을 정확하게 이해했다고 볼 수는 없다. '자료 검색' 기능을 통해 학생들이 스스로 국어사전 사이트에 접속하여 단어의 뜻을 찾아보고 다양한 예시문을 살펴보는 추가 활동이 수반되어야 충분한 어휘 학습이 이루어졌다고 할 수 있을 것이다.

3. 기능 - '내 자료함'

'자료 검색'에서 학습한 단어와 그 예시문 중에 저장하고 싶은 자료를 '내 자료함'에 저장할 수 있다. 이는 학습자의 어휘 학습에 도움이 될 뿐만 아니라, 교사가 학생들의 어휘 수준을 객관적으로 파악하는 것을 돕는다는 이점이 있다. 실제 수업 시간에 교사가 모든 학생들의 어휘력 수준을 일일이 파악하여 그에 맞게 지도하는 것이 불가능하므로 수업 시간 후에 학생들의 내 자료함에 저장된 자료를 교사가 모니터링하여 학습자의 어휘력 수준을 판단하는 데에 활용할 수 있을 것이다.

◈ 5-6차시(적용): 이야기를 읽고 생각이나 느낌 나누기(15~16쪽)

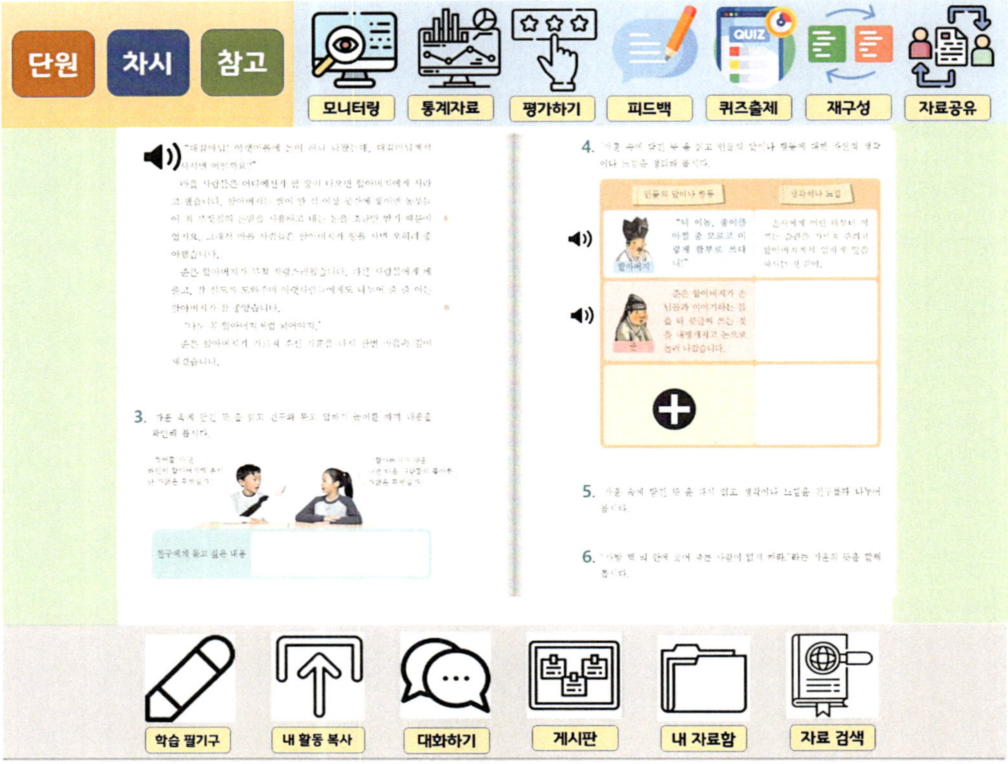

[그림 90] 모형 구현 사례 (4학년 문학 15~16쪽)

〈활동 3〉

1. 기능 - '학습 필기구'

'활동 3'은 이야기 글을 읽고 '질문 만들기'를 한 후에 친구와 서로 묻고 답하는 활동이다. 이 활동은 간단하게 제시되어 있지만, 짝과 질문을 주고받으면서 글의 내용을 확인하고 정리하기 위한 활동이므로 충분한 시간을 두고 진행할 필요가 있다. 이를 위해서는 먼저 각자 교과서에 '학습 필기구'로 다양한 질문을 기록해야 한다. 질문의 형식은 사실 관계 확인 질문, 추론 질문, 감상 질문 등 다양하게 나타날 수 있다.

2. 기능 - '대화하기'

각자 질문 만들기를 완성한 후에는 '대화하기' 기능으로 질문을 서로 주고받는 활동을 할 수 있다. '대화하기' 기능을 이용하면 단순히 말로 묻고 답하는 것보다 깊이있는 소통을 할 수 있다는 장점이 있다. 말로 주고 받는 것보다는 한번 더 숙고하여 질문에 대한 답을 정리하게 되기 때문이다.

〈활동 4〉

1. 기능 - '읽어주기'

'활동 4'는 인물의 주요한 말이나 행동을 다시 한번 읽어보면서 자신의 생각이나 느낌을 기록하는 것이다. 이때, 인물의 목소리를 성우가 다시 한번 읽어주는 '읽어주기' 기능을 활용하면 학생들이 보다 쉽게 해당 장면을 상기할 수 있게 될 것이다.

2. 기능 - '자료 삽입'

'활동 4'의 빈칸에는 인물의 주요한 말이나 행동에 해당하는 부분을 본문에서 찾아 적는 것이다. 이때 행동을 기술할 수도 있지만, 인물의 대사를 입력할 수도 있는데, 인물의 대사를 입력할 때는 문자 텍스트로 입력하기보다 직접 인물의 감정을 살려 녹음한 후, 그 녹음 파일을 삽입할 수 있다. 또한 행동도 직접 행동한 영상 혹은 사진 자료를 삽입하여 보다 작품 감상에 몰입도를 높일 수 있다. 이렇게 자신이 생산하고 표현한 자료를 교과서에 삽입하게 되면 학습 동기와 흥미가 높아진다는 장점이 있다.

〈활동 5〉

1. 기능 - '내 활동 복사'

'활동 5'는 '활동 4'에 기록한 각자의 감상을 친구들과 공유하는 활동이다. 이를 위해서는 '활동 4'에서 삽입한 나의 자료를 복사하여 친구들과 공유해야 한다. 이때 '내 활동 복사' 기능을 이용한다.

2. 기능 - '게시판'

'내 활동 복사' 기능을 활용하여 복사한 나의 자료를 '게시판'에 공유한다. 게시판에 나의 감상을 공유할 때에는 반드시 작품의 내용과 연관이 있는 것인지, 인물의 성격과 감정을 바탕으로 한 것인지 그 관련성을 점검한 뒤에 올릴 수 있도록 지도한다. 게시판 공유의 범위는 학교별, 학년별로 재구성하여 설정할 수 있도록 유연하게 개발된다면 보다 유용하게 활용될 수 있을 것이다.

3. 기능 - '대화하기'

게시판에 업로드한 각자의 감상을 공유하면서, 서로가 느낀 점의 공통점과 차이점을 찾을 수 있고, 이를 바탕으로 작품에 대한 반응을 정교화할 수 있다.

◈ 7-8차시(실천): 시나 이야기에 대한 생각이나 느낌을 여러 가지 형식으로 표현하기 (17~18쪽)

[그림 91] 모형 구현 사례 (4학년 문학 17~18쪽)

〈활동 1〉

1. 기능 - '대화하기'

'활동 1'은 생각이나 느낌을 표현할 수 있는 여러 가지 형식에 대해 친구들과 의견을 나누어 보는 학습이다. 대면 학습의 경우 직접 이야기를 나누면 되지만, 비대면 학습의 경우 '대화하기' 기능을 이용하여 의견을 주고받을 수 있다.

〈활동 2〉

1. 자료 - '차시 자료'(교사용)

'활동 2'에서는 생각과 느낌을 여러 가지 형식으로 표현한 글이 제시되어 있다. 서책형 교과서에서는 지면의 한계로 인해 3개밖에 싣지 못했지만, 다양한 형식의 자료를 추가로 제시할 수 있다. 뿐만 아니라 노래, 영상 등으로 표현한 형식도 함께 제시해 줌으로써 학생들에게 시나 이야기에 대한 생각이나 느낌을 표현하는 방법이 매우 다양할 수 있음을 깨닫게 할 수 있다.

◈ 7-8차시(실천): 시나 이야기에 대한 생각이나 느낌을 여러 가지 형식으로 표현하기 (19~20쪽)

[그림 92] 모형 구현 사례(4학년 문학 19~20쪽)

〈활동 3〉

1. 자료 - '실감형 자료'

"투발루에게 수영을 가르칠 걸 그랬어!"는 투발루 섬에 사는 투발루라는 고양이가 등장하는 이야기이다. 투발루는 남태평양의 섬나라로, 기후 위기로 인해 아름다운 자연 환경이 수몰될 위기에 처해 있는 것으로 알려져 있다. 학생들이 이 이야기를 읽을 때, 이러한 배경 지식이 선행될 필요가 있는데, 이를 위해 투발루의 모습을 실감형 자료로 제공하여 투발루가 얼마나 아름다운 자연 환경을 지녔는지, 상승한 해수면이 사람들의 삶에 어떤 영향을 미치고 있는지 등을 학생들이 직접 느껴볼 수 있도록 한다면 이야기에 대한 생각과 느낌을 더욱 심화할 수 있을 것이다.

2. 기능 - '읽어주기'

이 제재는 그림책으로 주인공인 로자와 가족들의 대화의 비중이 높다. 이때 '읽어주기' 기능을 활용해 학습자들이 실감나게 감상을 할 수 있도록 도울 수 있다.

◈ 7-8차시(실천): 시나 이야기에 대한 생각이나 느낌을 여러 가지 형식으로 표현하기 (21~22쪽)

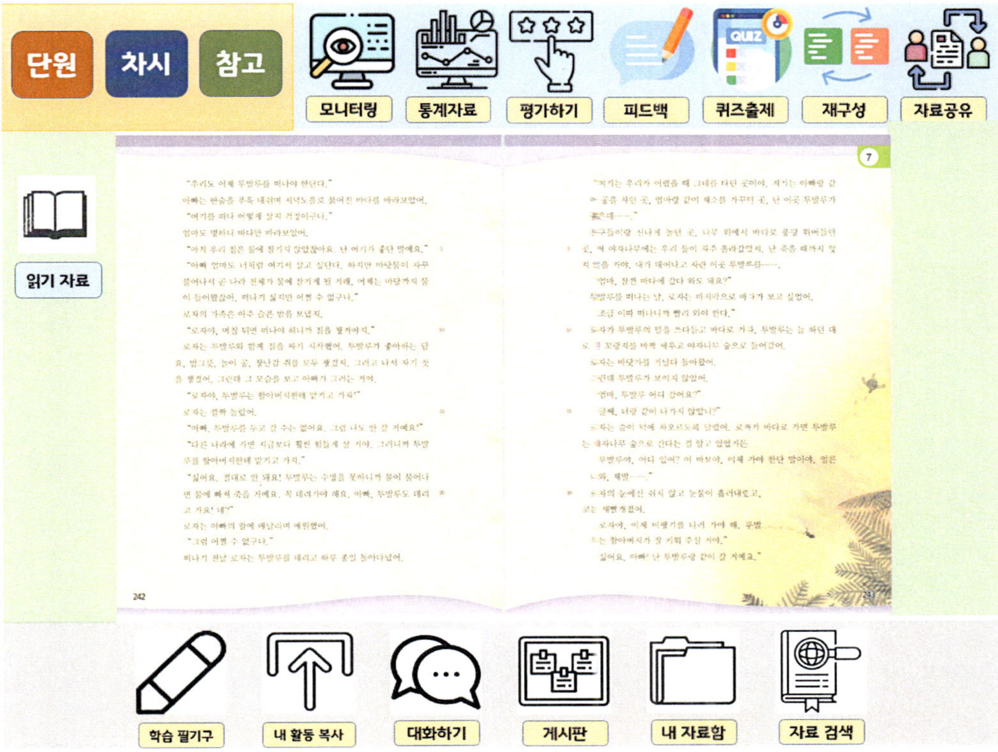

[그림 93] 모형 구현 사례 (4학년 문학 21~22쪽)

〈활동 3〉

1. 자료 - '읽기 자료'

이 제재의 원본은 그림책으로 출판되어 있으나, 서책형 교과서에서는 지면의 한계로 그림의 비중이 적고 글의 비중이 높다. 글과 그림의 비중과 조화에 따라 독자의 감상도 달라질 수 있다. 따라서 심화 및 보충 자료로서 원본 그림책의 내용을 제시하여 원작 텍스트의 작품성을 충분이 느낄 수 있도록 해준다.

2. 기능 - '퀴즈 출제'

이야기에 대한 학생들의 반응 활성화를 위해서는 우선 글의 내용을 잘 이해하는 데서

부터 출발해야 한다. 제재를 읽어 가는 중에 학생들에 글의 내용, 혹은 글의 내용에 대한 학습자의 생각을 묻는 간단한 퀴즈를 출제하여 '읽는 중 활동'을 실행할 수 있다.

◈ 7-8차시(실천): 시나 이야기에 대한 생각이나 느낌을 여러 가지 형식으로 표현하기 (23~24쪽)

[그림 94] 모형 구현 사례 (4학년 문학 23~24쪽)

〈활동 4〉

1. 기능 - '재구성'

현재 교과서에는 제재 읽기가 끝난 후, 제재에 대한 생각이나 느낌을 표현하는 형식을 정하는 활동이 바로 제시되고 있다. 그러나 앞서 설명한 바와 같이 이야기에 대한 생각이나 느낌을 활성화하기 위해서는 글의 내용에 대한 이해가 선행되어야 할 필요가 있다. 서책형 교과서에서는 제시되지 않았지만 '재구성' 기능을 활용해 제재에 대한 내용 이해를 확인하는 간단한 활동을 추가함으로써 '읽기 후 활동'이 부가되도록 재구성할 수 있다.

2. 기능 - '문자화'

〈활동 4〉에서는 생각이나 느낌을 표현하는 여러 가지 형식을 정하는 과정이 제시되고 있다. 이렇게 형식에 대한 대화를 나누는 과정에서 자연스럽게 내용 표현에 대해서도 의견을 나눌 수 있기 때문에 이 대화는 생각이나 느낌을 표현하는 과정에서 중요한 참고 자료가 될 수 있다. 따라서 '문자화' 기능을 활용하여 학습자 간 대화를 전사, 기록되도록 하여 후에 자료 제작 과정에서 활용할 수 있도록 한다.

〈활동 5〉

1. 기능 - '자료 삽입'

생각이나 느낌을 표현하는 형식을 반드시 지면에 표현할 필요는 없다. 서책형 교과서에서는 붙임 자료에 표현해 보도록 했지만, 학습자가 음성, 영상, 이미지 등으로 표현하는 경우 '자료 삽입' 기능을 활용해 직접 교과서에 삽입할 수 있도록 함으로써 다양한 형태의 표현이 가능하도록 한다.

2. 기능 - '공동작업'

생각이나 느낌을 표현하는 활동은 주로 개인 차원에서 이루어지겠지만, 영상 만들기나 포스터 만들기 등으로 생각을 표현하는 경우 모둠 차원에서 이루어질 수도 있다. 이때 '공동작업' 기능을 활용하면 협동적 표현 활동을 효과적으로 지원할 수 있다.

◈ 7-8차시(실천): 시나 이야기에 대한 생각이나 느낌을 여러 가지 형식으로 표현하기 (25~26쪽)

[그림 95] 모형 구현 사례 (4학년 문학 25~26쪽)

〈활동 6〉

1. 기능 - '내 활동 복사'

자신의 활동 결과를 여러 사람 앞에서 발표하고자 할 때, 대면 및 비대면 수업에서 '내 활동 복사' 기능을 이용하면 쉽게 공유할 수 있다. 이 기능은 활동 결과를 실시간으로 공유, 발표할 때 효과적인 기능이다.

2. 기능 - '게시판'

자신의 생각이나 느낌을 나타낸 여러 가지 형식의 결과물을 '게시판'에 탑재한 후 반 전체 학생들이 서로의 활동 결과물을 감상할 수 있도록 한다. 게시판의 댓글 기능을 활용하여 학습자끼리 피드백을 제공하도록 할 수도 있고, 잘 표현했다고 생각하는 친구에게 '좋아요'와 같은 추천을 할 수 있도록 함으로써 적극적인 공유 활동이 이루어지도록 한다.

〈되돌아보기〉

1. 기능 - '맞춤형 학습'

단원 학습이 마무리되는 시점에서, 학습자의 수준에 맞는 평가 문항이 제시되고, 그 결과에 따라 맞춤형 심화 · 보충 학습 자료가 제시된다.

2. 기능 - '도움봇'

단원을 끝내면서 이전 차시 학습에서 이해가 안 되는 부분이 있거나 학습이 부족하다고 느끼는 부분에 대해 '도움봇'에게 도움을 요청하면 알맞은 피드백을 제공받을 수 있다.

3.2. 디지털 교과서 단원 사례(2)[4]

3.2.1. 단원의 개관

디지털 교과서 모형 구현을 위하여 선정한 두 번째 단원은 2015 개정 교육과정에 따른 '6학년 2학기 3단원[5]. 알맞은 자료를 활용해 글을 써요'이며 단원 목표는 '알맞은 자료를 활용해 논설문을 쓸 수 있다'이다. 이 단원은 성취기준 '〈쓰기〉 6국03-04 • 적절한 근거와 알맞은 표현을 사용하여 주장하는 글을 쓴다.', '〈읽기〉 6국02-04 • 글을 읽고 내용의 타당성과 표현의 적절성을 판단한다.', '〈쓰기〉 6국03-02 • 목적이나 주제에 따라 알맞은 내용과 매체를 선정하여 글을 쓴다.'가 통합된 단원이다.

이 단원은 총 6차시의 학습으로 재구성하였으며, 각 차시의 학습 목표는 1~2차시(이해 학습, 논설문을 쓸 때 알맞은 자료를 활용하는 방법 알기), 3~4차시(적용 학습, 상황에 알맞은 자료를 활용해 논설문 쓰기), 5~6차시(실천 학습, 더 좋은 우리 동네를 만들기 위한 논설문 쓰기)이다.

4) 디지털 교과서 단원 사례(2)는 5~6학년군 '쓰기'와 '읽기' 영역을 중심으로 모형을 적용하여 제시하였다.

5) 6학년 2학기 지도서에 제시된 본 단원의 선수학습의 계열은 아래 표와 같다.

선수 학습	본학습
• 주장하는 글에 담긴 내용이 타당하고, 표현이 적절한지 판단할 수 있다.(6학년 1학기 4단원)	• 알맞은 자료를 활용해 논설문을 쓸 수 있다.

3.2.2. 단원의 차시별 자료 및 기능 구조

본 단원의 디지털 교과서 구현에서 활용한 자료와 기능의 구조도는 아래 표와 같다.

〈표 83〉 6-2. 3단원의 차시별 자료

차시	쪽수	자료	아이콘	위치
1~2	〈도입면〉 1~2	단원 자료(교사용)		좌상단
		평가 자료		좌우
		영상 자료		좌우
	3~4	사진 자료		좌우
		영상 자료		좌우
	5~6			
	7			
3~4	8~9			
	10~11	사진 자료		좌우
		예시 자료		좌우
	12~13	예시 자료		좌우
		평가 자료		좌우

5~6	1-2			
	3-4			
	5-6			
	〈정리〉	단원 자료(교사용)		좌상단
		평가 자료	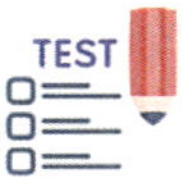	좌우

〈표 84〉 6-2. 3단원의 차시별 기능

차시	쪽수	기능	아이콘	위치
1~2	〈도입면〉 1~2			
	3~4	자료 확대		본문 내
		영상화		본문 내
		공동 작업		좌우
		모니터링		우상단
		자료 검색		하단
	5~6	자료 검색		하단
		URL 연결		본문 내

		자료 삽입		본문 내
		내 활동 복사		하단
	7	대화하기		하단
		모니터링		우상단
3~4	8~9	영상화		본문 내
		읽어주기		본문 내
	10~11	통계자료		우상단
		문자화		좌우
		내 활동 복사		하단
		조작화		본문 내
		재구성		우상단
	12~13	영상화		본문 내
		자료 삽입		본문 내

		학습 필기구		하단
		도움봇		좌우
		모니터링		우상단
		게시판	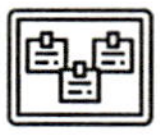	하단
		맞춤형 학습		좌우
5~6	14~15	자료 검색		하단
		자료 삽입		본문 내
	16~17	자료 삽입		본문 내
		자료 검색		하단
		과정 기록		좌우
		피드백		우상단
	18~19	게시판		하단

		내 활동 복사		하단
		URL 연결		본문 내
	〈정리〉 20	도움봇		좌우
		맞춤형 학습		좌우

3.2.3. 차시별 디지털 교과서 구현

◈ 1-2차시(이해) : 논설문을 쓸 때 알맞은 자료를 활용하는 방법 알기(1~2쪽)

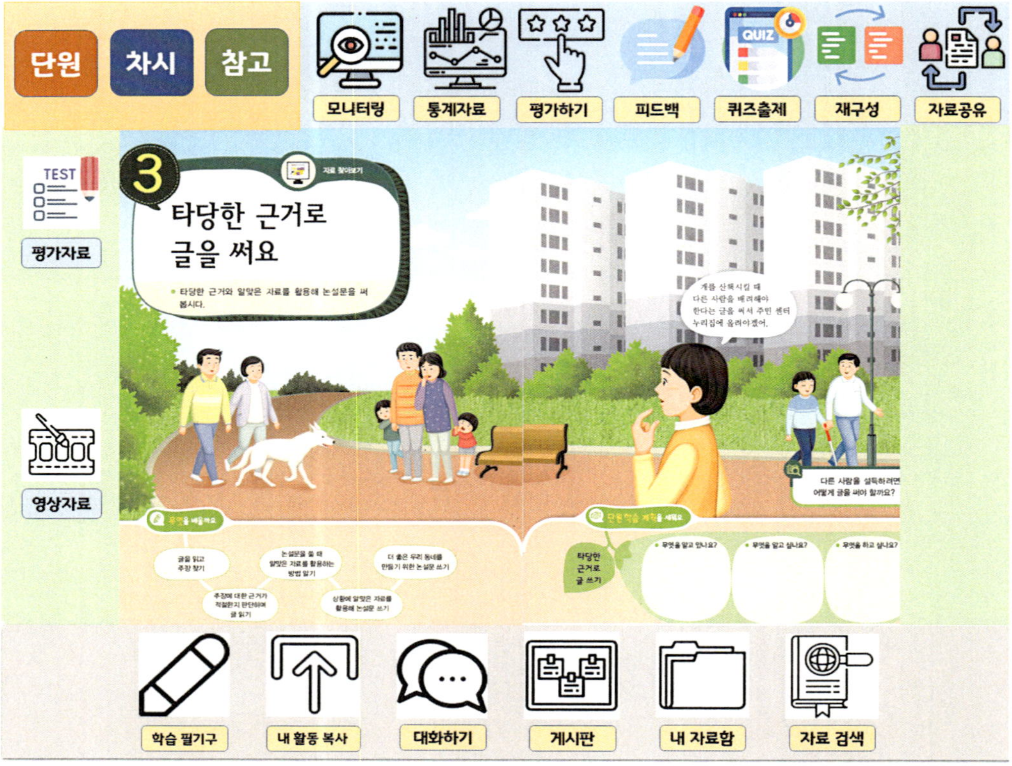

[그림 96] 모형 구현 사례 (6학년 쓰기 1~2쪽)

〈도입면〉

1. 자료 - '단원 자료'

단원 시작 시에는 교사용 자료 중 '단원 자료'에 탑재된 내용으로 단원 지도에 대한 정보를 확인하고 수업을 준비할 수 있도록 한다. 지도서를 따로 찾아보지 않아도 단원 개관 및 단원 학습 계획 등과 같은 정보에 손쉽게 접근할 수 있다.

2. 자료 - '평가 자료'

단원의 계열에서 살펴본 것처럼, 이 단원의 학습을 위해서는 논설문의 특징 및 논설문을 쓰는 방법 등에 대한 학습이 선행되어야 한다. 단원 학습을 시작하기 전에, 이전 학습 내용에 대한 간단한 확인 및 평가를 할 수 있도록 좌측의 '평가 자료' 아이콘을 활용할 수 있다. 이는 매 단원 시작 전에 학습자의 사전지식을 점검하는 차원에서 이루어지는 단원 도입 평가로, 학습자의 출발점을 점검한다는 데 의의가 있다.

3. 자료 - '영상 자료'

서책형 교과서의 도입면에서는 두 쪽 그림으로 단원 학습과 관련된 상황을 제시하였으나, 디지털 교과서에서는 이를 애니메이션 영상으로 추가 제작하여 제시할 수 있다. 학습자가 그림으로 상황을 파악한 후, 버튼을 클릭하면 도입면의 영상을 시청할 수 있도록 한다.

◈ 1-2차시(이해) : 논설문을 쓸 때 알맞은 자료를 활용하는 방법 알기(3~4쪽)

[그림 97] 모형 구현 사례 (6학년 쓰기 3~4쪽)

〈활동 1〉

1. 자료 - '사진 자료', '영상 자료'

'활동 1'은 논설문을 쓰기 전에 자료를 준비하는 과정을 보여주는 학습 활동이다. 서책형 교과서에서는 지면의 한계로 인해 사진(그림) 자료 및 영상 자료가 1개씩만 제시되어 있다. 논설문의 주제와 관련해 수집할 수 있는 자료의 다양함을 보여주기 위해 디지털 교과서에서는 환경 사랑과 관련된 다양한 자료를 추가로 제시하여 학습자의 배경지식을 활성화할 수 있도록 한다. 서책형 교과서에 제시된 것 외에도 그림 자료, 포스터 자료, 동영상 자료 등 다양한 자료를 제공할 수 있다.

[그림 98] 사진 자료의 예: 세계자연보호기금의 포스터

2. 기능 - '자료 확대'

현재 서책형 교과서에 제시된 포스터는 크기가 작아 글씨나 그림을 온전히 알아보기 어려운 한계가 있다. 디지털 교과서에서는 이를 클릭하면 확대되는 기능을 적용하게 함으로써 포스터의 내용이 논설문 쓰기와 어떻게 관련되는지 확인해 볼 수 있도록 한다.

3. 기능 - '영상화'

현재 서책형 교과서에서는 광고 영상의 썸네일 사진만 제시되어 있다. 이 영상 광고를 시청하기 위해서는 교사가 전자저작물에서 해당 영상을 찾아 학습 학생들에게 틀어주어야 한다. 그러나, 디지털 교과서의 본문 내 기능을 활용하면 교과서의 해당 페이지가 펼쳐진 상태에서도 바로 영상을 시청할 수 있다.

〈활동 3〉

1. 기능 - '공동 작업'

'활동 3'은 '활동 2'의 각 근거에 대해 수집할 자료의 내용과 방법을 정하는 학습을 한다. 이때 학생들은 모둠별로 서로 의견을 주고받으며 답을 찾아갈 수 있는데, 온라인 학습의 경우 학습자들이 원격으로 공동 작업을 할 수 있다. 공동 작업 기능을 사용하면 연계된 학습자끼리 같은 화면을 공유하며 합의된 결론을 내릴 수 있게 된다.

2. 기능 - '모니터링'

교사는 학생들이 교과서에 기록한 답안을 확인하고, 적절한 피드백을 제공할 수 있다. '활동 3'에서 학생들이 작성한 답안을 교사 컴퓨터 화면으로 불러 한 번에 확인할 수 있는 기능이다. 개별 피드백이 필요한 경우, 즉각적으로 의견을 보낼 수 있고, 전체 피드백이 필요한 경우 수업 중 학생들에게 안내할 수 있다.

3. 기능 - '자료 검색'

'활동 3'을 해결하는 과정에서 수집 자료의 내용을 정할 때, 필요한 경우 학생들은 하단의 '자료 검색' 기능을 이용해 외부 자료를 검색할 수 있다. 각 근거를 뒷받침할 수 있는 자료를 찾아보기 위해 포털 사이트나 각종 누리집의 자료를 활용할 수 있는데, 이때 무제한적인 정보의 노출을 막기 위해 교사가 미리 설정한 사이트만 접속할 수 있도록 기능을 구현할 필요가 있다.

◈ 1-2차시(이해) : 논설문을 쓸 때 알맞은 자료를 활용하는 방법 알기(5~6쪽)

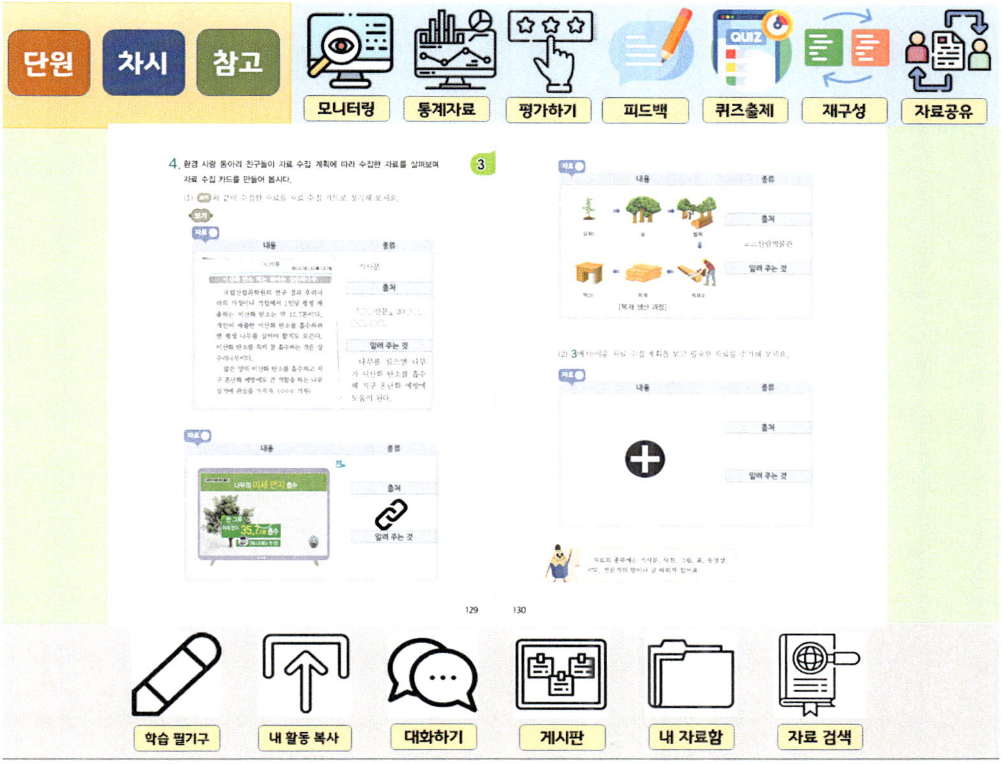

[그림 99] 모형 구현 사례 (6학년 쓰기 5~6쪽)

〈활동 4-(2)〉

1. 기능 - 'URL 연결'

여기에서는 수집한 자료의 출처를 기록하도록 하고 있는데, 이때 직접 입력하게 할 수도 있지만 복잡한 인터넷 사이트의 경우 URL 링크를 바로 삽입할 수 있도록 하는 기능을 활용할 수 있다. 이를 통해 학습자들이 쓰기 윤리를 몸소 실천할 수 있게 된다.

〈활동 4-(3)〉

1. 기능 - '자료 삽입'

4-(3)은 학습자가 직접 수집한 자료를 기록하는 데 목적이 있다. 서책형 교과서에서는 사진, 신문 등 인쇄물만 저장할 수 있겠지만 디지털 교과서에서는 동영상, 사진 등을 직접 삽입할 수 있도록 함으로써 글쓰기를 위한 자료를 체계적으로 마련하도록 할 수 있다.

2. 기능 - '내 활동 복사'

4-(3)에서 학습자가 자료를 수집한 후에, 어떤 자료를 수집했는지 발표할 필요가 있을 때, 공유를 위한 목적으로 자신의 활동 결과를 이미지화하는 '내 활동 복사' 기능을 활용할 수 있다. 이 기능은 무분별하게 이루어질 경우 수업 진행에 혼란을 초래할 수 있으므로 교사의 허가를 받은 경우에만 활동을 복사하여 학급 친구들에게 공유할 수 있도록 한다.

◈ 1-2차시(이해) : 논설문을 쓸 때 알맞은 자료를 활용하는 방법 알기(7쪽)

[그림 100] 모형 구현 사례 (5학년 쓰기 7쪽)

〈활동 5-(2)〉

1. 기능 - '대화하기'

활동 5에서는 자료가 근거를 뒷받침할 수 있는지 그 타당성에 대해서 친구들과 이야기 나누는 것이 핵심이다. 먼저 자신의 디지털 교과서에 자료의 적절성을 판단하고 기록한 후, '대화하기' 기능을 이용하여 자료의 타당성에 대해 친구들과 이야기 나누며 교차 점검 및 상호평가할 수 있다.

2. 기능 - '모니터링'

단원의 계열에서 살펴본 것처럼, 이 단원의 학습을 위해서는 논설문의 특징 및 논설문을 쓰는 방법 등에 대한 학습이 선행되어야 한다. 단원 학습을 시작하기 전에, 선수학습이 잘 이루어졌는지 그 성취 정도를 진단할 때 모니터링 기능을 활용할 수 있다.

◈ 3-4차시(적용) : 상황에 알맞은 자료를 활용해 논설문 쓰기(8~9쪽)

[그림 101] 모형 구현 사례 (6학년 쓰기 8~9쪽)

〈활동 1〉

1. 기능 - '영상화'

누리 소통망에서의 대화는 실시간으로 메시지를 주고받는다는 특징이 있다. 따라서 이러한 매체의 특성을 고려하여, 대화 자료를 애니메이션으로 영상화하여 메시지를 순차적으로 주고받는 방식으로 제공할 필요가 있다. 이를 통해 학습 자료의 실제성을 높이고 학습자의 학습동기 유발을 이끌 수 있다.

2. 기능 - '읽어주기'

이 차시의 주 성취기준과 학습목표가 '읽기'가 아닌 '쓰기'이므로, 읽기 자료의 경우 '읽어주기' 기능을 이용하여 학습자의 읽기 부담을 줄여줄 수 있다. 또한 각 역할에 알맞은 실감나는 읽어주기 기능을 통해 학습 몰입도를 높일 수 있다.

◈ 3-4차시(적용) : 상황에 알맞은 자료를 활용해 논설문 쓰기(10~11쪽)

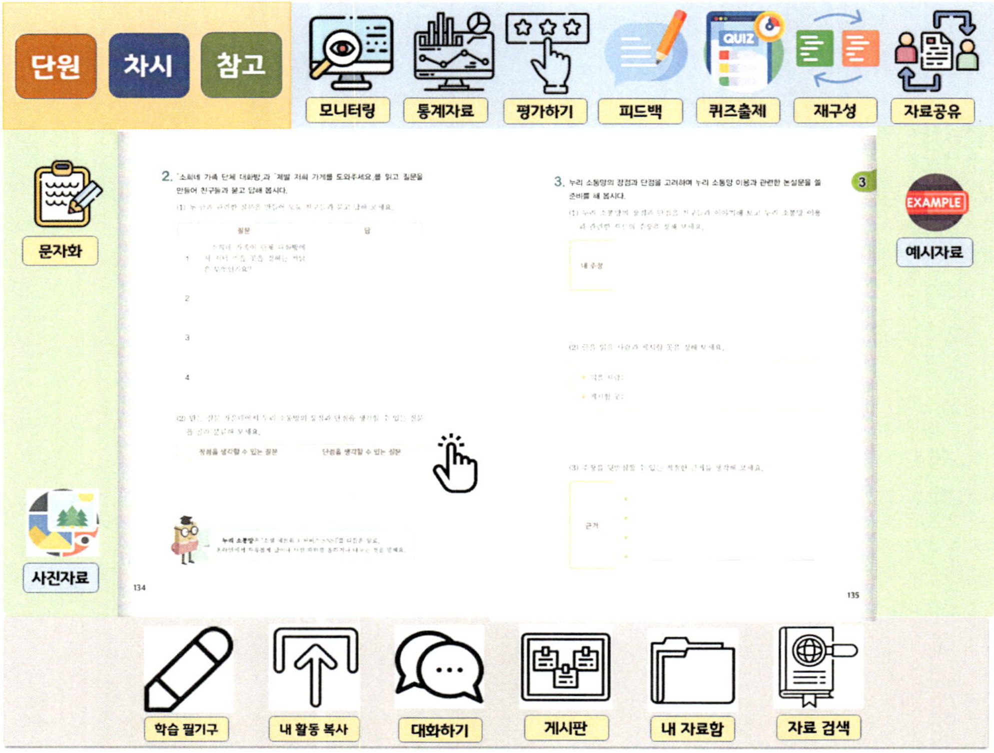

[그림 102] 모형 구현 사례 (6학년 쓰기 10~11쪽)

〈활동 2-(1)〉

1. 기능 - '통계자료'

다른 학습자들이 작성한 질문과 답을 통계자료로 제공하여, 내가 작성한 질문과 비교하거나 질문을 작성할 때 참고할 수 있다. 이때 이용자 범위를 설정하여 우리 학급 이용자들의 응답 내용 및 디지털 교과서 전체 이용자들의 응답 내용을 구분하여 볼 수 있도록 한다. 학습자 간 즉각적인 대화가 어려운 온라인 수업 환경, 특히 콘텐츠 제공형 수업이나 과제 수행 중심형 수업에서 보다 효과적인 기능이 될 것이다.

2. 기능 - '문자화'

학습자 간 즉각적인 대화가 가능한 교실 수업에서는 대화 내용을 다시 글로 옮겨적어야 하는 수고로움이 발생한다. 이 때문에 학습자의 학습 부담이 커지고, 대화에 몰입하기보다는 친구의 말을 옮겨적는 쓰기 활동에 집중하게 되는 문제가 발생한다. 따라서 학습자 간 대화 내용을 녹음한 뒤 이를 자동으로 텍스트로 전사하여 제공하는 '문자화' 기능을 이용하여 학습 효율을 높일 수 있다. 학습자는 자동 전사된 내용을 그대로 표 안에 넣을 수도 있고, 일부 내용을 추가, 수정, 삭제하여 넣을 수도 있다.

3. 기능 - '내 활동 복사'

현재 디지털 교과서의 페이지 링크 복사 기능은 내가 작성한 내용물을 포함하여 공유하는 것이 불가능하다. 내가 작성한 내용물을 포함하여 페이지를 공유하는 '내 활동 복사' 기능을 활용하면 다른 학습자도 내가 작성한 내용을 확인할 수 있다. 이를 통해 학습자 간 상호작용이 활발하게 이루어질 수 있다.

〈활동 2-(2)〉

1. 기능 - '조작화'

활동 2-(1)에서 만든 질문을 장점을 생각할 수 있는 질문과 단점을 생각할 수 있는 질문으로 유목화하는 활동이다. 그러나 서책형 교과서에서는 앞서 이미 쓴 질문을 다시 유목화하여 써야 하기에 학습자의 쓰기 부담이 커진다. 따라서 앞서 쓴 내용들을 드래그 앤 드롭 방식으로 끌고 와서 해당하는 질문 성격에 맞게 분류하도록 '조작화' 기능을 구현할 필요가 있다.

2. 자료 - '사진 자료'

누리 소통망에 대한 개념을 글로만 설명하기보다는 카카오톡, 페이스북, 인스타그램 등 실제적인 누리 소통망 매체의 이용 사례를 사진 자료로 제공하면 학습자의 직관적인 이해를 도울 수 있다.

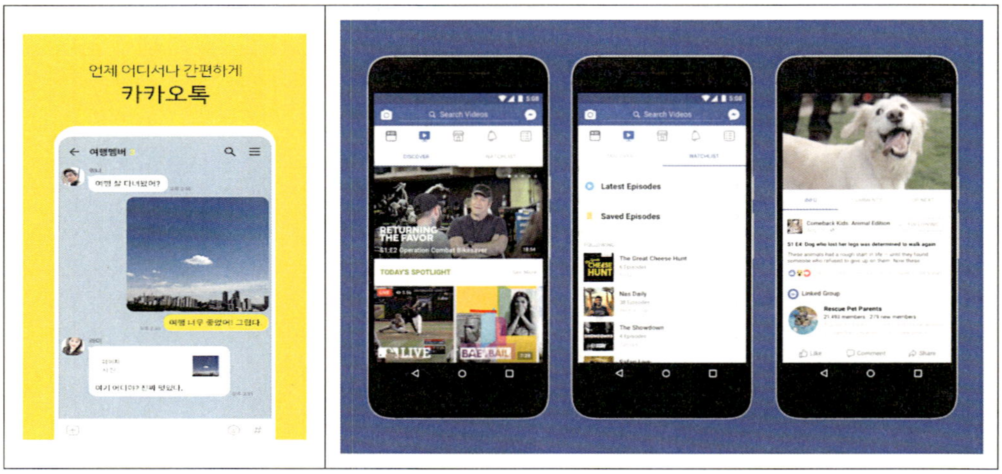

[그림 103] 누리 소통망 사진 자료의 예

〈활동 3〉

1. 기능 - '재구성'

논설문의 주장과 근거는 글을 읽는 독자가 누구인지에 따라 달라질 수 있다. 또한 글을 게시하는 장소에 따라 글의 내용과 형식도 달라지게 된다. 이는 맥락에 알맞은 글쓰기에 해당한다. 맥락에 알맞은 글쓰기를 강조하기 위해 교사는 주장을 쓰기에 앞서 먼저 글을 읽을 사람과 글을 게시하는 장소를 정한 후에, 주장과 근거를 작성하도록 할 수 있다. 따라서 교사는 수업 '재구성' 기능을 이용하여 교과서 활동 순서를 조정할 수 있다. 이렇게 조정한 학습 흐름을 교사의 학급 학생들의 디지털 교과서에도 동일하게 변경 적용되도록 한다면, 학생들이 각자 자신의 디지털 교과서로 수업에 임하는 환경에서도, 교사의 의도대로 수업을 재구성하여 진행할 수 있다.

2. 자료 - '예시자료'

논설문의 개요를 작성하는 활동에서 학생들이 필요로 하는 것은 참고할 수 있는 예시이다. 교사용 지도서에는 교사를 위한 예시자료가 있으나, 서책형 교과서에는 지면상의 제약으로 학습자를 위한 충분한 예시가 제공되지 않는 경우가 많다. 디지털 국어 교과서에서는 학습자를 위한 활동 예시자료를 제공하여 논설문 개요 작성 시 참고하도록 할 수 있다.

◈ 3-4차시(적용) : 상황에 알맞은 자료를 활용해 논설문 쓰기(12~13쪽)

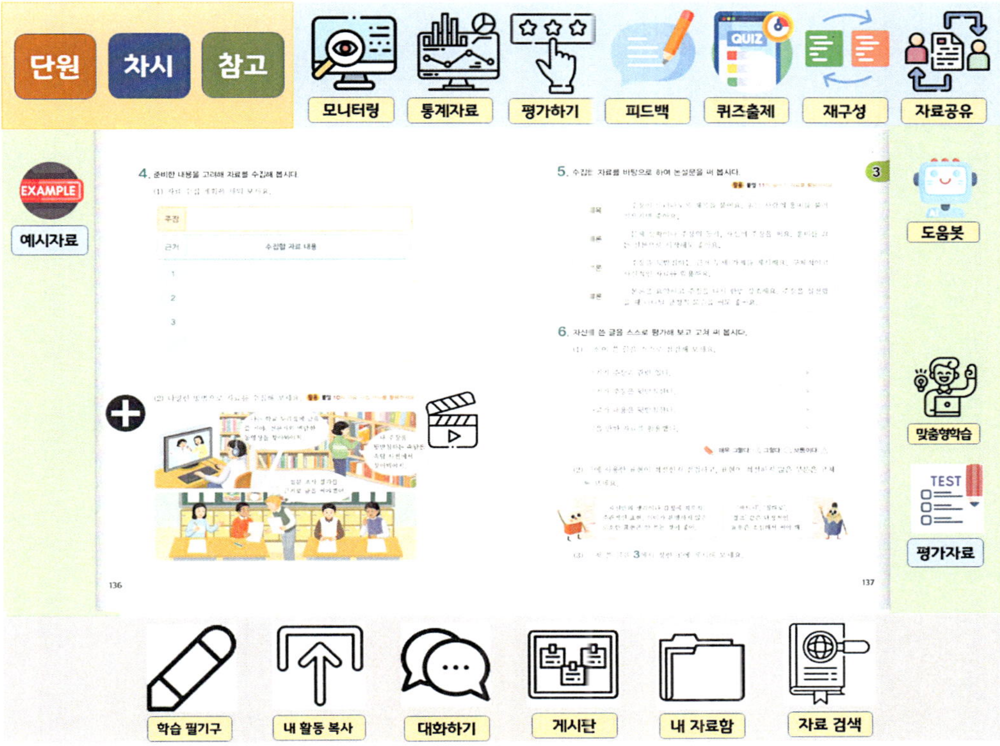

[그림 104] 모형 구현 사례 (6학년 쓰기 12~13쪽)

〈활동 4-(1)〉

1. 자료 - '예시자료'

수집할 자료 내용에 해당하는 활동 예시자료를 지공하여 학습자가 쓰기 활동을 할 때 참고할 수 있도록 한다.

〈활동 4-(2)〉

1. 기능 - '영상화'

교과서의 삽화 자료를 애니메이션으로 영상화하여 학습자들이 학습 상황 및 자료에 몰입할 수 있도록 한다.

2. 기능 - '자료 삽입'

[붙임] 자료 수집 카드의 내용란에 사진이나 영상 자료의 경우 직접 삽입하여 자료수집 카드 상에서 직접 볼 수 있도록 한다. 학습자가 자료의 내용을 일일이 작성하지 않아도 되고, 추후 논설문을 쓰는 과정에서 자료 내용을 즉각적으로 확인 가능하므로 유용하다.

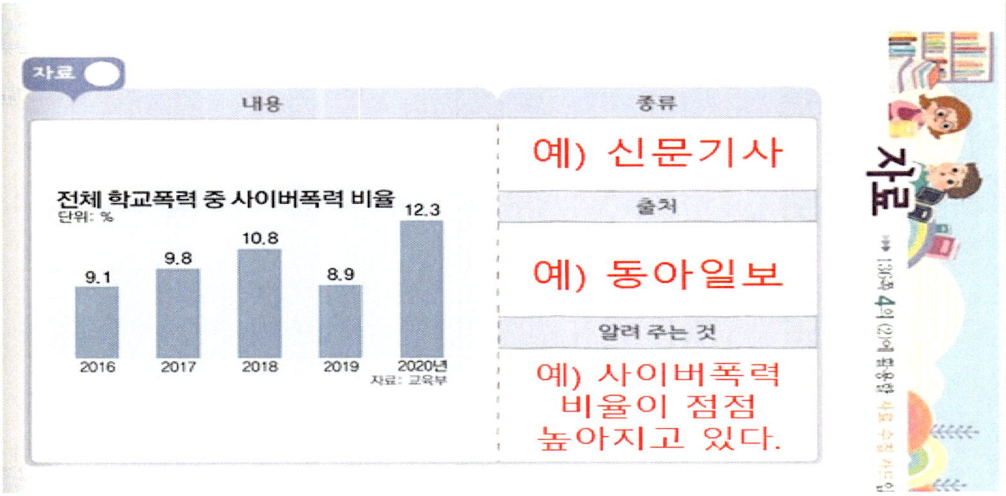

[그림 105] 자료삽입 기능을 활용한 붙임자료 작성의 예

3. 기능 - '학습 필기구'

논설문을 정식으로 쓰기 전에 '학습 필기구' 기능 안에 있는 연습장을 열어 자유롭게 메모하거나 생각을 정리하고 아이디어를 표현해 볼 수 있도록 한다.

〈활동 5〉

1. 기능 - '도움봇'

글쓰기 과정에서 어려움을 겪는 부분에 대해 AI튜터에게 질문하고 맞춤형 피드백을 제공받을 수 있도록 한다. 예를 들어 학습자가 질문할 내용을 작성하면 AI튜터가 이와 관련된 정보를 수합 및 정리하여 답변할 수 있다. 또는 AI튜터가 다른 학습자들이 한 질문 목록들을 제공하면, 학습자가 이 중에 자신의 고민과 비슷한 질문을 골라 답변 내용을 확인할 수도 있다. 1명의 교사가 다수의 학생들에게 충분한 피드백을 제공하지 못하는 수업 환경에서 AI튜터가 교사의 역할을 대신하여 적절한 피드백을 학생에게 제공할 수 있을 것이다.

2. 기능 - '모니터링'

학습 모니터링 기능을 이용하여 교사는 학급 학생들의 디지털 교과서 이용 화면을 실시간으로 모니터링할 수 있다. 교실 환경에서 직접 학생의 글쓰기를 관찰할 수 있지만, 교사가 글쓰기 과정을 옆에서 관찰하는 것은 학습자에게 큰 부담으로 작용한다. 또한 온라인 수업의 경우 교사는 학생의 글쓰기 결과물만을 보게 되는 한계가 있다. 학습 모니터링 기능을 활용할 경우 교사가 다수의 학생들이 현재 어느 정도 글쓰기를 진행 중인지 확인하고, 댓글 쓰기 기능 통해 적절한 피드백을 제공할 수 있다는 장점이 있다.

3. 기능 - '게시판'

완성된 논설문을 '게시판' 기능을 이용하여 다른 학생들과 공유할 수 있도록 한다. 이때 업로드할 게시판을 선택할 수 있고 공개 범위도 과제 성격에 따라 [선생님], [모둠], [학급 전체] 등으로 설정할 수 있다.

〈활동 6〉

1. 기능 - '맞춤형 학습'

〈활동 6〉은 자신이 쓴 글을 스스로 평가하는 자기 평가 활동에 해당한다. 평가는 '매우 그렇다', '그렇다', '보통이다' 등 3단계로 이루어지는데, 항목별 평가 결과에 따라 학습 능력 및 태도를 진단하고 적절한 처방을 제공할 수 있다. 학습 능력 및 태도가 우수한 학생의 경우 추가적인 심화 학습 자료를 제공할 수 있고, 미흡한 학생의 경우 부족한 부분과 관련된 교과서 페이지를 제시하거나, 추가 보충학습 자료를 제공할 수도 있다.

2. 자료 - '평가 자료'

글에 사용한 표현이 내용적, 형식적인 면에서 적절한지 점검하고 고쳐 쓰는 활동이다. 자신의 글을 고쳐쓰기에 앞서 마무리 평가 문항을 제공하여 어떤 부분을 구체적으로 고쳐 써야 하는지 미리 연습해 보도록 할 수 있다.

◈ 5-6차시(실천): 더 좋은 우리 동네를 만들기 위한 논설문 쓰기(14~15쪽)

[그림 106] 모형 구현 사례 (6학년 쓰기 14~15쪽)

〈활동 1〉

1. 기능 - '자료 삽입'

서책형 교과서에 일러스트로 구현된 이미지는 전국의 모든 교과서에 동일하게 적용될 수 있으나, 이는 실제 활용되는 포스터와는 외형이 많이 달라서 쓰기 동기를 부여하기 어렵다. 그러므로 다양한 지역 홈페이지에서 제작된 포스터6)를 예시로 보여줌으로써 실제 많은 지역에서 정책 제안 공모를 실시하고 있음을 학생들이 인지하고 보다 실생활과

6) 사례에 제시된 포스터는 노원구청에서 제작한 포스터를 재구성하였음. (https://www.nowon.kr/www/index.do)

연계성이 높은 제안을 할 수 있다.

또한 '자료 삽입' 기능은 우리 지역의 문제를 떠올리는 활동에도 활용할 수 있다. 학생들이 직접 촬영한 쓰레기 무단 투기 사진 등, 실제 학생들이 취재하여 수집한 사진이나 영상 등을 삽입하여 공유하면 실생활과의 연계성을 높인 수업으로 구성할 수 있다.

기존 서책형 교과서에서는 제안 공모전 포스터를 보고, 우리 동네의 문제점에 대해서 이야기 나누어 보도록 활동이 제시되어 있다. 그러나 단순히 이야기를 나누기 전, 이전 수업에서 학생들에게 우리 지역의 문제점에 관한 자료를 수집할 수 있도록 충분한 시간을 줄 필요가 있다. 국어 수업 시간에 갑자기 우리 지역의 문제에 대해서 떠올리기는 힘들기 때문에 글쓰기 소재를 찾기 위한 충분한 시간이 필요하다. 이러한 자료 수집 과정에서 우리 지역의 문제점을 발견하면 학생 스스로 이미지나 영상으로 기록하게 한 후, 이것을 디지털 교과서에 업로드하도록 한다. 이러한 활동은 글쓰기와 실생활의 연계성을 높일 뿐만 아니라 학습자의 쓰기 동기를 높일 수 있기 때문에 글쓰기의 과정 전체를 보다 집중력 있게 견인하는 데 중요한 활동이다.

2. 기능 - 'URL 연결'

기존 국어 교과서의 교육 내용이 실생활과의 연계성이 떨어진다는 비판이 있었다. 이러한 비판을 수용하고 보다 실생활과 연계된 글쓰기를 위하여 학생들이 거주하고 있는 구청 사이트와 자동으로 연계하도록 디지털 교과서를 구성하였다. 이 의부사이트는 교사가 설정할 수 있으며, 특히 각 지역 홈페이지의 '민원 제안' 또는 '의견 있어요' 게시판을 활용하여 실제 주민들이 제안하는 구체적인 문제들을 학생들에게 예시로 보여줄 수 있다. 이를 통해서 학생들이 쓰기 동기를 가질 수 있도록 도움을 줄 수 있으며, 쓰기 활동의 실제성을 높일 수 있다.

3. 기능 - '자료 확대'

제시된 포스터에서 가장 중요한 정보는 '심사 기준'이라고 할 수 있다. 본 차시에서의 '심사 기준'은 논설문의 타당성을 평가하는 기준이 되기 때문이다. 그러나 지면의 한계로 인해 실제 서책형 교과서에서는 심사 기준이 지면에서 차지하는 비중이 작기 때문에 심사 기준에 주목하기 어렵다. 그러므로 디지털 교과서에서는 '자료 확대' 기능을 활용하여 학생들이 보다 면밀하게 심사 기준에 집중하도록 구현할 수 있다.

〈활동 2-(1), (2)〉

1. 기능 - '학습 필기구'

'학습 필기구' 기능을 활용하여 키보드를 활용하여 작성한 주장과 근거의 내용을 쉽게 수정할 수 있다. 또한 필요에 따라서는 디지털 펜을 활용하여 손글씨로 직접 작성하게 지도할 수도 있다.

2. 기능 - '생각그물'

우리 지역의 문제점 중 하나를 선택하고 그를 해결해야 하는 까닭을 떠올리는 과정은 미리 짜인 것처럼 일사천리로 진행되지 않는다. 학생들이 스스로 문제에 대해 깊이 고민해보고 이를 해결해야 하는 까닭, 즉, 논설문의 근거에 대해 깊이 있는 사고를 전개하고 유목화하는 활동이 필요하다. '생각그물' 기능을 활용하여 이러한 발산과 수렴의 사고 과정을 충분히 수행할 필요가 있다.

3. 기능 - '내 활동 복사'

각자 본인이 작성한 주장과 근거를 '내 활동 복사' 기능을 통하여 복사할 수 있고, 이를 교사에게 전송하거나 게시판 등에 게시하여 학급 친구들과 공유할 수 있다.

4. 기능 - '게시판'

작성한 주장과 근거의 간략한 내용을 게시판에 게시하여 선생님에게 확인을 받은 다음 글쓰기 활동으로 진행할 수 있다. 이는 글쓰기 전에 교사의 피드백을 받는 중요한 활동으로 이때 교사는 근거의 타당성과 주장과 근거의 긴밀성 등에 대해 일대일로 지도해줄 수 있다.

◈ 5-6차시(실천): 더 좋은 우리 동네를 만들기 위한 논설문 쓰기(16~17쪽)

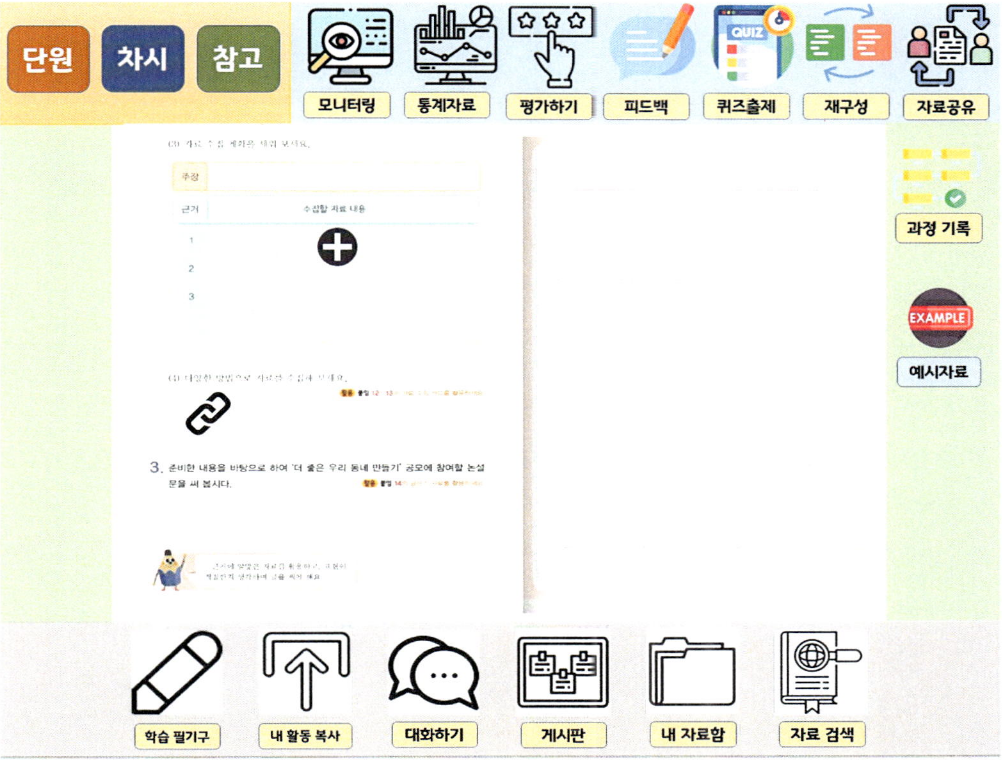

[그림 107] 모형 구현 사례 (6학년 쓰기 16~17쪽)

〈활동 2-(3), (4)〉

1. 기능 - '자료 삽입'

앞의 활동에서 학생들은 우리 지역의 문제점을 극복하기 위한 '주장'과 '근거'의 틀을 작성하고, 보다 세밀한 근거 제시를 위하여 자료를 수집하게 된다. 이때 수집한 자료의 형태는 텍스트, 이미지, 영상, 신문이나 잡지의 종이 개체 등 다양할 수 있는데, 이를 학생들이 직접 수집하여 교과서에 업로드하는 기능이다. 디지털 교과서로 구현할 때 자료 수집 카드를 최대 5장 정도로 많이 기록할 수 있도록 양식을 제시해주어야 한다. 또한 수집한 자료에 하이라이트 기능으로 표시할 수 있는 기능을 덧붙여 실제 출처에서 가져온 본래 텍스트에서 근거로 활용될 부분을 표시하여 주장하는 글쓰기에 도움을 줄 수 있어야 한다.

2. 기능 - 'URL 연결'

실제 국어 수업에서 제한된 시간을 주고 학생들 스스로 자료를 수집하도록 하면, 학생들이 '검색하는 능력' 자체가 부족함을 알 수 있다. 학생들의 키워드 선정 능력의 부족에도 일부 원인이 있지만, 일차적으로 학생들의 활용 경험에 비해 너무나 방대한 사이트로부터 선별되지 않은 정보들이 검색 결과로 나타난다는 점이 가장 큰 원인이라 할 수 있다. 그러므로, 원활한 수업 진행과 실제 유의미한 근거 자료의 확보를 위해서 해당 차시의 학습과 유관한 사이트만을 교사가 선별하여 제시하고, 학생들은 그 안에서 필요한 자료를 검색하고 자료의 신뢰성을 측정하며 적절한 근거 자료를 수집할 수 있다. 이러한 '제한된' 혹은 학습 내용에 따른 '선별적' 외부사이트 연계 기능은 디지털 교과서의 단점으로 꼽혔던 집중력 저하의 측면을 방지하고 개선하는 데에도 기여할 수 있으므로 매우 유용하게 활용될 것으로 기대할 수 있다.

〈활동 3〉

1. 기능 - '학습 필기구'

'학습 필기구' 기능을 활용하여 주장하는 글을 작성할 수 있다. 글을 수정하고 다시 쓰는 것에 부담이 있는 학생에게는 수정과 편집이 쉽다는 점에서 키보드 입력을 유용하게 활용할 수 있다. 필요에 따라서는 디지털 펜을 이용하여 손글씨로 작성도 가능하다.

2. 기능 - '과정 기록'

본 연구의 설문을 통한 초등교사의 인식 연구에서 다수의 교사가 글쓰기 과정과 결과에 대한 누적 기록을 요구하였으며, 특히 글쓰기는 초고와 고쳐쓰기 단계에서의 발전 과정을 가시화할 수 있는 기능이 필요하다는 의견이 많이 있었다. 그러므로 '과정 기록' 기능을 활용하여 학생들이 어떤 순서와 과정으로 글을 쓰는지 기록할 필요가 있으며, 가능하다면 글을 쓰는 과정, 타이핑하는 과정 등을 영상 캡처로 남겨두어 세밀한 평가가 가능할 것이다. 이 단계에서 활용한 과정 기록 자료는 이후 고쳐쓰기 단계에서도 다시 한번 활용되어 학생의 쓰기 능력을 점검하고 평가하는 데에 유의미하게 활용될 수 있을 것이다. 이처럼 학생들이 글을 작성하는 과정을 시간의 흐름에 따라 누적하여 자동 기록할 수 있다면, 교사가 학생들에게 보다 구체적인 도움을 제공할 수 있을 것이며, 나아가 글쓰기 과정에서 학생들이 겪는 어려움을 체계적으로 연구하는 자료로 활용할 수도 있을 것이다.

3. 기능 - '피드백'

자료의 수집 및 수집한 자료를 주장과 연결하는 과정은 실제 주장하는 글쓰기에서 매우 중요한 과정이며 글의 논리를 수립하는 데에 핵심이라 할 수 있다. 이 단계에서 적절하지 못한 자료를 수집하였거나 자료를 주장에 대한 근거로 적절하게 활용하지 못하면, 평가 기준에 비춰 우수한 논설문이 되기 어렵다. 그러므로 이 단계에서 교사가 수집한 자료를 적절하게 근거로 가공하였는지, 자료의 출처가 신뢰할 만한지, 자료 검색에 어려움은 없었는지 등 적절하게 개입하여 피드백을 제공함으로써 곧이어 전개되는 주장하는 글 초고쓰기에 큰 도움을 줄 수 있다.

또한 학생들이 초고를 쓰는 과정에 대한 피드백을 제공할 수 있다. 학생들의 글은 교사에게로 전송되며 교사는 디지털 펜슬 혹은 타이핑을 통해 주요 내용에 대한 첨삭을 제공할 수 있다. 교사의 첨삭을 바탕으로 학생들은 이후 고쳐쓰기 활동을 할 수 있게 된다.

실제 서책형 교과서에서는 일일이 교사가 수기로 첨삭을 작성하기가 쉽지 않고 학생들도 교사의 설명을 여러 번 반복하여 듣기가 어려운데, 디지털 교과서에 기록된 내용은 학생들이 언제든지 반복하여 살펴볼 수 있다는 큰 장점이 있다. 더불어, 교사의 녹음된 음성 첨삭도 가능하게 된다면 더 유용하게 첨삭 기능을 활용할 수 있을 것이다.

4. 기능 - '평가하기'

학생들의 쓰기 과정이 기록된 자료를 바탕으로 교사는 평가를 실시할 수 있다. 본 차시는 실천 차시로, 한 단원에서 배운 내용을 종합하여 평가할 수 있는 차시이다. 그러므로 이전의 적용 차시에서 작성한 논설문과 비교하여 얼마나 성장하였는지에 초점을 두고 과정중심평가의 근거 자료로 본 차시 학습의 활동 결과를 활용할 수 있다.

5. 자료 - '예시 자료'

'활동 3'에서 논설문 쓰기를 어려워하는 학생들에게 수준에 맞는 예시 자료를 제공할 수 있다. 이는 교사용 디지털 교과서 자료로서, 글쓰기에 큰 부담감을 지녀 글쓰기 장벽이 높은 학생에게 활용할 수 있는 자료이다. 글쓰기 장벽이 높은 학생의 경우, 글의 첫문장을 어떻게 시작해야 할지, 혹은 각 문단을 어떤 말로 시작해야 할지 등 글의 구조 및 표지와 관련된 측면에서 어려움을 겪는다. 그러므로 예시글을 교사와 함께 읽어보면서 주요 표지와 글의 구조를 파악하게 하고 이를 모방하여 글쓰기 연습을 할 수 있도록 지도할 수 있다. 이때 예시글은 전문적인 논설문이 아니라, 6학년 수준의 학생이 쓴 논설문이어야 한다. 예를 들어, 근거를 두 가지로 작성한 비교적 짧은 예시글을 제시하여 글의 구조를 알려주는 표지어 등을 학습하게 하면서 논설문 쓰기에 대한 부담을 줄여줄 수 있을 것이다.

◈ 5-6차시(실천): 더 좋은 우리 동네를 만들기 위한 논설문 쓰기(18~19쪽)

[그림 108] 모형 구현 사례 (6학년 쓰기 18~19쪽)

〈활동 4〉

1. 기능 - '내 활동 복사'

이 활동은 학생들이 자신이 쓴 글을 학급 친구들과 공유하고 서로의 글을 평가 기준에 맞게 상호평가하는 내용이다. 실제 서책형 교과서만 사용하는 수업 환경을 생각해보면, 학생들이 돌아가면서 각 친구들이 쓴 글(종이)을 돌려가며 읽게 되고, 눈으로만 쓱 보고 세 가지 기호를 활용해 평가하게 된다. 하지만 이 활동의 본질은 글에 대한 인상 평가를 통해서 순위 투표를 하는 것이 아니라, 평가자인 학생이 평가 기준에 대해 명확하게 인지하고 있는지를 교사가 평가함으로써 상호평가를 통한 학생 개인의 학습 성취에 대한 평가에 있다고 할 수 있다. 그러므로, 학생들이 친구의 글을 읽고 평가할 때 충분한 시간을 가지고 평가의 항목별 근거를 기록하며 학습할 수 있도록 친구들의 글을 충분한 시간을 갖고 볼 수 있도록 구성할 필요가 있다. 그러므로 '내 활동 복사' 기능을 통해서 각자 자신이 작성한 글의 페이지를 공유하고, 그 링크를 드래그 앤 드롭하면 각 평가자의 디지털 교과서의 항목에 기록되며, 평가자는 그 글을 보며 차분히 평가 항목별 3단계 평가와 간단한 평가 의견(예를 들면, '어떤 출처를 사용했으므로 믿을 만하다고 평가했다'와 같은 평가 결과의 근거)을 제시할 수 있도록 디지털 교과서를 구현할 필요가 있다.

2. 기능 - '게시판'

'게시판'은 기본적으로 '게시'의 기능을 가지는데, 부가적으로 '투표', '댓글 달기' 등의 활동이 가능하다. 이 활동에서는 학급 친구들의 글 중에 공감되는 제안에 공감 아이콘(투표 기능)을 눌러서 가장 많은 공감을 받은 제안을 선정할 수 있다. 이후 학급 투표로 선정된 제안을 실제 구청 홈페이지에 접수함으로써, 실생활과 국어 활동의 연계성을 높이고 보다 실제성을 확보할 수 있으며, '실천 차시'의 취지에도 부합하는 활동이 될 것이다.

학급의 모든 학생은 다른 친구들의 글을 읽고 평가 기준에 따라 평가하면서, '타당한 근거로 글을 쓰는 방법'이라는 본 단원의 핵심 학습 내용에 대해 다시 한번 공부할 수 있다. 이때 게시판에는 '좋아요' 아이콘과 같이 반응 표시를 통해서 가장 평가 기준에 부합하는 글을 작성한 친구에게 투표할 수 있도록 한다. 단, 학생들의 성향을 고려하여 경쟁이나 과열이 되지 않도록 투표 결과는 교사에게만 전송되도록 설정할 수 있다. 이렇게 '좋아요' 아이콘을 클릭할 때에는 반응뿐만 아니라 그 근거도 짧게 작성하도록 하여 상호 평가를 하면서 학습한 내용에 대해 다시 한번 상기할 수 있도록 구현한다.

3. 기능 - '통계 자료'

교사는 '통계 자료' 기능을 활용하여 가장 많은 공감을 받은 학생에 대한 자료를 제공받을 수 있다. 또한 각 학생들이 작성한 평가의 근거를 유목화하여 학생들이 평가기준에 대해 적절하게 이해했는지 평가할 수도 있다.

4. 기능 - '과정 기록'

이는 앞서 초고쓰기에서 작성하여 기록된 자료에 고쳐쓰기한 글을 추가하여 학습자의 발전 과정을 확인할 수 있게 하는 기능이다. '과정 기록'을 통해 본인이 글을 작성한 과정 및 초고를 확인할 수 있으며, 초고쓰기 단계에서와 마찬가지로 고쳐쓰기의 과정도 시간의 흐름에 따라 기록되도록 구현한다. 이때, 학습자가 고쳐쓰기를 하기 전 활동으로 나의 글을 평가해준 친구들의 평가 의견을 익명으로 수집하여 '고쳐쓰기'에 반영할 수 있다면 더욱 유의미한 고쳐쓰기 활동이 가능할 것이다. 친구들의 공통된 평가 의견을 확인하고 부족한 점을 보완하여 보다 개선된 논설문을 쓸 수 있기 때문이다.

〈활동 5〉

1. 기능 - '공동 작업'

이는 〈활동 4〉에서 고쳐쓰기한 최종 논설문을 공유한 후에, 논설문을 작성한 글쓴이에게 동시에 실시간으로 질문하는 '협의하기' 활동이다. 질문지를 공동으로 작성하여 유사한 질문은 하나로 묶는 등 시간을 절약하여 핵심적인 질문만 진행할 수 있다. 이 과정을 통해서 학생들은 최종 논설문을 다시 한번 고쳐쓰기 하여 〈활동 6〉 전에 글을 다시 한번 보완하는 과정을 거친다.

〈활동 6〉

1. 기능 - 'URL 연결'

이는 '실천 학습'에서 처음 제시하였던 각 지역에서 운영하는 누리집에 접속하여 그 게시판에 학생들이 선정한 논설문을 게시하는 활동이다. 이를 위하여서는 교사가 각 학급 학생들에게 제시할 외부사이트를 설정할 수 있도록 교과서를 재구성하는 기능이 구현되어야 할 것이다. 본 차시학습 도입에 접속했던 각 지역의 사이트에 접속하여 실제 게시한다면 실생활과 국어 수업의 연계성을 높이고 학생들이 직접 실생활에서 국어 활동을 실천하는 유의미하고 실제적인 언어 활동이 될 것이며, '실천' 학습이라는 본 차시의 성격과 취지에도 부합하는 활동으로 구현될 수 있다.

◈ 5-6차시(실천): 더 좋은 우리 동네를 만들기 위한 논설문 쓰기(20쪽)

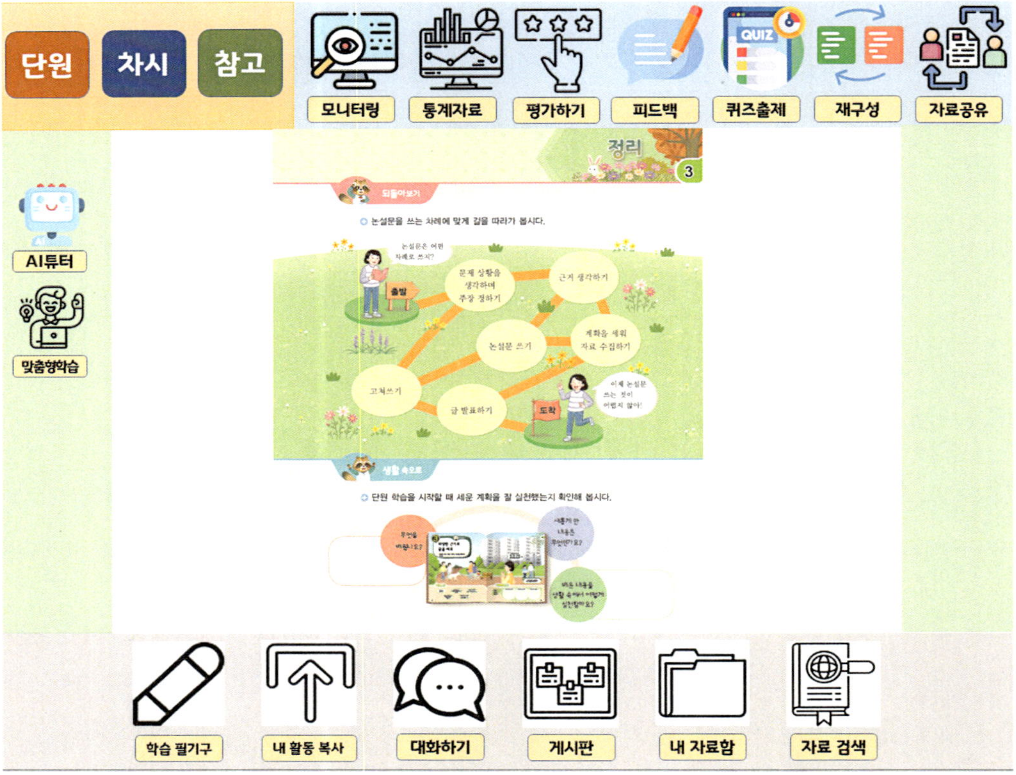

[그림 109] 모형 구현 사례 (6학년 쓰기 20쪽)

〈되돌아보기〉

1. 자료 - '단원 자료'(교사용)

차시별 형성 평가 자료, 단원 평가 자료 등이 탑재된 '단원 자료'를 활용하여 단원 마무리에 교사들이 활용할 수 있도록 한다. 해당 평가 자료는 문서 파일로 제공되어 출력하여 사용할 수도 있지만 학습자들에게 바로 화면으로 제시할 수 있도록 하여 수업 시간에 직접 활용할 수도 있도록 한다.

2. 자료 - '평가 자료'

교과서에 제시된 평가 문항을 완료한 후에 추가적으로 학습자가 스스로 수준을 선택하여 평가 문항을 풀 수 있도록 제공하는 평가 문항이다. 문항의 수준은 '어려움, 보통, 쉬움'과 같이 3단계로 나누어 제시할 수 있다.

3. 기능 - '도움봇'

평가 자료의 문항을 풀고 나면 도움봇이 자동으로 채점해 주고, 학습자의 학습 상태에 대한 피드백을 제공해 준다.

4. 기능 - '맞춤형 학습'

학습자의 평가 결과에 따라 보충 자료, 또는 심화 자료를 제공해 주는 기능이다.

참고문헌

계보경, 김현진, 서희전, 정종원, 이은환(2011). "미래학교 체제 도입을 위한 Future School 2030 모델 연구", 한국교육학술정보원 연구보고 KR 2C11-12.

교육과학기술부(2011). "인재대국으로 가는 길: 스마트교육 추진 전략 실행계획(2011.10.)", 서울: 교육과학기술부.

교육과학기술부(2012). "2012년도 디지털 교과서 개발 및 적용 추진계획(안)(2012.2.)", 서울: 교육과학기술부.

교육부(2021). "국민과 함께하는 미래형 교육과정 추진 계획(안)(2021.4.)", 서울: 교육부.

구덕회(2018). "디지털 교과서 활용 일반화를 위한 개선방안 연구", 『한국초등교육』 29(2), 81-91.

권이은(2018). "디지털 시대의 국어교육용 텍스트 제공 방안 연구 -디지털 교과서의 정보 텍스트 읽기를 중심으로-", 『국어교육』 160, 155-185.

김대권, 이재창(2020). "전면디지털 교과서 사용으로의 과도기에 따른 디지털 교과서 평가기준안 개발 연구", 『학습자중심교과교육연구』 20(19), 651-680.

김아영, 안경자(2020). "초등영어 디지털 교과서 활용에 관한 교사, 학부모, 학생의 인식", 『교과교육학 연구』, 24(4), 이화여자대학교 교과교육연구소.

김진희(2013). "문법교육의 디지털 교과서 개발을 위한 기초 연구", 『학습자중심교과교육연구』 13(13), 229-245.

김현우, 강성주(2020). "디지털 교과서 검사도구 개발 및 적용 -자기주도적 학습 중심으로-", 『교원교육』 31.S, 91-113.

김혜정(2013). "스마트 교육 환경과 국어교사의 전문성", 『청람어문교육』 (48), 97-123.

김혜정, 임희석(2013). "교사와 학습자를 위한 디지털 교과서에 대한 탐색적 연구", 『디지털융복합연구』, 11(2), 33-42.

김희라 외(2021). 『초등 쌍방향 소통 온라인 수업 A2Z』, 학이시습.

류지헌(2008). "태블릿 PC 기반의 디지털교과서 수업에 대한 교실생태학적 분석", 『교육공학연구』 24(2), 한국교육공학회, 271-297.

박영민(2014). "스마트 교육 환경에 따른 쓰기 지도 방법의 전환", 『국어교육학연구』 49(1), 국어교육회, 51-76.

박진용, 권영락, 김정효, 이동엽, 한국교육과정평가원(2014). 『미래 사회 교육 환경 변화에 따른 교과서 발전 방안』, 서울 : 한국교육과정평가원.
서혁(2013). “스마트 교육 환경에서의 핵심역량 기반 국어과 교육과정의 재구성 방향”, 『청람어문교육』 (48), 7-40.
손지영, 차현진(2019). “보편적 학습설계를 적용한 장애학생 디지털교과서 제작 지침 개발 연구”, 『컴퓨터교육학회 논문지』 22(2), 한국컴퓨터교육학회, 51-66.
송해덕, 박형주(2009). “어포던스 관점에서 디지털 교과서 사용편의성에 영향을 미치는 요인분석 연구”, 『교육공학연구』 25(3), 한국교육공학회, 135-155.
송해덕, 박은아(2015). “웹 2.0 기반 디지털 교과서 학습지원도구 설계개발”, 『한국교육문제연구』 33(1), 19-38.
안성훈, 안석훈(2021). “디지털 교과서 활용 정책에 대한 국제 비교 연구”, 『창의정보문화연구』 7(2), 111-118.
양미경(2020). “플랫폼 생태계의 특성과 교육학적 시사점 탐색”, 『교육원리연구』 25(2), 73-91.
오은하(2013). “중등 국어과 디지털 교과서의 개발 원리 및 전략에 관한 연구”, 국내석사학위논문 이화여자대학교 대학원.
옥현진(2012). “디지털 교과서의 현황과 국어교과의 디지털 교과서 수용 방식”, 『한국어문교육』 11, 고려대학교 한국어문교육연구소, 29-52.
이성영(2012). “국어교육에서 실제성과 가상성의 관계”, 『독서연구』 (28), 한국독서학회, 52-81.
이수진(2018). “국어과 디지털 교과서의 개발 현황과 과제 -초등학교를 중심으로-”, 『청람어문교육』 68, 35-59.
이승왕, 강민정(2021). “초등 국어과 디지털 교과서 개발을 위한 기초 논의”, 『한국초등국어교육』 70, 213-242.
이재기(2013). “디지털 국어 교과서 정책과 개발 방향”, 『청람어문교육』 48, 청람어문교육학회, 41-68.
임유나, 홍후조(2013). “종이교과서에서 디지털 교과서로의 단계적 발전 방안에 관한 시론”, 『교육학연구』 51, 1-36.
임희정(2021). “미래 초등영어 교과서에 대한 교사 인식 및 요구도 연구”, 『한국초등교육』 10, 107-121.
정영식(2008). “디지털 교과서의 평가 준거 개발”, 『컴퓨터교육학회 논문지』 11(3), 한국컴퓨터교육학회, 13-20.
정옥희(2021). “뉴노멀시대 예술교육의 파르마콘적 담론”, 『예술교육연구』 19(1).
정의석, 송윤희, 채정병(2008). “디지털 교과서 개발전략 및 발전방향에 관한 연구”, 『한국정보과학회 학술발표논문집』 35(1), 230-235.

정종원(2009). "미래형 교실의 유형별 표준 모델 연구", 한국교육학술정보원.

정지은(2015). "국어과 디지털 교과서에 대한 중학생 인식 연구 -읽기 성취수준에 따른 차이를 중심으로-", 『학습자중심교과교육학회 춘계학술대회 학술발표논문집』, 191-230.

정현선(2013). "도구 활용의 중요성을 중심으로 한국어과 디지털 교과서 교수, 학습 활동의 비판적 검토와 제언", 『국어교육』 140, 한국어교육학회, 509-544.

정혜승, 옥현진(2012). "국어과 디지털 교과서 모형 개발", 『교육과정연구』 30(2), 155-178.

조규복(2016). "주요국의 미래학교 동향과 시사점", 한국교육개발원 교육정책네트워크 정보센터 교육정책포럼.

주형미, 안종욱, 가은아, 남창우(2013). "디지털 교과서의 검 · 인정 심사 절차 개발", 『교육과정평가연구』 16(2), 31-58.

최선희, 이관희, 최영인(2021). "국어과 디지털 교과서 개발을 위한 초등 교사의 요구 분석", 『한국초등교육』 32(1), 서울교육대학교 초등교육연구원, 295-324.

최숙기(2015). "디지털 교과서를 황요한 국어과 평가 개선 방안 연구", 『교원교육』 31(S), 한국교원대학교 교원연구원, 1-27.

최원호(2016). "국어 '문법' 영역 디지털 교과서의 개발 방향 연구", 『청람어문교육』 59, 217-250.

피터 한센(2013)/이영진 역(2014). 『디지털 혁명 제2막의 시작: 뉴노멀(the New Normal)』, 서울: 흐름출판.

한국교육학술정보원(2012, 2호). 스마트교육 글로벌 동향. http://lib.keris.or.kr/searchA/dlo?pn=5&briefType=T에서 검색.

한국교육학술정보원(2016, 43호). 스마트교육 글로벌 동향. http://lib.keris.or.kr/searchA/dlo?pn=5&briefType=T에서 검색.

한국교육학술정보원(2016, 53호). 스마트교육 글로벌 동향. http://lib.keris.or.kr/searchA/dlo?pn=5&briefType=T에서 검색.

한국정보통신기술협회 TTA 정보통신용어사전(http://www.tta.or.kr/tta/index.do)

한정혜(2011). "선진국의 연구 사례를 통한 창의적 미래학교의 로봇기반학습(r-Learning) 정책 방향", 『교육정책포럼』 216, 23-30.

함윤희 외(2020). "자기주도학습 지원을 위한 디지털교과서 대시보드 프로토타입 개발 연구", 『교육공학연구』 36(1), 한국교육공학회, 1-31.

황윤자, 성은모(2016). "HCI 관점에서 어포던스 이론에 근거한 디지털 교과서 사용자 인터페이스 개선 연구", 『컴퓨터교육학회 논문지』 19(2), 61-71.

Apple Inc. (2008). Apple Classrooms of Tomorrow-Today: Learning in the 21st century. Retrieved from https://www.apple.com/ca/education/docs/Apple-ACOT2Whitepaper.pdf

Hartson, H. R. (2003). Cognitive, physical, sensory, and functional affordances in interaction design. *Behaviour & Information Technology*, 22(5), 315-338.

http://cbl.digitalpromise.org/wp-content/uploads/sites/7/2017/07/ACOT2_Background.pdf.

Kanda, T., Hirano, T., Eaton, D. & Ishiguro, H. (2004). Interactive Robots as Social Partners and Peer Tutors for Children: a Field Trial. *Human-Computer Interaction*, 19(1-2), 61-84.

Sawyer, R. K. (Ed.) (2005). *The Cambridge handbook of the learning sciences*. Cambridge University Press.